刘魁立文集

6

刘魁立访谈集

刘魁立 著 王晓涛 编

黑龙江教育出版社

图书在版编目（CIP）数据

刘魁立访谈集 / 刘魁立著；王晓涛编. -- 哈尔滨：
黑龙江教育出版社，2023.9
（刘魁立文集）
ISBN 978-7-5709-3951-0

Ⅰ．①刘… Ⅱ．①刘… ②王… Ⅲ．①刘魁立－访问
记 Ⅳ．①K825.1

中国国家版本馆CIP数据核字(2023)第193988号

刘魁立访谈集
LIUKUILI FANGTANJI

刘魁立 著　　王晓涛 编

责任编辑　张　鑫　李中苏
责任校对　赵美欣
出版发行　黑龙江教育出版社
　　　　　（哈尔滨市道里区群力第六大道1313号）
印　　刷　牡丹江市赢美教育印刷有限责任公司
开　　本　720毫米×1000毫米　　1/16
印　　张　18.75
字　　数　277千字
版　　次　2023年9月第1版
印　　次　2023年9月第1次印刷

书　　号　ISBN 978-7-5709-3951-0　　　定　价　98.00元

黑龙江教育出版社网址：wwwhljep.com.cn
如需订购图书，请与我社发行中心联系。联系电话:0451-82533097　82534665
如有印装质量问题，影响阅读，请与印刷厂联系调换。联系电话:0453-6938118　6682299
如发现盗版图书，请向我社举报。举报电话:0451-82533087

刘魁立先生在 2020 金砖国家人文交流论坛上发言

2009 年，刘魁立先生在徐州非遗保护高
层论坛上做报告

2016 年 5 月 27 日，刘魁立先生在江西
省玉山县考察传统村落保护情况

2013 年 11 月 6 日，刘魁立先生在黑
龙江宁安市调研时接受当地媒体采访

2021 年 9 月 14 日，刘魁立先生在新华
网接受专访

编 委 会

自　序

这部文集选录的文章是我从 20 世纪 50 年代开始至今，特别是进入 21 世纪以来所写下的部分文章。在这篇自序里，我想谈谈我同中国民间文化的情缘，我学习、研究的历程和感受，以及文集各卷的内容和写作初衷。

《十兄弟》的故事和民歌《小白菜，地里黄》，是我很小的时候就听过、唱过、十分喜爱过的。可是，我知道"民间文化"这个词儿，并且认真学习和系统了解这方面的知识，却是二十岁以后的事情。

童年时代的生活不堪回首。我一生下来看到的就是侵略者统治的天日。家里的老人不识字，整天为生计而劳苦奔波，我不记得他们对我有过什么直接的民族主义的、爱国主义的教育，只是他们关于关内家乡的甘甜的回忆和不能归去的苦味的遗憾，有时使我感到某种困惑。身在其中的年节习俗和深感有趣的婚丧礼仪，"孟姜女哭长城""牛郎织女""嫦娥奔月""屈原投江"等传说、故事，以及说话、识字和偶尔看到但又不甚了了的几出戏文，差不多囊括了我关于祖国文化的全部知识。

1945 年，11 岁的我才有了祖国，之后才感受到祖国的可亲可爱。1950 年初中刚毕业，就怀着赤子之心，接受祖国的召唤，投身到一个解放军部队系统所属的学校学外语，随时准备着到炮火连天的战场上去卫国保家乡，那时才刚满 16 岁。1953 年烽火甫熄，我毕业留校，担任外语语法教员。工作不久，就被派往苏联留学。

正是这个生活上的转折，使我在感情深处，从感性到理性，开始热爱起民间文化。

一年级的课程很重很重，时间排得满满的，有的时候从早上九时到晚上九时连续上课。在所有的课程里我最爱听的是拉慈克教授的古希腊罗马文学和契切洛夫教授的俄罗斯民间文学。由于对民间文化的迷恋，因而在二年级时我坚持完成了以民间故事为题的学年论文。我还利用假期参加了民间文学考察队。这在各国留学生中也没有先例，因此在办出差手续时还出现了一些麻烦。

带领我们下乡的是年过半百的鲍米兰采娃教授。行前的准备很充分、很细致、很周详。因为中国学生的声誉好，所以她把一台新配置的录音机交给我携带、管理和操作。这台四五公斤重的机器当时算是最袖珍、最先进的民用录音设备了。我们要考察的地方是当时苏联最著名的民间故事家科洛里科娃的家乡伏罗涅什州安娜区老托以达村。

回校后，我便着手整理我在搜集工作中的体会，并参考我从出国以来就一直订阅的《民间文学》杂志上的文章，写出了《谈民间文学搜集工作》的长文。文章寄出后，很快就刊登在1957年6月号的《民间文学》杂志上。

没想到，这一篇讨论民间文学搜集工作的文章，在很短的时间内竟引发出那么多的批评，乃至形成了一场关于民间文学搜集整理的大讨论。当然也有隐约地持赞同观点的，但持反对意见的居多，以至我不得不在1960年另写一篇文章重申我的观点，并对我不同意的见解给以总的回答。虽然这两篇文章今天看来显然不乏偏颇、幼稚主观、生硬的地方，但在我本人来说，基本观点并未改变。

1957年，在一个大的政治运动背景下，在民间文学搜集问题上，民间文学界曾经批判过"一字不动论"。被当作"一字不动论"代表而受到批判的钟敬文先生后来对我说，只有你的文章里写过搜集要"一字不移"，我是代人受过。这虽是一句玩笑话，但却饱含着无数的辛酸。我当时作为一个尚未入门的学生，认为搜集与出版是两回事，出版由于目的不同又当分作若干情况。但不管怎样，在最初记录的时候，都要准确忠实，一字不移，这应该成为一条原则。此前我虽读过一些书籍、文章，但限于当时的条件，没有系统地学过中国民间文学课程，对中国民间文艺学的历史所知不多。当时，在国外，读了批判"一字不动论"的文章，还以为真有那样的应该受到批判的"反动"主张，无论如何我也没有和自己联系起来。过了很多年，知道事情是由我的文章引起，殃及一位老学者代我受过，心里有说不出的愧疚和不安。

留学期间，我多次参加考察队，到边远的农村，进行民间文学调查，搜集作品；还到过邻近芬兰边境的卡累利亚地区，寻访过接近消亡的民间史诗的踪迹。多次的下乡考察，以及我选修的托卡列夫教授的《世界民族学》、梅列金斯基教授的《史诗原理》《神话诗学》等课程，是那样强烈地吸引着我，以至使我在由大学本科生转为研究生时，选定了民间文学作为专攻的方向。1958年，我回国参加了中国民间文艺研究会第二次代表大会，看到祖国欣欣向荣、热火朝天的情景，看到新民歌运动的蓬勃场面，更加坚定了我学习民间文学专业的决心和信心。

起初，我忙于应付不易通过的副博士基础考试，对如何做研究工作，茫然不知。我曾就此请教过导师契切洛夫教授，他笑着对我说，我告诉你一个秘密——我也没有掌握这方面的诀窍。我们可以试着做，我指给你几本书，你读过一本，这一本就会引导你去读另外三本，那三本又会引导你继续向前走；当然，研究工作不光是读书，还有其他的实践活动，不过道理是一样的。

在苏联读书期间，我真的是嗜书如命。而且见了好书就买，所有的助学金，除了吃饭，其余的全部买书了。买新书自不必说，旧书店我也常去光顾。《原始文化》《金枝》《拉法格原始文化论集》《作为文艺批评家的恩格斯》《赫哲人》《历史诗学》等，乃至本专业一些十月革命前出版的旧书，都是我在旧书店淘到的。

在读书的过程中，我有时也会把中国的学术发展道路同俄国民间文艺学的历史进程进行比较。我发现，中俄两国的情况是很不相同的。俄国由于斯拉夫学派和西方学派两种思潮的激烈斗争，在民间文艺学界，神话学派和流传学派便特别活跃，但人类学派却没有得到充分的发展。中国则不然。鉴于中国文化思想发展的特点、中国的国情，以及英国学术思想的影响等原因，使得人类学派的学术观点在中国民间文化研究的各个领域大有市场，渗透广泛。鉴于这种情况，我对人类学派的原著，以及它的发展状况便十分留意，后来我还特意选定了《俄国民间文艺学中的人类学派》作为我专题论文的题目。

令人痛心的是，时隔不久，契切洛夫教授因心脏病发作，英年早逝。后来便改由民间故事研究专家鲍米兰采娃教授担任我的导师。她征求我的意见，写论文是选关于俄国文学的题目，还是选关于中国文学的题目？我想既然要学真知识就不要怕困难，要学导师最独到、最有成就的部分。于是我选定俄国农奴制改革时期的民间故事作为研究对象。最后在进行学位论文答辩时，题目便是这时期的民间故事中的现实与幻想问题。

完成答辩并获得学位后，我返回祖国，回到我的母校黑龙江大学担任教学工作。

我讲授过一年中国民间文学课，后来受全国形势的影响，这门课停授，我被分配讲授"当前文艺评论"课程。这期间使我受益终身、永远不能忘记的是，在黑龙江省文联的支持下，我多次到省内各地进行民间文学调查和搜集工作。当时我们的计划是很有规模的，我曾经设想，在若干年内，要按地区、按民族、按职业，把全省民间文学蕴藏和流传的情况都考察一遍。我们曾经对满族、朝鲜族、回族、赫哲族进行过民间文学调查，还专程搜集过抗联的传说。当时的条件很差，能够用的只有笔和纸。记得我们曾经借到一台美国20世纪二三十年代制造的录音机，是用钢丝录音的，机器有十几公斤重。扛到乡下，电压不稳，录音机快快慢慢、转转停停，几乎没法工作。于是又在专区借了一个稳压器，这个大铁疙瘩比录音机还要重。我同一位年岁比我大的先生，拿了一根四五寸直径的长木杆子，抬着这两个"宝贝"，身上还背着行囊，就这样一村一村地采访着、调查着。在我所在的黑龙江省的范围里，居住着那么多的少数民族同胞，他们的传统文化又是那样的丰富多彩，这使我非常惊异、非常兴奋，好像在我面前打开了一座收藏着无数奇珍异宝的宝库。这些调查使我实际地观察和了解到中国民间文学现实存在的状况和环境，使我更了解了创造和保存这些文化遗产的人民群众。

进入20世纪70年代，一种想做些有益事情的强烈情绪，在时时躁动，最后驱使着我仍旧回到原来钟爱的领域，开始偷偷地翻译起拉法格的原始文化论著。我在我的译稿本上写过一段感想，其中一句是："愁苦灯下译旧书，相寄难言隐。"后来，我还翻译了《列宁年谱》，车尔尼雪夫斯基描写农奴制改革前夕俄国思想斗争的小说《序幕》等著作，总共有两百多万字。

1979年春，我从黑龙江调到中国社会科学院文学研究所工作。一到北京，我就有幸参与了恢复中国民间文艺研究会、准备文代会等重大活动的部分工作。看到贾芝、王平凡、毛星等几位前辈为恢复中国民间文艺研究会而精心筹划、四处奔走，我深受感动。通过起草文件、筹备会议的具体工作，通过亲自参加"中国民间诗人歌手座谈会"和第四次文代会以及中国民间文艺研究会代表大会，我接触到了全国知名的故事家、歌手、搜集家、理论工作者。他们心中有一团火，烧得很旺；文化创造的激情，如奔腾的马群、如澎湃的春潮，不可遏止。看到这些，我感到有很多事要我去做，而且感到能够做这些事是愉快的、幸福的。

1980年我协助毛星编撰《中国少数民族文学》一书，这使我有机会较为切近而且较为深入地观察和了解生活在新疆、云南、贵州、四川、湖南等省区的民族以及他们的文化历史，特别是他们的文学、艺术。我全身心地投入到这项工作中，跑了很多地方，结识了非常多的朋友，学到了很多很多新鲜且有益的知识。那段时光是永远值得珍藏、永远不能忘怀的。通过实地调查、访谈，以及同各民族学者一起研究问题、讨论提纲和修改书稿，我的面前展现出了一个全新的天地，这比起当年听托卡列夫教授讲世界各民族文化课程时像看电影、看画图似的纸上谈兵，不知要亲切多少倍、具体生动多少倍。

在新疆，为了撰写俄罗斯民间文学概况，我们特地把俄罗斯族同胞邀集在一起，他们像久别重逢的亲人，那么冲动、兴奋，他们唱起久已不唱的民歌，跳着热烈火热的民间舞蹈，每个人都心情激动、如醉如痴。

在西双版纳，我们参加了一位傣族同胞新房落成的庆贺仪典，新建好的竹楼尚未打隔断，像是一个大礼堂。屋内摆放着十几张小方桌，周围坐了几十个人，桌上摆着酒、肉和其他傣族食品。许多品级不同、技艺有别的民间演唱家——"赞哈"，分散地坐在各自的听众中间，拿着纸扇遮住脸，为大家演唱。据说从前的听众是用投币的方式表示喝彩，所以民间艺人的纸扇以破为佳。那天，各位"赞哈"的演唱虽也有比试高低的意味，但未见有听众投币的场面了。过了一段时间又开始立灶石的仪式，所有宾主活跃而激动，虔诚而严肃……夜半之后，回到住宿的竹楼，我听着远处仍然狂放不歇的歌声，辗转反侧，思绪万千。虽然我赶了一天的路，困乏到了极点，但无论如何也睡不着。一阵无声的润雨像轻风一样飘过，空气是清新的，我的心绪也是清新的。我想，我要把世世代代流传的文化遗产搜集起来，加以整理、研究，让这些优秀的传统得以传承和发展，这也是我们共同的历史责任。

《中国少数民族文学》付排以后，我便有时间放开思路考虑问题。我感觉到，我们要运用科学的辩证唯物主义和历史唯物主义的理论和方法，深入实际，全面掌握和分析民间文化的现实状况和真实材料；同时还要总结和借鉴人类智慧之光已经照亮的科学发展道路，包括中国学者和外国学者已经走过的探索历程。有鉴于此，我开始研究欧洲民间文化研究史问题，并着手撰写这方面的系列论文。评论神话学派、流传学派、人类学派经典等文章就是这样写成的。

为了认识和分析当代国外的五光十色的新理论、新观点，我认为有必要以简捷的办法和较快的速度追溯其历史，明了其根源，这样才不至于在一些时新论调的绚丽的外衣和炫目的光彩面前感到困惑莫解。于是，1985年开始，我策划主编了一套《原始文化名著译丛》，希望能把欧洲民间文化研究最基本的理论著作介绍给国人，尽快填补这一空白，免去学人再在二三流著作上花费更多的精力和时间。我希望我国学界能在较短时间内迎头赶上，充分利用我国的优越条件，做出贡献，在广泛的国际学术对话中发出更高更强的声音。

策划和组织《原始文化》《金枝》等一系列名著的翻译，花去我很大精力，但我觉得是值得的。我还认为，我有责任把自己关于这些著作的认识和分析陈述出来，供读者参考。《泰勒和他的〈原始文化〉》《论〈金枝〉》等文章写出后便以序言的形式刊印在各部著作之前。写这些文章我是当作研究工作来做，而不是当作一般的介绍来写的。尽管这样做更费气力，而且也并不容易得到认可，但心里却是踏实的、快慰的。

自20世纪80年代开始，我国的民间文化研究事业进入了一个前所未有的新的历史发展阶段。民俗学经过几十年的消歇之后重新振兴，这是学术界一件值得庆幸的大事。顾颉刚、钟敬文等几位知名教授的大声疾呼，既是这一历史潮流的具体体现，也为这一学科的振兴提供了助力。钟敬文先生提名，中国社会科学院领导责令我协助筹备成立中国民俗学会，在不算很长的时间里，草拟章程、筹建组织机构、发展会员、制定工作规划、申请经费——一切工作准备停当，1983年5月21日在北京召开大会，宣告中国民俗学会成立。在以后的几年里，作为第一任秘书长，在学界前辈诸位理事长的领导下，我协同秘书处各位同仁，筹划并开展了一系列研究和普及、学术讨论和队伍建设等工作。陶立璠教授和已故张紫晨教授具体负责的全国民俗学讲习班活动，便是这些工作中的重要一项。后来分布在全国各地从事民俗学研究和教学工作的人员，有很大一部分是经过这些讲习班培养训练的。本文集所收的《民俗学的概念和范围》一文，就是我在首届讲习班授课的录音记录。

在我早年学习的时候，就曾利用一切机会关心和涉猎民族学、民俗学的研究和发展状况，尽量多地选修和阅读，觉得这些是认识人类文化历史不可或缺的学科。在这一学科幸得复兴之后，看到学人身上迸发出来这样高涨的热情，也使我感到有些吃惊了。

这期间，学术界的文化热来势不弱，很多人学会了从更多的角度，更宏观、更悠远地看待事物。结合人民的文化创造，我想到文化层次的问题，同时还想到各种层次之间的关系问题。作为社会文化基础的民间文化素来不被重视，没有得到很好的研究，我们虽然生活在其中，但却知之甚浅。"不识庐山真面目，只缘身在此山中"，为了宣扬优秀的民间文化，1989年我组织策划出版了一套《中国民间文化丛书》，这套丛书一版再版，颇受读者的欢迎和专家的好评。

我一直认为，术语体系的严整规范程度是学科发展水平高低的标志之一。我觉得，现在时机已经成熟，可以谈民间文化学的学科建构问题了。以往，我们也是囿于传统，把有关民间文化的各个门类统统放在"民俗学"的范畴里来观察、认识和研究，这或多或少地影响了关于民间物质文化、民间社会生活、民间精神生活中诸如民间建筑、民间技术、民间社会组织及亲族关系、传统伦理道德、民间文学、民间艺术等许多门类的本体研究，也使得对这些门类的观照多偏重"传统惯习"的侧面，而不能涵盖某一民间文化具体门类的全部本质、特点和功能等。当把一系列理应独立门户的分支学科总揽在"民俗学"的旗帜之下时，研究工作会不由自主地重视对象中的传承的因素、稳定的因素，而在一定程度上忽略创新的因素，变革的因素，时代的、因时因势而变异的因素；会不由自主地重视集体的因素、整个社会的因素，而在一定程度上忽略人的因素、每一个个体的因素。是否可以让民俗学专注于民间习俗的研究，而不使其"越俎代庖"，去统领其他学科分支呢？把涉及整个民间文化领域的所有基本理论问题交由民间文化学来研究，这样既"解放"了民俗学，也"扶正"了民间文化领域的其他分支学科。这个简单表述的学科建设的构想虽然是来自对民俗学、民间文艺学以及有关学科发展历程的观察和认识，但是这构想的科学性和现实性还需要长期的、严肃的、艰苦深入的实践活动来验证和体现。

20世纪80年代中期，我受命参加《中国民间故事集成》总编委会的工作和担任中国社会科学院少数民族文学研究所的领导工作，此外，还有许多不得不完成的其他工作。大量的行政事务和各种会议分去了我相当多的时间和精力，但也开阔了我的视野，使我在观察、分析和解决问题的方法和能力方面得到了一定的锻炼。参与中国民间文学三套集成的策划工作时，民间故事集成各省卷的初审、复审和终审以及此前编辑原则的制定和不断增补、修正，给了我极好的机会，更全面、更真实地了解了全国各省区各民族民间故事的实际状况。通过从事《民族文学研究》杂志的主编工作，我可以不断跟踪民族文学研究的发展进程。而几度为北京师范大学民俗学博士生讲授《欧洲民俗学史》课程，则逼着我重读和新读了很多书，重新认识了欧洲民俗学的历史道路，并且结合我国的实际，思考了一些问题。20世纪八九十年代，通过《中国少数民族文学史丛书》课题的启动，我们组织和团结了全国各兄弟民族的数十位学者，大家奋力攻关，撰写出四十余部民族文学史，这是一项具有历史意义的文化工程。在这项工作中，我作为课题负责人，费时很多，当然心得和收获也极多。此后所写的其他文章，如神话问题的探讨、《文学和民间文学》《历史比较研究法和历史类型学研究》《关于民族文化》《福乐智慧的象征体系》《和平与劳动的颂歌》等，也都各有各的故事，其中也不免有些"急就章"，是应各种形势之需要而赶写出来的，这里就不细说了。这期间，让我极度感念、难忘的是和叶涛、巴莫曲布嫫、尹虎彬、施爱东、林继富、张雅欣等几位青年才俊在一起切磋学问，那真是一段一心向学的快乐时光。

进入21世纪，我作为中国学者，与韩国、日本的民间故事研究权威专家崔仁鹤教授、稻田浩二教授一道，共同发起成立了"亚细亚民间叙事文学学会"，开展三国民间叙事的比较研究。三国学者的交流合作，多年来在民间传说故事的研究方面，做出了一定的贡献。

从21世纪初开始，从国际到国内，掀起非物质文化遗产保护传承的大潮，我出于对传统的民间文化的热爱，全身心地投入到这一广泛兴起的浪潮中。2003年、2004年所写的文章《培育根基 守护灵魂——中国各民族民间口头和非物质文化遗产概述》《关于非物质文化遗产保护的若干理论反思》《非物质文化遗产及其保护的整体性原则》，全是这种内心情感的积极外现。当时，由文化部的一位行政单位领导来统筹规划、具体领导非遗保护传承工作。2005年，国务院办公厅发布第一个非遗保护工作指导性文件《关于加强我国非物质文化遗产保护工作的意见》。我有幸参加了这一文件的起草工作。自此为始，我就积极参与文化部非遗司主持的国家级非遗代表作名录、代表性传承人名录、文化生态保护区名录，以及向联合国教科文组织申报人类非物质文化遗产代表作名录候选项目等的评审工作。近二十年时间所思考的问题、所写的文章，也几乎全都是以"非遗"的保护与传承为主题。这期间的思考和研究，实地调查和读书学习，让我仿佛进入了一个新的民众知识、传统文化的大课堂，让我活得饶有兴味，深受教益，很充实，很乐观，打从心底热爱中华民族的先人们祖祖辈辈留给我们的文化财富。

现在，呈献给各位尊敬的同行和亲爱读者的这部文集共分8卷。每卷各有单一书号，各卷彼此独立，以方便不同读者选择参阅。

《刘魁立民间文学论集》——本卷选录的民间文学研究文章，基于文献阅读、田野调查而撰写，意在挖掘本土文化的深厚蕴藏，借以推动学科前沿的理论构建，其中包括20世纪50年代提出的"忠实记录、一字不移"的田野考察理念，以及为关注口头叙事语境而提出的"活鱼要在水中看"的研究理念。20世纪80年代以来，结合经典案例，重新阐释和应用诸如"母题""情节""类型"等学术概念；提出"民间叙事的生命树"的理论范式；借鉴中外学术发展成果，整理和探索口头叙事作品的共时和历时研究以及类型研究、形态研究等的方法和路径；此外还讨论民间文学与民俗学的关系等问题。本卷文章，也在一定程度上约略地映射出中国民间叙事学走向现代化的发展历程。

《刘魁立民俗学论集》——20世纪80年代以来，我作为晚辈有幸协助钟敬文等学界前辈参与筹建中国民俗学会的工作，在学会安排下，担任首任秘书长，后来又相继担任过副理事长、理事长和荣誉会长。在相当长的一段时间内，推动中国民俗学的学科建设、促进中国民俗学会的组织发展，成为我的主要工作内容之一。本卷选录了我在学会成立当年举办的首届民俗学培训班上宣讲的民俗学基本原理讲稿，以及数篇有关中国民俗学会发展的报告和总结等，还有相当一部分文章，是我在民俗学领域陆续发表的专题研究成果，比如对欧洲民俗学神话学派、流传学派、人类学派等各学派代表人物、学术观点、历史地位及意义影响的梳理、分析和评论，以及涉及历史比较研究法和历史类型学等研究论文，希望这些文章能对拓宽中国民俗学的学术视域和促进本土理论发展产生一些积极的影响。

《刘魁立非遗保护论集》——作为我国非遗保护工作的志愿者，我始终要求自己能在非遗及其保护的理论建设方面有所贡献。在深度参与国家非遗保护制度建设、法规制定、项目评审和大量实地调查等工作的同时，在过去约二十年的时间里，我还尽量提炼和阐释了一些有关非遗研究的关键性理论命题，诸如非遗的共享性与基质要素守护、整体性原则、传承人问题、公产意识和契约精神、传承与传播、文化生态保护区建设等问题，希望对非遗保护的实践走向和有关非遗的基础理论建设，能带来一点积极的作用。本卷收录的文章大致勾勒出了我在中国非遗保护实践与研究中的个人足迹，同时在一定程度上也反映了中国非遗保护事业的时代剪影。

《刘魁立节日节气论集》——传统节日和二十四节气是中国人时间制度的重要组成部分。数十年来，我和中国民俗学会同仁不仅对新年、端午节、中秋节等重大传统节日及二十四节气进行了有深度的专题研究，还从中外比较、时代流变等视域出发，比较深刻地阐释了中国节日、节气体系与结构、内涵和意义等，努力推动中国生活方式中时间制度研究。我们组织完成了"民族传统节日与国家法定假日"课题，推动民族传统节日——清明、端午和中秋纳入国家法定假日，鼎力呼吁切实保护传统节日和二十四节气，深度参与了"二十四节气"人类非遗代表作申报工作，与中国农业博物馆相关领导、专家共同推动二十四节气整体性系统性保护。这本论集选录的文章，呈现了我在传统节日、二十四节气保护实践和在理论研究方面所做的一些工作与学术思考。

《刘魁立序跋集》——本卷选录自20世纪80年代至今我应邀写作的50余篇序跋，内容涉及民俗学、民间文学、少数民族文学及非物质文化遗产等学术领域。"中国民间文化丛书""中国少数民族文学史丛书"等大型学术丛书的序言，介绍了我对学科建设的一些努力和想法；"原始文化经典译丛"总序及相关中译本的序言，目的是促进中外学术对话，以助力中国本土理论的发展；《钟敬文民俗学论集》《东亚的时间：岁时文化的比较研究》等论著的序言，除了学问的探讨议论，还有尊师敬贤、虚心求教，与志同道合者的学术情感交流。这些序跋记录了我敞开胸怀与读者交流鉴赏这些作品的真实心路，也希望它们能够为亲爱的读者提供一条通往这些论著"内里"的门径。

《刘魁立访谈集》——本卷辑录的是20世纪80年代至今的部分访谈内容，主要分为访谈、发言、报道和回忆四类。这些年受相关报刊、电视广播媒体，以及高校和研究机构的邀请，做过一些涉及民间文化的采访和发言，主题相对来说比较驳杂。特别是一些现场问答或即兴发言，可能有时会显得比较随性，但大多也是我的认知和情感的自然表达。20世纪下半叶，我的精力主要是在民间叙事的理论探讨和欧洲民俗学的研究等领域。21世纪以来，我有幸参与到非遗保护的工作中来，切实感受到祖国文化遗产的丰富浩渺和价值非凡。深刻地了解了人们生动的社会生活，这让我深受感动，获益良多。这本访谈集，记录了我的一些经验总结和学术思考，也有我对于中国民俗学长者、智者、善者发自内心的敬重，以及与学界同仁和社会公众交流民间文化保护传承的个人情感和生活记忆。

《刘魁立译文集1》——本卷收录了20世纪七八十年代我的部分译作，包括恩格斯青年时代创作的《科拉·迪·里恩齐》，这部诗体剧作展现了14世纪中叶罗马封建贵族和商业、手工业平民的斗争。法国和国际运动活动家、马克思主义理论宣传家拉法格的《母权制》论文，分析了母权制在家庭范围的衰落和被父权制替代的过程，以及其引发的一系列争讧、犯罪和荒诞的闹剧。《列宁年谱》（4卷）收录了列宁革命事业和多方面生活的数万条史实，并注明事件的参加者和地点，书中仅摘录了第二卷1905年1月至5月末列宁的活动纪事。《俄罗斯民间文学选辑》概述了俄罗斯民间口头创作的各个门类，并选译若干代表作品，以供赏析；列·雅基缅科的《论肖洛霍夫的〈被开垦的处女地〉》，是俄罗斯肖洛霍夫研究的权威专家对社会主义现实主义经典作品的独到见解。

《刘魁立译文集2》——19世纪俄国著名作家和文艺评论家车尔尼雪夫斯基创作的《序幕》是一部现实主义文学作品，反映了俄国19世纪50年代末、60年代初错综复杂的政治斗争，尖锐地提出了社会改造和农民革命问题，塑造了一批优秀革命民主主义者的形象。我所译的《序幕》中译本1983年由外国文学出版社出版，包括两卷：《序幕的序幕》和《列维茨基一八五七年日记摘抄》。第一卷揭露了当时所谓的"改革"，是政府为了平息广大人民的不满情绪所作的欺骗性让步，是必将到来的伟大人民革命的"序幕"。至于国内各派力量围绕着改革所进行的政治斗争，更是"序幕的序幕"。第二卷所描绘的贪赃枉法的法庭和地主的没落中的庄园，则是农奴制行将崩溃的缩影。

以上所述，敬请批评。

这里，我要对为《刘魁立文集》的出版花费心血、竭诚相助的诸位尊敬的朋友，表示最衷心的感谢，感谢他们对我的一贯关心、呵护和帮助。生活在这些青年、中年朋友中间，时时领受着他们的深厚友谊和热情关照，我感到温馨、快乐、幸福。他们是：

叶涛、施爱东、巴莫曲布嫫、张雅欣、林继富、刘晓峰、李春园、宋颖、李瑞祥、陈华文、孙冬宁、张晓莉、陈学荣、张玮、张建军、杨秀、朱佳艺、王晓涛、萧放、高丙中、陈泳超、陈连山、陈勤建、朝戈金、贺学君、周星、张立新、刘伟波、赵婉俐、刘丹一。我还要特别感谢李春园老师，是她负责本文集各卷的繁重的后期编辑工作。最后，我还要特别感谢黑龙江教育出版社及其编辑团队为文集出版付出的关爱和辛劳；特别感谢对文集出版给予大力支持的上海世久非物质文化遗产保护基金会。

絮絮叨叨地写了上面的话，希望能为本书的读者提供一点背景材料。我冀盼于尊敬的读者的，不是对匆忙和不当之处的谅解，我虚心以待的是您的批评和匡正，以及有益的学术对话和深入的学理讨论。如蒙赐教，是我所幸。

"谁道人生无再少"，现在，继续前行的召唤，仍旧响在我的耳边。

2023 年 7 月

目 录

访 谈

发　言

报 道

回　忆

访 谈

刘魁立先生访谈录

　　刘魁立，祖籍河北静海，1934年9月出生于黑龙江省小镇昂昂溪。1961年从莫斯科大学研究生院毕业，获得俄罗斯语言文学副博士学位，1997年获得哲学博士学位证书。20世纪60年代以及20世纪80年代至今，在中国农村及少数民族地区，多次进行民俗学及民间文学的考察活动。多年来一直致力于中国民间文艺学、民族文学和民俗学的学科建设，尤其着力于民间叙事的理论研究和欧洲民俗学史的研究。近年来则把部分精力放在推动中国非物质文化遗产保护，以及把传统节日纳入国家法定假日体系的论证等工作中。

　　刘魁立先生现任中国社会科学院荣誉学部委员，中国民俗学会理事长，亚洲民间叙事文学学会(AFNS，中日韩)会长，国家非物质文化遗产保护专家委员会副主任，中山大学、浙江师范大学非物质文化遗产研究中心学术委员会主任，中国艺术研究院特聘教授，北京师范大学博士生导师，中国民间文艺家协会顾问，俄罗斯科学院民间文学委员会学术委员会顾问等职。

　　施爱东：做民间文化研究，许多人都把自己弄得很"田野"，但我注意到您却非常注重仪表和礼节。只要是开会或上课，您在公共场合常常身着西装，这样严谨地生活累不累？您参加我的博士后出站报告会那天，因为来不及回家换衣服，临时跑到商店买了一件正式的衣服换上了。那件事给我留下深刻的印象。

　　刘魁立：这大概是在莫斯科留学期间养成的习惯，这么多年下来，我一直都这样要求自己，我认为穿戴整齐是对别人的一种尊重。当然，要是没有这种习惯,可能会觉得很累,我已经习惯了,所以并不觉得累。

施爱东:我对您在苏联的学习生活有点好奇,相信民间文化研究界其他许多朋友也和我一样,能不能简单说一说?

刘魁立:1953年我在哈尔滨外国语专科学校毕业并留校,1955年被选派到苏联留学。学校派我去苏联学习时,本来是让我读语言教学法的,衣服也是按研究生的标准发下来的,比发给大学生的少。我考虑到自己才21岁,年纪还轻,基础也不够扎实,就主动申请转为本科生,得到了国家批准。这样一来,留学时间就变长了,出国前国家发给的衣服不够穿,只好自己又去买了一身。刚进莫斯科大学,我就喜欢上两门课,一门是古希腊罗马文学,另一门就是俄罗斯民间文学。我二年级时的学年论文写的就是有关民间故事的。两年后,由于看到许多课程是我自学过的,所以又申请并获得批准转回来做研究生,当时我选择了民俗学作为我研究的主攻方向。

从进入莫斯科大学学习开始,我就利用假期随同民俗考察队多次到苏联农村和边远地区进行民间文学的田野作业。以前没有外国学生参加过他们的考察团,所以在出差办手续的时候还遇到了不少麻烦。我去过很多地方:沃罗涅日州、伊万诺沃州、弗拉基米尔州、临近边境的卡累利阿。在专业方面获益很多,对社会现实有了更深一层的了解,在语言方面更是得到极好的训练。

施爱东:有没有发生什么好玩的事?

刘魁立:年轻人嘛,自然少不了乐趣,每次考察回来除了正式的调查报告之外,还要在某个同学家里举办一次师生共同参加的晚会,把我们在考察期间出现的种种有趣的场面表演一回,其中也不乏恶作剧的成分。

当然,也有惊险的事。有一次,我们在寒假期间下乡调查,连续下了几天大雪,雪齐腰深,载人的公共汽车停运,我们和一大批农村妇女一道,乘坐钻辘上加了铁链子、上面加帆布棚子的载重汽车,赶往乡下,车道两旁全是深深的积雪,车子行走在小山坡上,车轮空转,原地打滑。我和后来做了俄罗斯科学院民族学研究所所长助理的巴希洛夫同学下来推车,车子突然向前走了,我们俩都摔倒在地,我们尽量爬到道旁的积雪上,因为穿着棉大衣,很笨重,他在拽我的当口脱了手,我又摔倒在车道上,可谁知这时汽车竟突然向后倒退,我来不及站起来,只好尽量把身子紧紧地贴在轮子旁侧,车上的妇女尖声喊叫,车子才停下来,我才没遇险。

施爱东:您现在还关注俄罗斯的学术新动向吗?

刘魁立:很关注! 我平均每三年会去一趟俄罗斯,去了就花几天时间在列宁图书馆看书,也去几家书店买新书,平时有什么好的新书,俄罗斯科学院高尔基世界文学研究所的朋友也会寄给我。1999年到2000年我担任日本斯拉夫研究中心的合作教授,从事的也是俄罗斯民间文化研究。我在这方面有不少积累,但发表的东西极少。另外,我总是对自己不满意,觉得自己的许多思考都还应该而且都还能够再深入,但又总是很难抽出完整的时间把这些思考好好地整理出来,这是我极感歉疚的。有人以为我谦虚,他们不理解我的心情。我不是谦虚,是心虚,自己过不了自己这一关。

施爱东:您对自己要求高,这在民间文化研究界是众所周知的。没有成熟的独特见解,您就述而不作,宁可用自己的思想去启发别人,也不轻易成文。我非常赞赏您的这种治学态度。文章贵精不贵多。负责任的学者应该更重视论文的质量而不是数量,多思考,少出货。我看了您的许多论文,取材和论述的边界都非常清晰,这在中国学者的论文中是非常难得的。《刘魁立民俗学论集》的"内容提要"中介绍您"学风严谨、长于思辨",这与您在莫斯科大学的科学训练关系大吗?

刘魁立:这可能不仅仅是科学训练的问题,大概是学术传统不一样。中国的学术传统长于考据,欧洲的学术传统长于思辨。中国的学术讲究学以致用,俄罗斯学者不怎么讲这些,他们没有将学术世俗化,在他们看来,学术研究必然是在一定的理论准备下进行的合乎逻辑的独创性活动,他们认为从材料中升华出思想才可称之为学问,而我们往往把材料的归纳和叙述、常识普及等等也叫学问。他们的学问注重学理思考,而我们有时却以博闻强识作为有学问的标志。今天,资料和信息的数量极大,增量的速度极快,同时,由于电子时代的来临,资讯检索变得越来越便利,获得资料和信息变得相当容易,所以,对资料和信息的学理思考和"深度加工"就更显得特别可贵。

施爱东:苏联的学者们也经常在一起讨论问题、互相切磋吗?

刘魁立:其他领域的情况我不了解,以民间文学而论,20世纪50年代莫斯科有三个重要的研究中心,一是高尔基世界文学研究所,一是莫斯科大学,一是苏联作家协会民间组,几乎每个月这三个机构都会轮流举办一次学术活动,这是一个不怎么涉及时政的领域,所以思想很活跃。我作为研究生每次都参加,几乎场场不落。我很庆幸,听过当时非常多的权威学者的学术报告。我认为自己的学术训练是在这一时期打下基础的,在听讲演和听讨论的过程中我学到了很多东西,渐渐地学会了从别人零散的语言中迅速抓住主要内容和中心思想,学会了广阔地联想和生发出自己的感悟。

施爱东:我知道20世纪80年代以来您在故事学领域建树良多,我个人最推崇您的《民间叙事的生命树》一文,这篇文章成功地利用共时研究法,从形态学的角度探讨了特定故事类型的内部结构与结构关系,并由此产生了一系列的结构概念和理论命题。您能不能介绍一下这篇文章的写作初衷或过程?

刘魁立:说到初衷,似乎有些荒唐,我是为了参加一次国际学术研讨会,根据会议主题的要求而写这篇文章的,当然在确定会议主题时,我也是决策者之一。中日韩三国学者要选择共同的故事材料——狗耕田故事,召开起会议来才会有共同语言,有交锋。规定了文本材料,但并没有限制各个人的研究思路和前进方向。我以为做研究最重要的是找准要解答的问题,这个问题越明确、越具体越好。

阿尔奈和汤普森以及我国和其他许多国家的同类学者,要解决的问题是如何把现有的浩如烟海的民间故事文本按某种标志加以清理、归纳和分类。这个问题尽管还有疑义,但大家似乎都不得已地使用着AT分类法或者艾伯华分类法,二者的基本原则是一致的,就是把所有的故事都按照类型排列开来,以便于检索和研究。而我所关注的则是在某一个具体的类型里各种不同异文的相互关系。我在整个分析过程中心无旁骛，只穷追不舍地探寻着一个问题的规律性的答案——在某一特定类型中，所有不同文本共有的核心成分是什么，彼此间又以什么样的逻辑方式呈现出多彩多姿的形态。

类型对于具体故事文本来说，只是一个莫须有的公约数。我认为具体地找出同一类型的诸多故事文本的相互关系的规律，才会进入科学研究、学理分析的层次。

根据这一工作任务的需要，我就必须使自己的出发点和工作准则简单化和封闭化，选定一个单一而具体的标准。一个简单的故事，它由哪些材料所构成？它又靠什么因素来组织材料？在这些材料中间，哪一个是重要的？哪一个是次要的？所选择的比较容易操作的研究个案应该是既能满足情节相对比较单纯的要求，又能满足异文比较丰富的要求。在中国的学术传统中，材料是多多益善，最好是一网打尽，但故事异文是无法一网打尽的，为了避免对异文数量的漫无边际的无限追求，我严格划定了对象范围的界限，从材料来源上把研究对象限定为：仅仅考察这一类型在一个具体省区(浙江)里的所有流传文本的形态结构。这一限定不仅达到了抽样的目的，而且有效地把异文背景限定在了相对同质的民俗文化区域之内，这样可以使研究成果更具逻辑合理性。

施爱东：我记得您这篇文章写成之后，有一些学者提出批评，认为您没有把故事研究放在特定的历史与文化背景中加以讨论，致使您的论文缺乏文化学的意义。

刘魁立：这种批评是站在历时研究或文化研究的视角来说的。站在历时研究的角度，就无法理解共时研究的工作方法和意义。为了研究故事形态的内在关系、抽绎出决定故事类型的主要矛盾，我必须把构成形态关系的各种因素置于同一个共时的平面上进行考察，为此，我就必须保证不使历时性的思考介入研究过程。关于故事文化历史内涵的研究，当然也是十分重要的，但这不是本文所关注的问题，我有意回避了这些问题。我在文本的研究过程中，不断告诫自己，要暂时放弃对故事生成和发展脉络的探讨，以及关于这一故事类型演化过程的推断,也不讨论和分析故事的意义和价值。这些应该是其他论文的追求。我在写作中始终有意地保持着这种戒心。

施爱东:我同意您的观点,这也是继索绪尔以来学界的基本共识,普罗普的《故事形态学》就是共时研究结出的一大硕果。共时研究与历时研究是无法相容的两种研究方法,坚持共时性,恰恰必须暂时排斥历时研究。但在中国这种以考据源流为主旋律的学术传统中,要坚守这一点实在不是一件容易的事。像您这样功成名就的学者当然可以这么做,可是如果我们这些小人物也依此而行,恐怕文章既没人看,也发表不了。

刘魁立:学术传统是一种积累的过程,如果谁都是只顺应潮流,不做开拓的努力,恐怕永远也无法让我们的学术传统得到发展进步。共时研究和历时研究并没有高下之分,他们的目的应该都是指向对于客观事物规律性的认识和阐释。

施爱东:好吧。我们换一个话题。回到您的具体工作上来。您曾经担任中国社科院民族文学研究所所长,您认为您所做的最重要的工作有哪些?

刘魁立:其实我不是个适合做领导的人,我更喜欢思考学术问题,对于行政管理不是很在行,我刚担任所长职务的时候,为了能适应新的岗位,曾经买了好多本管理学、领导学方面的书,但那是纸上谈兵,一旦落实到实际工作上,杂七杂八的事务性工作特别多,头疼得很。我任所长的时候,民族文学研究所还是个新成立的所,民族文学研究也是一个新兴的学科。一些研究人员当时都是没有经过相关专业训练的少数民族文学爱好者,他们有热情,愿意为本民族的文学研究事业贡献力量,但有的人对如何做研究工作、应遵守哪些学术规范,都不十分了解。为了使这些同志很快适应专业研究工作,我们在培养学术风气、改进研究方法等方面做了一些具体的工作。

还有,我认为最重要的一项工作是开展了"少数民族文学史丛书"的国家社科重点项目,我计划编撰40个兄弟民族的文学史,当时计划分两个五年完成,每次完成20个民族的文学史写作,更远的计划则是将全程分为三个阶段:一是族别史、二是比较文学史、三是统一的以汉民族为主线的多民族中国文学史。这些工作在我的任上并没有全部完成,我相信它是一个需要几代人共同努力的大工程。

施爱东:您是从1999年开始担任中国民俗学会理事长的吧? 在这个位置上,您有什么感触? 比如,高处不胜寒?

刘魁立:中国民俗学会自成立以来,钟敬文先生一直担任理事长。他是我们这个学会乃至我们这个学科的创始人之一,是民俗学界的泰山北斗,接他这个位置,压力之大可想而知。我多次推托,不接这个摊子。钟敬文先生也知道我的畏难情绪,就找我的同事以及我的老领导来劝说。最后,钟老说了些很重的话,我不得不接下来。那真是诚惶诚恐、如履如临啊。民俗学会那么多同志,工作都做得很好,也很有成就,让我来领导学会,我心里压力很大。就像你说的,高处不胜寒。当然,今天看到许多年轻的学者成长起来,我很高兴。民俗学界这几年欣欣向荣,我心里的紧张情绪也稍稍缓和一些了。

施爱东:我知道您这几年一直在为非物质文化遗产的保护和发展问题而奔波,能不能简单介绍一下您这几年的工作。

刘魁立:我看到了你对于民俗学家参与非物质文化遗产保护工作的批评意见。

施爱东:哈哈。我对于当前的非物质文化遗产保护热是有些微词。我的意思是说,非物质文化遗产保护是一种纯粹事务性的工作,其中没有太多学理的问题,民俗学界的人力资源如此有限,当大家都热衷于社会工作的时候,沉浸于真正学术研究的人力资源必然大为削弱。学者一旦脱离自己专业领域的具体研究而介入公众话题,他就不再具有任何优越于普通知识分子的优势。所以,我认为民俗学家不必过多介入地方非物质文化遗产保护工作。

刘魁立:非物质文化遗产保护并不如你说的完全没有学理问题。从理论层面上说,非物质文化遗产既是建设具有民族特色的现代文化的基础,也是每个民族对人类文化的丰富和贡献。然而,这两个命题都没有得到认真的研究,也没有从实践上进行深度的考察和论证,无论是民族文化发展的前景或者是人类文化发展的多样性面貌,现在还都只是朦胧的推断。而且见仁见智、人各不同。现实地说,在继承和保护非物质文化遗产的激情中,忙于做事,疏于思考,尤其缺少宏观的和长远的思考。对策性的、操作层面的议论多于学理性的、思辨性的挖掘和阐释。例如,我们要保护的非物质文化遗产,在当今社会进程中究竟应该占据什么样的位置;我们要在怎样的程度上,以怎样的方式对之进行保护;目前习惯的做法是对民间文化进行解构式的"保护",究竟对民间文化事象的整体性结构会产生什么样的影响,类似的许许多多的问题,都没有在广大工作人员当中引起重视和取得共识。由于非物质文化遗产大都是农业社会条件下的产物,所以,今天对它的保护便包含着许多悖论。例如,保护和发展的关系、非物质文化遗产生态环境的保护、对传承人的态度、市场经济体制和非物质文化遗产保护的关系、城镇化和标准化等当今社会发展趋势和非物质文化遗产保护的关系等诸多方面,都隐含着大量两难的理论问题,如果我们仅仅是期待文化行政部门去考虑,很容易就会失之偏颇,所以,民俗学家参与其中,可以给文化行政部门提供许多参考意见。

施爱东:我对您的批评主要是想说,您有那么好的学术素养,有那么多的学术积累,您可以做许多别人做不了的研究工作,但如果您把过多的时间放在现在非物质文化遗产保护工作这种事务性的工作中,就大大地浪费了您的时间和精力。而这些事务性的工作,您不做,别人也会做,也能做。有些工作是非您不可的,有些工作不是非您不可的。如果是我,我宁愿选择那些更能发挥我特长的、有更强专业特质的工作。

刘魁立:一方面,我并不觉得做这些工作是在浪费时间。你不知道,每当我看到各个地区、各个民族那些丰富的民间文化表现形式时,我都会异常兴奋,好几次到浙江、福建、山西、陕西等地去实地接触那些民间艺人和民间文化,有时会被他们感动得流下眼泪。他们好像在我面前打开了一座座收藏着无数奇珍异宝的宝库!我就觉得,那些农民兄弟是我的同胞,我是他们中的一员,把世世代代流传的文化遗产搜集起来加以整理、研究,使其优秀的传统得以继承和发扬,是我们共同的历史责任。非物质文化遗产的保护是我目前最重要的工作之一,当然,民间叙事的研究我还在继续做。有时,我也去一些高等院校讲几堂课。因为是国家非物质文化遗产专家委员会的成员,他们有事也经常找我,我找不到推托的理由。

施爱东:您不觉得太浪费您的才华了吗?我倒是觉得这些一般性的文化整理和文化传播工作,一个有良知的新闻记者或者一个普通的知识分子就能做。

刘魁立:我没有把自己和其他人区分开来的意思,我觉得我就是这个民族大家庭中的一员,保护民族文化,是我应尽的职责,这是一种天职,只要社会需要我,我就会去做,有时,即使别人没有要求我,只要我觉得有意义,我也很愿意做,而且我还在不断地学习和思考,努力挖掘事务性工作背后的问题和规律,尽自己之所能,努力把这件事做好。

施爱东:这我能理解,从民族文化保护的角度来说,非物质文化遗产保护运动需要民俗学的专家出来做些具体的工作。您作为中国民俗学会的主要负责人,代表民俗学界对社会热点问题发言也是应该的,你们的专业话语和专业认识有助于澄清社会上以及各级地方官员头脑中的许多模糊认识。这是民俗学家的历史使命。这些年,您还有其他老一辈民俗学家,都在致力于非物质文化遗产的保护工作,参与理论建设,发表理论文章,为各地培训文化干部,进行专业咨询等,做了许多工作,在社会上也有很好的反响。但您有没有觉得,你们主要是在以你们的地位和影响力在做事,而与你们的学术素养没有太大关系?

刘魁立:我不是很同意你最后说的这个观点。非物质文化遗产保护问题虽然不是纯粹思辨性的题目,但是为了更好地认识非物质文化遗产的本质,就不能不从学理的角度挖掘它的深层内涵。只有在不断深化认识的基础上,才能使保护工作的方针和方法更符合非物质文化遗产的本身的实际,更有效地回应社会现实的要求。通常理解的文化遗产是历史留给我们的精神财富,仿佛是属于过去时的,但实际上所有这些事象又可以在现实生活中找到它存在的痕迹,有的甚至生命力相当旺盛。这一点决定了我们在保护中存在诸多两难的问题。说到在当今社会条件下的非物质文化遗产保护,我想没有哪一个题目会像它这样包含着那么多的悖论,包含着那么多需要在理论上给出答案的问题。

施爱东:能不能说得更具体一点?

刘魁立:我们可以从这样几个方面来看:

(1)保护意味着保持原汁原味,保持它的本来面目,保持它现今的或是昨天的形态、内涵、功能等等,但社会要前进,一切事物——包括传统在内,总在不停地发展、演变,我们不是要把被保护的对象仅仅放在博物馆展台上,而是要它在现实中发挥作用,于是保护和发展的悖论就出现了。

(2)当我们谈保护的问题时,往往会连带地提出一个重要问题,就是要保护这些遗产的生态环境。生态环境,包括政治的、经济的、文化的各种历史条件,也包括人的思想、价值观,人的需求等,而这些都在发生着急剧的变化。那么,所谓保护遗产的生态环境,实际上就可能是一种美好的空想。这也是十分矛盾的。

(3)当我们谈保护的问题时,为了保护的方便和有效,往往要把保护对象从一种完整的、庞大的体系中抽绎出来,给以特别的关注。实际上是采取一种解构的办法来对待文化遗产。但是非物质文化遗产的非常重要的特点就在于它的发生和构成中的混元性、现实存在的共生性以及和民众生活的不可分割的关系。而对于对象的解构或所谓保护,却意味着完整性被破坏,这也是很矛盾的事情。

(4)当我们谈保护的问题时,当务之急的是要特别保护那些在继承和发扬历史文化传统方面发挥重要作用的优秀传承人,而这些传承人的思想、他们的价值观、他们的生活方式在急遽变革的时代同样在不停地发展变化着。他们有对于新生活的欲求,有改善生活条件的理想,不能让他们为了保护某种遗产而牺牲自己的现实生活。我们不能强求他们以昨天的思维方式和生活方式来度过今天。

(5)保护一种传统文化,不让它受到市场经济的影响是不大可能的。非物质文化遗产本来是民众的一种生活方式,当一种生活方式变成商品时就很难再完好保持原来的功能了,例如,旅游业使非物质文化的各种表现形式在性质、功能等方面发生了根本性的改变。另外,在市场经济条件下,还会产生知识产权问题,现在,有的儿女把老人们口传心授的一套民间技艺保护起来,不许与别人交流,这对非物质文化遗产的传承会起到什么样的作用呢? 然而为了扩大影响、扩大传承,而不去保护知识产权,那又如何防止国内、国际的文化侵权和文化剽窃呢?

(6)在当今时代,标准化已成为一种社会需求和发展趋势;而在非物质文化遗产保护当中,强调的则是地方特色。比如,舍弃了地方方言,任何地方的民间戏曲、故事、歌谣等等也就丧失了地方特色甚至是存在的土壤。类似的矛盾和两难还可以举出很多。

施爱东:所以,您认为在这些问题上民俗学家责无旁贷,知识界有责任提供智力支持,从各自的角度给出各种不同的答案?

刘魁立:对。我个人认为,没有深入的研究工作就没有真正意义的、科学的、合乎历史规律的保护。然而知识界不可能包打天下。知识界的出发点和重心在于求真,在于追求真理,在于挖掘事物的真谛。而且每位学者根据自己接触对象的程度和侧面不同,只能从自己的角度对事物做出观察,得出相应的认识,所以不可能没有局限。而追求真理和经世致用,并非在一切场合下是相通的、统一的。文化行政部门听取各方面发出的呼声和信息,其中包括知识界提供的学理思考,能够审视社会、现实和历史发展的需要,从民众长远利益出发,坚持可持续发展的方针,权衡利弊,综合考量,选择最佳方案进行决策,达到经世致用的目的。

施爱东:我知道这几年您为民族传统节日纳入国家法定假日做了许多具体的工作,能不能简单说一说?

刘魁立:几乎世界上所有国家都十分重视自己的民族传统节日,并在其法定假日体系中安排重要位置,一些历史并不太长的国家甚至有意识地创造一些新的"传统节日",以达到凝聚民心的作用。我国的传统节日体系有着悠久的历史和丰富的内涵,但是近百年来由于各种原因没有很好保护和传承。

这几年通过我们民俗学会以及许多两会代表、社会贤达的呼吁,党和国家有关行政领导部门也很关切各个社会阶层广大民众的这种呼声。

2004年,中国民俗学会受中央文明办的委托,组织了一批民俗学家进行了"弘扬民族传统节日,改善国家假日体系"的课题论证。2006年底,我们又受国家行政领导部门的委托,组织了一批民俗学家完成了"民族传统节日与国家法定假日"的课题论证,对春节、清明节、端午节、中秋节等民族传统节日的起源与流变、内涵与功能、象征符号、节日活动等进行了深入的研究,而且提出了关于假日体系改革的具体建议方案。我相信,我们的工作对于我们民族以及我们国家都是有意义的。

文章来源:《民俗研究》2007年2期

民艺学的回溯与展望
——刘魁立先生访谈

访谈人：您是中国民俗学会荣誉会长、国家非物质文化遗产保护工作专家委员会副主任委员，对民俗学以及民间艺术的各个门类都有着精深的研究，值《民艺》杂志创刊之际，我们特别采访您，请您高屋建瓴地梳理民艺学科的发展和对《民艺》杂志的期望。

我们注意到，2005年8月，您到访山东工艺美术学院，参观民艺博物馆及孙长林艺术馆，同时任中国民间文艺家协会副主席、山东工艺美术学院院长潘鲁生教授进行了座谈，重点讨论了民艺学的学科建设。十几年过去了，您认为民艺学科的发展取得了哪些成就，还有哪些不足，未来研究的重点又是什么？

另外，也请您对《民艺》杂志的定位、内容等提出宝贵建议。

祝贺《民艺》杂志创刊

刘魁立：首先，我应该特别郑重地表示祝贺。《民艺》杂志的出版问世应该说是恰逢其时，很多人都呼唤着有这样一个园地。民间艺术是一个非常重要的领域，而这个领域缺少像样的理论刊物，《民艺》的出版对于整个业界来说，对于整个学术研究来说，对于整个社会来说，都会起到非常好的作用。

提起此话，已经是十多年前的事了，和潘鲁生院长，也就是现在的潘主席，我们曾经有过一次长谈，当时潘院长陪着我参观学校的博物馆。博物馆以它的功能来说，是为了搜集、整理、研究、推广有关的实物，但是像山东工艺美术学院博物馆，已经不仅仅是一般性的博物馆，它实际上是一个试验基地，它带有车间操作实践场地的意味，这是一般博物馆达不到的，不仅进行展示，让大家学习研究,同时也对实践进行指导。这和一般博物馆情况完全不同,所以,当我们接触到这些问题的时候,谈了许多,给我印象非常深刻,到今天为止,偶尔我还会想起。

现代民艺学的历史沿革

这些年来,民艺学的变化,我个人感觉和我们整个国家建设的速度是相一致,彼此相呼应的。民艺有非常大的进步,有非常大的发展。随着国家的发展,我们的民艺也是走过了曲曲折折的道路。在1949年以前,基本上是百业凋零,那时候生存是重要的问题,民族存亡是重要的问题。解决了这个问题以后,就解决我们朝着哪个方向走,走哪条路。战争结束以后,再来建设,建设首要的任务不是这些,首要任务是政权如何巩固,如何建立一个非常好的体制,如何贯彻党的领导和整个指导思想。那是大的问题,所以,一时还顾及不到民间艺术。但是随着国民经济不断发展,民艺应该说也比较幸运,大家知道那个时候,我们被资本主义国家抵制包围,几乎没有办法走入国际市场,我们靠什么换外汇?靠民艺。这件事情在某种意义上是替我们保存了一部分很有价值的民间艺术的精品和传承人,保存了这些手艺人和他们所掌握的技术。以后当然也经过了一段坎坷的经历,但是从改革开放以后,这条路越走越宽,现在我个人感觉到,民艺已经成为大家特别关注的一个对象。

审美觉醒与文化自觉——近年来民艺学的发展

随着人民生活水平的提高,审美的需求变得比以往任何历史时期都高、都强。审美意识的觉醒对于我们民艺的发展起到一个非常重要的作用。受众的多寡才是一个事物发展不发展、停滞还是兴旺的关键。就民艺而言,没有哪个时期像现在这样被大众所欢迎,被大众所需要,你看现在任何一件小小的工艺品市场都很大,民艺在某种意义上比过去都更加大众化。过去很多东西是小众的,景泰蓝是小众的,但是现在钥匙链上都是景泰蓝了,它有了一个广阔的天地,这和过去有很大的不同。现在手艺人的地位提高了,过去手艺人解决的是温饱问题,要靠这个来解决吃饭穿衣生活用度,现在有了另外一种文化自觉,认为这是老祖宗给我们留下的宝贵遗产,这种观念叫作责任心和历史担当的自觉意识。

刚才说到手艺人,当把手艺人换成另外一个词的时候,换成传承人的时候,他已经有了这种责任,我们叫作责任感。这个责任感可能不光是对于昨天、对于过去的成就、对文化高峰的继承。同时,他也希望能够在自己的手上发扬光大。这仅仅是文化自觉的一个方面,仅有这个方面,时间持续不会太久,因为他死了,这件事情就结束了。真正的文化自觉,要靠整个社会的文化自觉。这个时候,价值判断很重要,认为这些东西要比其他的东西更加珍贵、更可心、更让人们能够有深厚的情感,这个挺重要。现在,当我们提出这是非物质文化遗产的时候,很多人有另外的感受,这个东西比那些洋玩意儿好,更美更有内涵,因此,更加招人喜爱。这种整个社会的文化自觉和刚才说的这些手艺人作为传承人的自觉共同促进了民艺的发展,这是近年来非常重大的变化。

刘魁立先生在接受本刊编辑采访

这些年来,民艺学研究相比过去有很大的发展,艺术院校的学生们和从事这方面研究的人才队伍规模,也好得多。仔细翻翻,过去没有很多可以算得上经典的著作,基本上是描述性的著作。但是现在,你看我们有很多真正学理的分析,已经把民艺的极为丰富的内涵挖掘出来了。另外,现在的话语已经不仅仅是放在中国、放在这些项目本身了,同时有一个更扩大的视野,叫作国际的视野和历史的视野。所以无论是纵向还是横向的,这些方面要比过去好。

现在,从业者的素质与过去相比,有很大提高。过去,理论和实践截然分开。现在不然,有一个非常好的现象,从业者某种意义上已经进入到自己的学理性的分析层面。比如,吴元新写书,还有其他的人也在写书,他们自己进行实践,提炼并升华里面内在的逻辑。同时,刚才我们所说的年轻的学者们,已经把书本和手艺操作放在一起,他们不满足于天马行空,不满足于说理,他们也进入到实践活动当中,对于未来来说,是了不起的基础,将来会朝着这个方向更进一步推进。无论是在实践方面的提高,还是在理论升华方面的更加深入,于他们而言,都会有好处。这是我对这些年来民艺发展的认识。

民艺学发展面临的几个问题

当然也有问题,问题很多。我举几个例子,现在大家都很关注老一辈的传承人,有些绝活儿没有人继承,这是不是事实?是事实,这和时代有关系。进入经济大潮之后,大家希望工艺品很快能变现,一些人被市场牵着鼻子走,而不是死心塌地地把一件事情做好。浮躁的心情、浮躁的心理随着市场的需求,就变得特别强烈,这是个大问题。因为手工和机器生产完全不一样,机器生产一个模子可以大批量生产,而手工要做到非常精致,不会出现瑕疵,需要全部心思都用上去。我举个例子,有一个人他花很长时间,差不多大半年的时间做一个盒,你说他卖多少钱?一个不大的推漆盒子,漂亮极了,他说如果我要是为了养家糊口我用不着这样做。这位师傅非常了不起,他居然能够做到比日本、比我们历代所出现的包括皇家使用的那些推漆盒质量都好,完全和镜子一样,放在这里,底下的台布反映到盒子上清清楚楚,非常精致。有人质疑他,他请教授带着学生一起来看他从头到尾的操作过程。所以,刚才所说的那种一味追逐市场需求的浮躁的心理和这种继承传统精益求精的要求是不相容的,后者不会使最宝贵的东西在过程中丧失。手艺,不日复一日地熟悉它,不天天做会变生疏,以后再做就不地道了。

刘魁立先生在接受本刊编辑采访

现在画唐卡也是如此,无论在信仰上、在观念上、在材料上、在画法上,如果不顾传统,急于求成,当然会成为问题。在这些问题面前,我觉得我们的研究或者是我们的舆论引导,包括传媒,都有责任。

学者的平台、艺人的朋友——对《民艺》杂志的寄语

当我们说到责任的时候,我想到《民艺》这个刊物,对它创刊,我表示祝贺,同时也对它怀着非常多的期望。大家都知道,马克思主义的导师们,当年推行自己学说和革命主张的时候都是办杂志,办报纸。马克思办《德法年鉴》,列宁办《火星报》,毛泽东办《湘江评论》。杂志的号召力量极大。一方面,它会团结整个领域的出类拔萃的领军人物,将其头脑中的思想理念集中体现在这个杂志上,所以要求你真的能够在站这个位置上,把大家聚在一起,这既是它的好处,同时也是它的难处,这是其一。第二个呢,就是它的声音变成一个舆论导向,会在整个社会中产生非常强大的影响。所以,当潘主编提出来,它将既是会刊也是学刊,不仅是组织的声音,同时也是学术的声音,我就对它抱有非常高的期望,这会是一个非常强大的理论力量,其意义特别大。

同时,我还有一个想法,它应该成为手艺人的朋友,如果它只是理论家的一个园地,那它的意义就不那么大了,影响就有局限了。应该有这样一块园地,能够把业界都聚拢来,既给他们看,同时也让他们参与。这样,它的力量就变得强,不是二三流的,是一流的。一流代表一种声音,代表一种高度。

另外,比如说让科普作为杂志的副产品,当然不是主要任务,除了杂志之外,还可以办一些相应的小的出版物。

理论刊物容易做,但是理论刊物要办活泼,让大家爱看,不大容易。所以我就想,它将来一定会在这方面有很大的空间和余地。我说的仅供参考,请让大家来想主意。再次恭贺《民艺》出版问世!谢谢!

文章来源:《民艺》2018年1期,谢崇桥、马晓飞采访整理。

畅谈成为法定假日的端午节

中国民俗学会会长刘魁立远程做客强国论坛

编者按：2008 年 6 月 6 日 10 时，中国民俗学会会长刘魁立远程做客强国论坛，以"从传统节日到法定假日——泛谈端午节"为题与网友进行在线交流。

访谈摘要

●在节日里,我们的情感是平和的,我们的道德是可以提升的,人和人之间的关系更加和谐,在这种并非常态的状况中,人们的幸福感也得到了体现。应该说,民俗传统节日对于我们来说十分重要。

●饮食在节日里当然是一个重要的内容。在全世界所有民族的节日体系当中,饮食都占据着相当重要的地位,包括一些宗教节日等也是如此。

●我觉得过端午节一是要亲近自然,爱护自然,保重自己,爱护我们周围的人,爱护我们中华民族;二是我们要特别尊重文化,在各自岗位上尽职尽责。

访谈全文

传统节日的地位越来越重要

刘魁立:尊敬的人民网的各位网友,你们好,现在马上就要到端午节了,我们今天就端午节这个话题和大家进行一些交流,我感到非常荣幸。

强国一派:近几十年传统节日的气氛越来越淡,您觉得是什么原因?

刘魁立:现在大家似乎有这样一种感觉,仿佛在最近的这段时间里,我们对传统节日的感觉越来越淡了,我个人以为这样一种感觉或许对于城市里的青年人来说是可能的,但是在乡村的许多同胞们这种感觉未必这么强烈,因为这些年大家仍然保持着对传统节日非常坚定、富有情感的这样一种态度,而这样一种态度正说明大家对于传统节日是非常重视的,尽管之前在我们整个国家体系当中,并没有安排我们传统节日的位置。

现在这个节日已经被纳入我们国家的法定假日体系当中了,我觉得这是我们大家共同保持对于传统节日怀念和关注的结果。应该说我们和自己的传统节日关系十分密切,但是在我们的国家政治生活里面,它始终没有占据它应该占据的地位。这个时间也相当久了,更早的时间是在1912年,孙中山有一个临时大总统的历书令,规定引进了西方的纪元办法,这使得我们长期使用的夏历,即我们现在通常所说的农历就处在非常危急的地位。到了1928年,甚至于农历也禁止使用,取消了我们的传统节日。到了1929年过春节的时候,许多卖年货的人都被查抄,之后,传统节日的地位就更加使所有国人感觉到不满意。因为在整个的国家制定的假日体系当中,始终没有民俗传统节日的位置。到"文化大革命"时这种情况就更加严重了。当时,甚至于有这样的明令,为了革命形势的需要,应广大革命群众的要求,要过革命的春节,春节不再放假。过去,在我们的传统节日当中,只有春节还有很短暂的假期,其他的民俗传统节日都没有按照规定给予休假。现在,我们的党和政府应广大民众的要求,听取广大民众的呼声,在我们的国家法定假日当中纳入了民俗传统节日,给它相应的地位,我觉得这是改变历史的创举,它的意义非常重大。在这样一个国际要求文化发展多样化的背景下,同时,也是在建设社会主义精神文明的过程中发挥传统文化可能发挥的重要作用,在这样一个背景下,显然我们的传统节日完全可以发挥应有的魅力。

我们的传统节日应该说确实有非常重要的社会功能、道德教育功能、和谐社会建构的功能。在节日里,我们的情感是平和的,我们的道德是可以提升的,人和人之间的关系更加和谐,更加协调,彼此尊重,在这样的情况下,我觉得它是处于一种并非常态的状况中,因此人们的幸福感也得到了体现,应该说,民俗传统节日对于我们来说十分重要。现在党和政府应广大民众的需要,确定了这样一种办法,在我们国家的法定假日体系当中,纳入了民俗的传统节日,包括清明节、端午节和中秋节,这就使得我们的生活更加丰富多彩,使得我们的多民族文化富有色彩和情致并得到发扬。这确实是一件值得高兴的事情。我想它的意义,也许我们未必能说得清楚,但是随着时间的推移,这些节日会发挥非常重要的作用。

饮食是传统节日的重要符号

登泰山而小鲁:在全球化的时代,如何继承与发展传统文化?

刘魁立：全球化对我们来说的确是不可回避的现实，特别是经济一体化的这样一个趋势也是我们不可回避的。但是文化如何发展，或许是另外一回事，什么标准化，什么趋同现象，对于文化的发展来说可能未必是一种很好的方向。文化发展一定要多样性才能使我们的世界变得丰富多彩，文化发展才能有动力。假定我们只是一个模式，这种强势的经济，强势的军事，同时创造一种强势文化，文化发展就会枯萎，整个世界就会变成灰色的，我不认为文化发展必须走一条强势的、统领整个人类文化的这样一条路。

猫儿眼后的虎眼：为什么中国的传统节日都离不开吃？是不是和宗教信仰有关？

刘魁立：饮食在节日当中当然是一个重要的内容，在全世界所有民族的节日体系当中，饮食都占据着相当的地位，包括政事、宗教节日也是如此。但是我们的节日体系的许多符号，还没有很好地挖掘出来，没有让它占据特别显赫的地位。比如说我们的节日在植物方面的符号，这个体系也非常丰富，这是别的民族难以和我们相比的。比如说春节的时候，在南方要养橘树，这个习惯也流传到其他的国家和民族，比如说日本在过年的时候也要吃橘子、养橘树。我们其他的节日植物也非常清楚，比如端午节有菖蒲、艾叶，比如重阳节大家也要采茱萸。在佩饰方面我们也有很多的习惯，佩饰符号也很清楚，这些符号和我们在饮食方面的是一样的，应该说我们节日的符号体系是相当丰富的，不仅仅是饮食。

端午节最早出现在中国

一天一地一广仔：您对韩国人一直在争夺端午节，搞端午节世界文化遗产那一套怎么看？

刘魁立：韩国人申报了江陵端午祭，它的内容和我们的端午节的节庆活动多少有些差异，韩国这些同行们也很清楚，端午这个节日的来源最早还是出现在中国。我想文化本身有一个特点，就是非物质文化遗产有它的共享性，对于他们将江陵端午祭申报了非物质文化遗产，我个人感觉实际上是把我们中华民族的这样一个传统,做了相应的民族的处理,他们也获得了中华民族所创造的文化的恩惠,这对于我们中华民族来说也是一种荣耀。

我想,当另外一个民族吸收了我们的文化的时候,他们说明了来源,这也许对于我们来说可能会激起一种光荣感,我不认为我们因此而受到了某种屈辱。比如说佛教,实际上,我们对佛教所做出的贡献也是非常重大的,包括我们在汉民族地区所有的这种信仰,或者是像藏传佛教,有许多改造,但是它的起源并不在我们中国,我想只有我们所有的民族都贡献出自己的民族文化创造之后,这个世界才变得丰富多彩。各美其美,美美与共,我们的世界才变得丰富多彩,才能够说我们人类文化是一个非常绚丽的百花园。

保护非物质文化遗产,是世界各个民族都应该尽的责任,也是我们创造人类文化、使人类文化能够多样性的一个关键,也是必由之路,我们每一个民族都应该做出自己重大的贡献。我想由他们这次申报,会加强我们对自己民族文化的尊重和保护的决心。我们的传统节日,这么丰富多彩,这么美好,而且这么有情致、有价值、有意义,应该得到我们的保护,许多这样的项目都应该得到全世界的公认,并且成为整个人类的遗产,使大家共同来关注。

传统节日不会被人民遗忘

中国的怒吼声:中国是一个多民族国家,如果把汉族的民俗节日定为法定假日,您认为其他民族同胞接受度如何?

刘魁立:我们中华人民共和国是一个多民族的大家庭,各个民族友好相处,彼此尊重,我觉得在大多数民众庆祝自己的传统节日的时候,我们的许多少数民族的群体,我们这些手足兄弟,同样应该过自己的民族传统节日,比如说许多民族过三月三,这些在地方法规里面已经有了相应的规定,我觉得这些民族传统节日,同样应该受到尊重,也应该有相应的庆祝的时间,这一点我相信在许多自治区、自治州、自治县都有相应的规定,我也希望大家能够关注我们少数民族兄弟同胞在这一方面的权利。

登泰山而知小鲁:您是远程访谈吧,跟非物质文化遗产有关吗?

刘魁立:我现在应浙江大学的几位教授的邀请在浙江大学做一个关于非物质文化遗产的学术报告,但同时应临浦镇的邀请到临浦镇做田野考察,这里是西施的故里,大家对于这个非物质文化遗产特别关注,当地的群众对西施也特别的喜欢,这里有有关西施的一些古迹群,而且得到了很好的保护。

潜水听:我觉得过节的时候许多民俗,甚至包括很多禁忌都很有意思,可是现在为什么越来越被人们所遗忘呢?

刘魁立:民俗是一个传统,在整个社会不断前进的过程中,我们会有非常重要的一些传统,但有些传统也可能由于各种原因,其中包括比如人为的原因、自然的原因,会被我们遗忘。但是到了一定的时候,它也会召唤人们回忆起这种传统给我们的益处,使我们能够重新恢复这些传统,让这些传统在我们建设新生活的道路上有机会发挥它可以发挥的作用。正像传统节日这样,被遗忘了,或者是被冷落了一百年之后,现在我们的党和国家又特别关注人民群众的这种节日体系,使它能够在我们整个的社会生活中仍然占据重要的地位,我想这样一件事情说明,只要对我们有益处的,对未来建设有帮助的传统,一定会得到我们尊重的。我想民族文化的复兴也许可以指日可待。

我们在节日中调整我们和自然的关系

村夫遥星:能否理解中华民族的传统节日为中华文明的基础?

刘魁立:我想把它说成是基础的一部分,或者是组成部分之一,也许并非大错,但是说是中华文明的基础,这个或许言过了。节日体系是我们整个生活中的重要组成部分,因为我们除了工作、创造之外,同时,还要提高自己的情操,还要有情趣,还要在我们的劳作之余体现我们自己的价值,这当然都会借助于节日体系的,但同时节日体系也调整我们和自然的关系,应该说,我们的传统节日体系和国外许多民族的传统节日体系不一样,我们在节日当中调整我们和自然的关系,我们的这个节日体系创造,都是反映人和自然关系的,这一点是其他国家很难和我们国家相比的。我们的这些节日,无论是清明也好,端午也好,中秋也好,春节也好,都是建立在人和自然的关系基础上。国外的许多民族,是以宗教纪念日作为核心的,这个就很难和我们比了,所以把它说成是节日。我们的节日体系是我们中华民族整个文化,或者说是基础文化中的一个组成部分,我觉得这个话并不错。

传统节日会更加有情趣有意义

海阔任我游:大家都知道每年要过端午节,而能把端午节真正的传统意义说得出来的可能不是太多,特别是当国家把端午节等一些传统节日列为国家节假日,这其中的含义和意义凸显了什么?请刘会长结合中华民族的传统节日,做些分析和回答。谢谢!

刘魁立:这个问题问得很好,我想,今后我们在过我们自己传统节日的时候,会逐渐地恢复我们对这些传统节日内涵的认识,这样我们过我们自己的节日就更加有情致,也更加有意义了。说起端午节,也许我们大家第一个印象是我们在纪念一个伟大的诗人,纪念一个爱国主义的典范,纪念屈原,这大概是多数人会立刻想到的,或许这种感觉不错,但是如果就端午节的起源来说,我想这一点是不够的。因为我们都知道,端午的"午"是中午、晌午的午,这是天干地支中的那个"午",那么,端午实际上是说仲夏的时候,也就是农历的五月第一个午日——五月五日。端午意味着什么?我们知道二十四节气当中有一个非常重要的节气就是夏至,夏至在阴阳学说里面意味着阳气发展到极点。从夏至开始阴气萌生,如果按时间的情况来看,夏至这一天昼最长,夜最短。到了冬至,就是夜最长,而昼最短。这是安排和衡量我们的时间的一个周期。一年当中很重要的标志,就是日影的标志,这个时候根据阴阳学说就是阳气特别的旺盛,已经发展到极点,阴气逐渐上升,人们要调整自己和自然的关系,因此,我们要做非常多的准备,非常多的防范,要防止阴气对我们造成各种危害,所以要喝雄黄酒,要治五毒。所谓五毒,过去认为壁虎、蛤蟆等是有很大危害的一些动物,实际上它们的毒也许并不大,但是当时我们的先祖们是这样认为的,这只是对于那些节气的一种代表而已,我们采取各种防范的措施,实际上是保护我们的健康。应该说,端午节除了其他意义之外,还有防毒保健这样一项功能。后来,比如说在吃粽子、赛龙舟这个过程中,我们需要找到非常合理的、非常有趣的,而且简明的说法来解释我们这些习俗,于是就有了纪念屈原等这样一些说法。刚才我讲了我们的节日传统是我们和自然关系调整中间的产物,这一点在端午节这个节日当中体现得最强烈。在这个过程中,我们会逐渐增加许多节日的活动内容,这些节日活动的内容除了有祭祀性质之外,还有游艺性质的,现在我们踏青、登高,除了保健之外还有一种游艺的性质,我们使得生活的幸福感能够落到实处了。

另外,在这个节日当中,人们彼此之间问候,人们之间的关系得到调整,也是节日发挥的重要作用。

文章来源:强国论坛·嘉宾访谈 2008 年 6 月 6 日

谈中国传统节日文化的传承和保护

摘要:我们的传统节日,调节我们和自然的关系,调节人和人之间的关系,也调节自己内心的世界,这三个方面努力创造和谐关系,是我们的节日体系的核心,也是它的精神主旨。节日体系对于我们整个的民族文化的发展,对于整个社会的发展会起到非常好的促进作用。

编者按:4月2日14时,著名民俗专家,中国社科院荣誉学部委员,中国民俗学会理事长刘魁立做客人民网强国论坛,以"中国传统节日文化的传承和保护"为题,与网友进行在线交流,欢迎参与。

中国传统节日和宗教的关系较疏远,而西方主流节日大多和宗教密切相关

网友面具佬:中国传统节日和西方国家主流的节日,总体来看,有何性质差异?

刘魁立:我觉得中国的传统节日和我们通常所说的宗教的关系比较疏远,而西方的主流节日,在很大程度上都是和宗教有密切关系。当然,在他们的节日体系当中,并非绝对和民间生活及他们自己的传统生活方式无关,但是这些节日就是因为基督教最后成了大家主要的信仰,而且在他们整个社会生活中,在普通人的生活方式中,起到了主导作用,之前的许多民间性的节日体系,逐渐被替代,被排除。而我们的节日,在这一点上就和他

们有很大的不同,主要体现在以下几个方面:第一,和自然的关系在节日当中体现得很清楚;第二,和时间的进展有很大的关系,就是一年四季的变化在我们的节日体系中体现得特别明显;第三,就是人际关系,创造一种社会和谐关系;第四,就是自身的调节。我觉得这几方面都非常好地体现在我们的节日体系中。

网友他以为:中国传统节日的精神主旨是什么? 对于民族文化、社会发展有怎样的意义?

刘魁立:我们的传统节日,调节我们和自然的关系,调节人和人之间的关系,也调节自己内心的世界,在这三个方面努力创造和谐关系,是我们的节日体系的核心,也是它的精神主旨。比如说,我们的春节,除了是时间的一个节点之外,也是我们完成了第一个周期的所有活动、开始第二周期活动的一个节点,在这个节点上,我们有总结,有预示,做非常多的准备,大家要特别关注我们自己和周围人的关系,我们自己和我们祖先、后代的关系,关注我们自己的心灵。像这样的内涵,可以说是我们中华文化的非常好的凝结,体现了我们传统文化中最基本的观念。如果说所有的节日的基本精神在于和谐的话,在于调整关系的话,那么,我想,我们节日体系对于我们文化的发展,对于整个社会的发展,会有很大的促进作用。

节日的关注度和其重要程度有关

网友他以为:调查结果显示,春节和中秋节是人们最喜欢的节日,七夕节和腊八节相对比较受冷落,排在关注度的最后两位,这个调查结果,和嘉宾平时的相关研究或者掌握到的研究数据,是否相符呢? 嘉宾有何看法?

刘魁立:我觉得咱们人民网在这些方面所做的调查也很有意思。网上问卷也是能反映实际情况。春节和中秋节在我们节日体系当中是非常重要的节日,大家对它有更多的关注,这是当然的。因为春节有一个比较长的准备阶段,实际上我们从腊八就开始准备了。因此,在某种意义上,腊八应该纳入春节的整个体系当中去,因为它已经预示着一个重大节日的来临,是为这个重大节日做准备的一个前奏,是一个序曲。在这样的情况下,我们再看春节的价值和意义。在我们的准备过程中,我记得我小的时候,在腊月一定要剃头,无论你在这之前很久没有剪头,还是说剪了一段时间,似乎可剪可不剪,都是要剪头的,而且要换上新衣服,要沐浴。过去因为条件很差,并不是所有人随时都能洗澡,但是无论如何,你在过节之前要洗澡。理发这件事情非常有意思的,如果你们看一下的话,正月所有的理发店基本上是关门的,因为没有人在二月二之前理发,都在年前理发了,这说明我们是从内到外彻底变成了一个新人。家庭也要做这种准备,过去在北京也好,在其他地方也好,要糊棚,要糊墙,要重新布置家庭。当然过去没有玻璃的时候,是要糊窗纸的。这个时候,我们要请"神",又要请我们的"祖先",等于说动员一切力量来把这个关节,从一个周期到另外一个周期的关节,很快地度过。那个时候,我们知道,也要防备很多"不祥"的,我们要迎接最美好的可以帮助我们创造未来的力量,这个节日当然特别重要。

中秋节也是差不多这样的含义的,对于中国人来说,家庭是我们关注的一个非常重要的核心,一个焦点,因而家庭的和谐对个体来说很重要,人在社会当中,自然他的基础是家,同时他也需要有很多亲朋好友,有一个自己精神力量的源泉。所以,在中秋月圆的时候,他要寻求这种力量的整合,或者说寻求认同。我想,这个节日当然也特别的重要。

因此,人们关注这两个节日是必然的。至于刚才说的腊八,我想可以把它放在整个过新年的体系当中去。所以,它的意义并非一定要特别突出自己、强调自己。

再有就是七夕,刚才说到家庭,七夕实际上也是对家庭的一种非常美好的和谐关系的期望,不希望受到其他外力的干预和破坏,追求一种美好的男女的关系。所以,七夕节就变得特别被大家所关注。但是比较起来,我们刚才所说的两个节日,大家的关注度要略差一些。我想这也和节日的重要程度有关的。

网友大清新:从调查结果来看,大部分人都认为传统节日味道淡了,同时又急切呼吁采取有效手段保护传统节日文化,这种对节日的期待感降低、感觉节日味道变淡,与呼吁保护传统文化的强烈意愿之间所形成的反差,反映了怎样的一种社会心理?

刘魁立:我想,一方面当然反映了现实的情况,但另一方面,我个人感觉可能在我们的认识上也有一点偏差。偏差在于,当你走出城镇,迈步到了乡村,置身于乡村的时候,你就会感觉到节日的那种气氛非常非常浓,所以就形成了这样一种情况,在城市里,大家在节日中并非有一种特别异样的心理、特别异样的感觉,而在乡村,这种情况就不尽然。所以,当我们说节日味道变淡的时候,城市和农村之间仍然还有一些差异。过年的时候,在北京的大街上也许看不到什么,人变少了,偶尔有鞭炮声。但是到农村,特别是到"元宵节"的时候,那种热闹的情形是让人特别特别羡慕的。但是从总体来说,节日的味道是变淡了,农村的热闹程度也不及以前了。原因何在呢?我想如果分析一下的话,也许叫冰冻三尺非一日之寒,就是用纪元新历的变化。从1912年开始,当时的行政当局就要改历,就要由过去所实行的夏历改成"国历",也就是现在通行的欧洲的阳历。这个情况对于我们的节日来说是一个很大的伤害,因为如果仔细看的话,我们的节日体系都是在过去的时间体系当中存在的,所以这样的情况,对于节日的伤害就比较大。之后经过了漫长的战争年代,无论是抗日战争,还是解放战争,在战争期间,大家的心思主要不在这里,所以,对于节日本身的影响也是很大的。到了后来,出于一些历史原因,节日在人们心目当中的地位减弱了。当我们现在特别强调要过好节日的时候,我们感觉到我们失去了很多,所以这个"淡"可能在二十年前大家不会说,因为那个时候大家不能很好地过节,当我们现在有强烈的要求时,就感觉到现在节日的味道不浓了。这两个不是一种反差,并不是矛盾,它们彼此之间还有一种相互的关系。

另外,我自己还有一种感觉,我们要看到,大家感觉到"淡"的时候,实际上他是强烈地希望有一个非常热闹的、符合我们现在心理需求的那样一种节日。正因为有这样一种强烈的需求，所以人们就感觉到现在我们离着那个时间比较远。

再有一种情况，当我们感觉到"淡"的时候，实际上我们参与的积极程度也不够。一面喊着"淡"，一面又没有特别强烈地，无论是在自己的心理上还是在行动上特别关注这个节日的健康发展。我觉得，当我们说"淡"的时候，也许我们自身在我们的心灵里就缺少了那样一种热情。在这样的一个过程中，我们会呼唤这个节日，我们会参与这个节日的建构，会让这个节日在整个社会生活中发挥更大的作用，给我们带来更加美好的一种感觉，我们把它叫作幸福感也好，叫作我们对于生活的热爱也罢。总而言之，我觉得这个是可以期待的。

西方节日不会与中国传统节日分庭抗礼

网友琴江对语：中国人自己创造的"光棍节"近年来很流行，一些电子商务企业还借此大做文章，进行所谓的"双11"促销活动，虽然商业化倾向很明显，但是不少"光棍"们似乎也能乐在其中，是不是因为人们感觉传统节日味道越来越淡，太无聊了，所以就创造一些"光棍节"之类几近于恶搞的娱乐化节日？嘉宾对"自创"节日有何看法？对这种"自创"的社会心理能否进行一些分析？

刘魁立：我有这样一种感觉，当我们的劳动强度越来越减弱的时候，当我们的闲暇时间变得相对多一些的时候，生活的水平也已经有了相当程度提高的时候，也许我们在余暇时间愿意从事我们自己喜欢的这样一些活动。大家都在寻求一种释放自己、愉快度过闲暇时间的方式。比如说在地铁里，甚至包括中年人，或者中年以上的人，特别是青年人，几乎人手都有一个手机，真正做事的极少，绝大部分都是在看消息、玩游戏等，以此打发时间。平时即使不在地铁里，在别处也仍然是这样的。在这样一种情况下，人们对于节日会有另外一些需求,我觉得这是显而易见的,这种需求不仅体现在过"洋节",也体现在我们会找到若干可以引为理由的那样一些时间来为自己安排相应的娱乐性活动。"光棍节"在某种意义上也是一种由头,实际上"光棍节"不会单独一个人过的,他一定是要找几位朋友,大家在一起共同度过。你要说无聊也未必,因为它是"无聊"引起的,结果是希望"有聊"的,所以像这样一些节日,包括一些"洋节",考虑到它本身的理由和原因,我们就不会轻易地说这个不好,或者那个应该怎么怎么样。我想,这种情形可以同情,但是不一定就要贬斥。当然,我也并不认为这样一个节日会变成一种认同。我自己感觉到,在这样一些节日里,会有一个问题,就是它本身并非我们文化认同的一种反映。像春节,大家是认同的,这种认同是凝聚我们自己的人心的,连孩子都知道,在春节的时候不能哭、不能闹,所有的人彼此之间都和谐地对待,互相之间的关系变得比平时要亲热,而且对于过去有"过节"的,也会在节日过程中间得到某种缓和,从此有所改善。我想,这些都说明,节日是凝聚人心的,是一种认同的文化。像"光棍节"这样的,不过是找了由头,让大家能够聚在一起高兴一下,释放一下,所以它带有某种消遣的甚至于释放的性质,甚至于可以把它叫作一种消费的文化现象。对于这样一种自创,你把它叫作节日恐怕多少还有一点牵强吧。

网友我对烟草很了解:西方节日在中国比较流行,尤其圣诞节、情人节基本是老少皆知,虽然调查显示人们总体上还是更喜欢传统节日,但是随着时代的变迁,会不会有一天西方节日与中国传统节日分庭抗礼?会对传统节日有什么影响?进而对中国社会造成什么影响?

刘魁立:是不是会有影响,我个人认为不能全然漠视它的影响。比如说,现在在中国,一些人信仰基督教,因此复活节也好,圣诞节也好,不能说不会对他们的心理产生什么影响,当然会产生影响,这是显而易见的。所以说是会有影响的,包括对我们自己的节日体系也会产生一定的影响。但是如果把它们的能量高估,认为它们在某种意义上会与中国传统节日分庭抗礼，我相信大概不会的。因为什么？我的理由在这里，我们始终没有把这些节日看成是我们自己的节日。为什么这样说？因为大家对于这些节日如何去过，它的原因、它的理由、它的来源、它的意义，全然不顾，等于说我们就找机会来彼此之间进行某种联系。比如说圣诞节，在西方，圣诞节是在家里过的，这个节日体系，在某种意义上，无论是中国也好，还是外国也好，一定程度上都和家庭有关的，圣诞节也是和家庭有关的，可是我们这里的年轻人，在过圣诞节的时候绝不会在家里过，绝不会和自己的父亲母亲过，而仅仅是找自己的朋友、对象、爱人，而且仅仅是一种机会，找到了这个机会，大家能够在一起欢聚。所以，这和非常具有认同意义的节日是完全不同的，那个是融入我们血液当中，是留存在我们自己心里面的，应该说是与生俱来的一种情感，它是不一样的。所以说，它们分庭抗礼的局面大概不会出现。

中西方节日文化的共融是比较难的

网友开着奔驰上强坛：调查中，有的受访者认为中西方节日文化应该互相借鉴共融。请问，中西方节日文化有差异，这种共融的可能性是否存在？这种建议反映了人们内心怎样的期待？

刘魁立：我认为这种共融的说法，多多少少是把两种不同性质的东西弄在一起，而这又不同于我们吃饭吃菜。比如说我们可以吃牛排的同时吃饺子，在进餐的时候，也可以最后喝一杯咖啡，前面来一个鸡蛋汤。节日体系可不是这样，节日体系本身是有非常悠久的文化内涵，非常悠久的历史传统的。完全不相融的历史传统，让它们有一种思想共融，还是比较难的。我举一个例子，就说情人节，在欧洲、日本，我也看了咱们的调查，日本的情人节不仅仅是像我们翻译的这样是一个男士和一个女士之间的活动，实际上是所有的男士对所有的女士表示一种亲近、表示一种敬爱、表示一种情感的普遍性的活动，比如说在一个单位里有三个男士，有五个女士，这三个男士就要准备一些礼物分别给这些女士,并没有专门要对于哪一位女士表示所谓的爱慕之情,不是这样的。所以,与其说是情人之间的节日,还不如说是整个不同性别之间互相尊重的节日。可是我们现在把它翻译成"情人节"之后,就出现了这样一个情况,这是情人之间的节日,至于它的来历,就更有点荒唐了。无论是在西欧也好,还是在其他地方也好,它是一个特殊的活动,宗教性的,带有若干宗教色彩的活动,可是我们现在有时候把它完全世俗化,按照我们理解,根本不去管这些。所以,还是我刚才说的那句话,就是需要找一个时间,找一个空间,要把自己的情感能够得以释放。应该说,过去我们的节日里,以家庭为核心的节日,关于个人情感的关注也许并不够,这和过去的社会形态有关。所以在这个时候,人们有这种需求,也是无可厚非的,是不应受到责备的。但是将来这些节日和我们的传统节日产生一种共融,我觉得大概不会。也许我们应该找到一些非常巧妙的办法,让我们大家共同在整个历史进程中逐渐形成或者逐渐创造满足个人情感表达的这样一些机会。

网友58.68.145:为什么南方地区更看重清明节,北方地区更看重腊八节?

刘魁立:我们在南方看到非常非常多的祠堂,对于家族的传统特别关注。北方可能是由于各种历史原因,各种迁徙的过程,对这方面的关注不是特别够,而南方更加关注清明节,这与我们和家庭的关系、祭祖有关系。当然北方也有续家谱等活动,但是这并不是他们要按时举行一些祭祀性的活动,这和南方很不一样。南方的祠堂,大概每个村庄里都有,到今天为止,许多百姓家中还仍然有很好的祠堂,也有相应的一些活动,我想这是南方更加看重清明节的一个原因。当然,看重清明节有两个方面:一个是在行动上的表现,一个是在心理上的。如果要说在心理方面的,也许他们的差异不像在行动上表现得那么明显,因为在北方也同样很关注如何把传承的链条接续起来。比如说在北京,这样完全的新兴大城市,一到清明节的时候,居然有几条路根本走不动,这也说明一些问题。我想,在现在这样一个非常安定的社会环境里面,大家对于传统会越来越关注,正像关注孩子的教育一样,我们同时也关注我们的前辈。

至于腊八,就像我刚才所说的,由于现在我们有非常多的便利条件,在节日的准备方面已经不需要有那么多的活动要做,有那么多的事情要做了,所以,我想可能出于这个原因,腊八节会逐渐丧失它节日的味道。

寻求新的形式,让老百姓对节日产生更多的认同感

网友看热闹不怕事大:喜欢西方节日的人不少,但是调查显示即便是这些喜欢的人,也并不了解西方节日文化,这算不算"崇洋",盲目跟风呢? 嘉宾怎么看。

刘魁立:跟风我倒觉得是跟风,但是不一定是"崇洋"。在这些人当中,他们同样的也有一颗中国心嘛,所以,我不觉得他们就是用这样一个节日来表示自己的"崇洋"。实际上,这些人很关注时尚,很追求新奇,我觉得他们并非一定有那样一种心理,说外国的一切都好。比如现在有的人去吃麦当劳,并不是因为这是外国的,所以我喜欢它,而是因为这里有许多的方便,它的设备、标准化等诸如此类的,另外,味道也新奇。假定我们同样能够创造出类似事物,大家同样会喜欢。所以一定要说这些人有"崇洋"的表现,我不这么看。

网友气泡红酒:随着年龄的增长,更多的人选择在传统节日时与家人团聚,而探亲访友和参加节庆活动的比例逐渐下降,为何?

刘魁立:在社会生活中,我们从事的职业,我们劳动方式的变化、劳动环境的变化,职业性质的变化,已经使我们不再像过去那样。过去在农村,虽然是同村人都住在一起,但是我们都是个体劳动,也很难天天去走亲访友,所以在农闲的时间,当然会有非常多的时间探亲访友,就显得比较频繁。可是到了城市里,设想一下,我有三个朋友,一个在城东,一个在城西,一个在城南,我自己在城北,当然现在偶尔可能通一个电话,如果把过去的走亲访友看作现在的打一个电话或者发一个短信的话,我们现在探亲访友的机会要比过去多得多了。所以,在这样一个特殊的方式中间,在生活变化的过程

中,我们有很多问题需要重新来看。我自己感觉到,在城镇化的过程中,对于节日体系来说,是一种挑战,尽管现在我们大家一再提倡"要保护自己的传统节日,要过好我们自己的传统节日",由于上下有这样一种一致的共同的认识,我想这当然是一个很好的机遇。但同时也面临着一个非常重要的危机,我们把它说得稍微淡一点,这是一种挑战。为什么说这是一种挑战,因为现在已经很难再继续用过去的方式过节了,现在条件有非常多的变化,有非常新的条件,使得过去的那种过法不行了。另外,我们对于过去的许多观念性的东西,也逐渐丧失了。比如说我们在信仰方面有了一些变化,比如说祭祖的过程发生了变化,比如说迎神的活动会越来越淡,比如过去在门上要贴挂签,贴对联,现在我们连对联都无法贴,过去腊月二十三的时候要祭灶,我们现在使用微波炉的时候,上哪里去贴这个"灶王爷"呢?所以,这样一些观念都逐渐逐渐淡了,条件也变了,因此我觉得我们面临着一个挑战,我们一定要寻求一些新的方式,创造老百姓会共同来建设这个节日的新的形式、新的过法,同样让它发挥那种认同的作用。

网友小萝卜头:我们不能数典忘祖,不能忘掉中华民族的传统节日文化,其中有许多精彩的文化内容,它对提高人们的文化素质、维护社会公德、增强民族凝聚力、进行爱国主义教育等方面的作用绝不可低估。

个人建议:1.重视传统节日应从政府做起。政府在传统文化的传承和保护上应该起到关键性的作用。2.挖掘文化内涵,加强传统文化宣传与教育。3.年轻人应重新去认识传统文化,增强对自己民族传统文化的自觉保护意识。

刘魁立:我觉得这个年轻的朋友说得太对了,他说到的,我们应该挖掘它深厚的文化内涵,应该特别关注它,应该对它有更多的保护。我觉得特别特别重要的是我们自己要重视自己,我们真的要特别体会这些节日的丰富性,那种历史的悠远,那种文化内涵的厚重,我觉得这个特别特别重要。比如说,在任何节日里,从内涵来说,有非常重要的、对于我们有切身之感的核心内容。比如刚才说的,我们在这里会受到非常深厚的道德修养的熏陶,同时也会敬畏天地,保护自然,我们要和自己的祖先的优良传统有密切的关联,而且要继承这种传统，很好地创造社会的和谐，除此之外，还有非常好的一些象征，比如在什么时候穿什么、吃什么，那些所谓的象征物，比如什么颜色、什么花，有哪些特别的食品，所有的这些，在我们的节日体系当中都特别丰富，特别完美，让我们自己感觉到做一个中国人真是特别的幸福。所以，我觉得要深深地挖掘这些内涵，很好地把这些表现形式通过我们自己的关注加以体现，我觉得这个非常非常重要。当然，无论是学术界，无论是政府部门，无论是各种媒体，都应该特别关注，而且我认为，媒体在这里会起到一个非常非常关键性的作用，因为他们不仅会引导舆论，会防止那些不应该有的错误的观点在我们对节日的理解中产生什么不良影响。另外，媒体的作用还在于会引导商家，而商家的鼓吹，实际上在我们整个节日保护当中起着非常关键性的作用，他们的任何举动对于我们整个社会生活都产生影响。我举个例子，就说圣诞节，与其说它在我们心目中有什么重要的地位，还不如说是这些商家在他们的宣传品上、在他们的商业营销策略方面所起的作用大，他们实际上是把西方的这些东西通过这样一些有形的或者无形的方式推销出去之后，扩大他们自己的盈利，把它看成一种卖点。在此，我们的舆论也好，我们的商家也好，我们所有的上上下下，从政府到每一个过年过节的人，也就是整个中华民族的全体成员，都应该有一种强烈的意识，我们要过好我们自己的节日，要使我们自己的生活变得更加有兴趣，更加甜美幸福。

刘魁立：非常非常感谢人民网给我这样一次机会，能够和大家聊节日问题，我希望节日能够成为我们幸福美好生活的一个核心内容。

文章来源：人民网·强国论坛 2013 年 4 月 2 日

非物质文化遗产保护是一个战略问题

编者按: 2006年6月12日下午14:00,中国民俗学会会长、文化部全国民间文化遗产保护工程专家委员会副主任刘魁立,教育部人文社会科学重点研究基地、中山大学中国非物质文化遗产研究中心主任康保成做客强国论坛,就唱好"非物质文化遗产保护"这台大戏的主题与网友在线交流。

访谈全文

非物质文化遗产保护是一个战略问题

康保成: 各位网友大家好,在国家第一个"文化遗产日",北京举行了很多庆祝活动,我们刚刚从非物质文化遗产的保护论坛来到人民网,希望今天在这里和大家交流有关"非物质文化遗产保护"方面的问题,大家对这一话题有什么想法和意见,希望可以一起交流。

刘魁立: 有幸和大家讨论非物质文化遗产的保护问题,希望能够和大家共同把这一非常重要的民族事业做得更好,这的确是一件非常有益的事情。我们有很多传统的节日,这些传统节日历经了非常长的历史时期,但是,我们前天刚刚过了一个最年轻的节日——文化遗产日。这个文化遗产日显然对于我们中华民族的文化建设和对于我们的日常生活都会产生重大的影响。它会对文化遗产的保护发挥非常重要的有益的作用。

西方牛: 非物质文化遗产保护是不是也就一阵风,风过之后,不会留下多少痕迹?

刘魁立: 你提了一个非常重要的问题,文化遗产无论我们对它关注也好,或者是像过去曾经有过的那样一个历史时期,对它漠视、冷淡,甚至于贬斥,它都会在我们的生活中发挥重要的作用。我想,我们现在有意识地来保护这个传统,为的是使我们的文化建设,使我们的生活方式,能够健康地发展。所以,它不会是一阵风,不会留下很少的痕迹,它会在我们的生活当中,甚至于在我们整个国家的、民族的生活当中长久地发生效益。我们的保护也会随着时代的发展,越来越被大家所关注。它不会是一阵风刮过去了,人们就抛弃了文化遗产,这是不以人们的意志为转移的客观存在的事物。关键的问题在于,我们要不断地提高对于民族灵魂呵护的意识,使我们的生活更加健康发展,使我们民族文化的建设工作做得更好。

康保成:非物质文化遗产保护,是一个战略问题,不是一个"战术"问题,所以,不会刮过一阵风就结束了,不会是运动似的保护,而是长久的保护。我们中国的非物质文化遗产保护也是一个战略问题。非物质文化遗产留下来的,不仅仅是多少项具体项目,而最重要的是全民的民族精神、民族文化的一种保护意识,是我们对自己祖先5000年文化史的一种认同。

不保护非物质文化遗产,我们的民族就会被"化掉"

余乐:能说说非物质文化遗产申报的基本情况吗?

康保成:你指的是联合国的,还是指我们中国的申报? 如果是联合国,联合国有一定规定,每一个会员国的申报数是受限的,我们有四项入选,其中蒙古族长调民歌是我国和蒙古国于2005年联合申报的。国内的情况就是我们没有这个限制,我们刚刚发布了国家级518项非物质文化遗产名录,这是国务院发布的第一批非物质文化遗产名录。申报问题,我国以后也是每两年可以申报一次。

强国一派:"6·10"的文化遗产日达成了哪些方面的共识? 以后将从哪些方面加大对文化遗产的保护?

康保成:6月10号是我们第一个"文化遗产日",党中央、国务院非常重视,举行了很多的庆祝活动。就我参加的文化部主办的非物质文化遗产保护论坛来说,大家对于我们在经济建设进行到了关键的时候提出建立四级名录体系、国务院和各级地方政府所采取的有力的措施这点上达成非常多的共识。例如,在精神上对民族文化的认同问题,我们就对抗西方国家在精神上、文化上对我们的一种"浸透"达成了广泛的共识。大家一致认为我们的"精神家园"不能丢,我们不能在进行经济现代化时以付出我们文化为代价。那么,今后我们的四级名录保护体系建立了,我们还要定期进行评估,对于已经进入名录的项目,如果不符合保护的标准,达不到保护的要求,还要予以取消,这样,我们会在精神文明这方面逐渐让我们中华文明在世界上占有一席之地(对抗文化上的"西化"倾向),使全民族文化认同感、凝聚力得到强化。

强国一派:"非物质文化遗产"保护有何意义?"非物质文化遗产"在整个文化遗产中占有什么样的地位?

刘魁立:非物质文化遗产就其本质来说,是我们民族的知识体系当中的一部分,是非常重要的宝贵财富。它凝结着我们的历史记忆,它既是昨天历史的、生活的实录,同时也是我们今天生活的现实,对于未来的文化发展来说,也是一个非常重要的基础。创造一个健康的生活方式,不可能离开昨天提供给我们的基础。构建和谐社会不可能不运用过去已经有的非常好的文化手段。例如过年,我们要做非常多的准备,而这些准备,无外乎是要在一个旧的时间周期结束、一个新的周期的到来之际,期盼能有很辉煌的前景。在这时,我们要有和自然的和谐关系,和历史的衔接,有和我们过去的祖先以及我们所具有的优良传统的沟通和继承。在这样的情况下,我们在两个周期交接的时候,要把我们心目中的神灵世界,要把我们自己的祖先也都请来,和我们共同祝福与祈祷我们有一个非常美好的明天,在这个时候,我们要尊老爱幼,要创造家庭的、家族的、亲朋好友之间的友善关系,要和我们周围的社会创造和谐的人际关系。通过拜年,通过闹元宵,我们会构建一个和谐的社会。在这个时候,我们每个人的举止也适应规范,我们会对于未来的建设充满着期望和信心。通过这个实例可以说明,非物质文化遗产在我们的个人生活和社会生活当中都会发挥极其重要的作用。所以对习俗、对众多的口头叙事传统、对众多的艺术表现形式、对先辈所创造的巧夺天工的技艺、对我们关于自然和社会的知识和实践等,都要特别关爱和保护,对优秀的传统要加以弘扬和继承。在整个的文化遗产保护当中,非物质文化遗产的保护是具有特别重要意义的。

康保成:非物质文化遗产指的是无形的,与自然遗产中的名山大川、黄山、张家界、长城都不一样。它指的是一种以人作为主要的载体,用口传和身体方式作为这种传播手段的文化遗产。这种文化遗产以往是被忽视的,它们随着老一辈的去世最容易消失掉,而它又是最能够实现民族凝聚的一种精神力量。例如,我们的民族节日受到西方节日的冲击,西方的圣诞节、情人节、父亲节、母亲节等都容纳进来,很容易使我们失掉我们的民族记忆。现在,"春节"这一民族节日大家还非常重视,这和政府规定假日有关,但是其他的节日如中秋、重阳、元宵、七夕这些民族节日渐渐都被淡化了。中秋除了吃月饼以外,大家都已经忘掉了它的内涵。所以,通过非物质文化遗产保护,重新唤起我们的民族记忆,我们不能够在文化上失掉自我,所以,联合国教科文组织在《保护非物质文化遗产公约》中提出"保护文化多样性"。因为人类是多姿多彩的,每个民族都有自己的文化,如果不保护非物质文化遗产,我们的民族就会被"化掉",我们民族的本性就失掉了,所以,在这个意义上来讲,保护非物质文化遗产意义是非常重大的。

不能从意识形态的角度看待文化遗产

pluto:请问嘉宾,为什么昆曲能列入名录,而不是其他戏曲种类?

康保成:昆曲在现存的戏曲剧种里,历史最为悠久。昆曲的文学剧本最为典雅,昆曲的表演形式也非常完美,唱腔很幽雅,有一种说法说"昆曲是百戏之祖",虽然并不科学,但是也从另外一个角度说明了,它在全国戏曲剧种中的地位非常重要。应当说,它的学术研究价值也是最高的。所以,我们在申报第一批联合国人类口头和非物质文化遗产代表作时就申报了昆曲,我想有关申报部门是有眼光的。

风火轮:刘魁立会长,您好!前段时间"凉茶"这种大众饮品成为非物质文化遗产,这有什么代表意义?

刘魁立:今天一位熟悉"凉茶"的朋友向我介绍说,他在广东那样一个特殊的气候环境里,常常有这样那样的小毛病,如"上火"、感冒、咳嗽……遇到这种情况他喝了"凉茶"就没事了。实际上这种饮品的制作工艺也是我们的祖先留给我们的一部分遗产,这种技艺也应该为我们所继承。今天,谈到国家主权的问题时,我们不仅要想到领土完整、国家尊严等问题,同时也应该想到我们的知识产权的保护问题。我们祖先所创造的非常珍贵的技艺,在我们不注意的时候,会被国外某些"有心人"占为私有,从中牟利。于是我想,把"凉茶"制造工艺这样的非物质文化遗产加以保护,在现在的历史条件下,应当是很必要的。当然,"凉茶"仅仅是一个实例而已,或许我们还有更多的比"凉茶"还要重要、还要珍贵的一些技艺,这些都应该得到我们的关怀和呵护,得到很好的继承。

玻璃莲花:康教授,如何评定中国的非物质文明,是否能不从政治观点出发? 还会搞什么封建思想、什么糟粕等评价吗?

康保成:以往我们对文化遗产往往会区分它的精华和糟粕,这种区分应当说是必要的。例如,中国女性的"缠足"也是我们的文化遗产,可是它是糟粕。我们现在对非物质文化遗产的保护还是保护它的精华,因为现在有利的地方在于人们对精华和糟粕已经不难区分。但是,不能一概而论。以往,有一些和民间信仰、宗教有关的文化遗产,我们当时在极"左"思潮的影响下是把它当作糟粕,但是这一次公布的第一批国家级名录中,就有佛教音乐、道教音乐等项目,所以,我们不能从意识形态(政治观点)这个角度出发,去看待文化遗产。这个问题不仅是学者要注意,也是政府主管部门要注意的。

恢复汉服运动是一种对民族文化的热爱

癞头和尚:最近一些网友掀起了恢复汉服运动,请问汉服是非物质文化遗产,还是物质文化遗产?

康保成:服装文化是整个文化的一个部分。服装本身是物质的,但是服装的制作工艺、制作技术是非物质的。现在的这项(恢复汉服)活动是一些网友出于对民族文化的热爱,无可厚非。但是我们也不要因此而去指责穿西服的朋友们,因为这里有一个人权的问题,穿什么服装是个人的自由。

策马啸东南西北风:嘉宾,按《保护非物质文化遗产公约》,"超女"也可能是非物质文化遗产,谈谈看法?

康保成:首先我认为"超女"根本就不是一种遗产,因为遗产是一种历史传统,我们一般来说,几十年以内的东西都不能算是遗产,何况"超女"刚刚出现两三年,但是作为一种文化现象它有存在的权利,只是我认为它不是一种文化遗产。

我们建议中央把中秋、端午列为法定节日

非如此不可:中秋、端午还不是国家法定节日,两位老师支持这些传统佳节成为法定节日吗? 有没有准备就此事向有关部门建言献策?

康保成:首先,我个人认为端午和中秋应该列为国家法定节日。春节之所以在我们使用公历以后,在人们心目中的地位远远比元旦要高很多,一个重要原因就是春节是与国家法定假日相连(我们可以连续休息七天)。端午、中秋、重阳这类节日之所以在人们心目中地位不高,和国家没有把它们列为法定节日有关。据说,有关学者已经向文化主管部门反映了这件事,但是有无建言献策我还不得而知。我准备和以刘魁立老师为理事长的中国民俗学会向有关部门反映这一情况。

hpty:嘉宾,您对端午节被韩国人申报一事有何评价? 这件事给您最大的感受是什么?

康保成:关于韩国江陵的"端午祭"成功申报联合国非物质文化遗产代表作这件事,在国内曾经炒得很热,但是我在这里要澄清一个事实,就是韩国的"端午祭"和我们的"端午节"只是在"端午"这个词上是一样的。其实,它的内容完全不一样。韩国的是一种祭祀仪式,和我们纪念屈原、吃粽子、划龙舟根本不一样。所以,我最大的感受是我们和邻国、国外之间在文化交流和文化认识上有时存在着一些不足,所以就造成了现在这些不应有的误会。

玻璃莲花:当中秋节沦为月饼节,清明、端午、重阳只是字面意义而全无相关活动时,谈何保护中国非物质文明?

刘魁立:说到节日,我自己有一个这样的感受:我们现在的国家日历是一个二元的结构,一部分节日历史不算很久,其内涵也不如其他的一些节日丰富,但是,却得到很好的"待遇",要放假而且要放很长的假,让大家能够充分地休息、购物等,我觉得这仅仅体现了节日的一部分功能。另外一部分节日,我们的诸多传统节日,如元宵节、端午节、中秋节、除夕等都没有相应的假日,实际上等于说我们没有充分抒发自己传统的、民族的情感的时间,这种二元的结构如何能够调节得合理,应该成为上上下下所认真思考的问题。我们中国人对于月亮有不同于其他民族的特殊情感,当中秋时节看见月亮的时候,我们立即会想到亲人、想到家乡、想到远方的朋友、想到祖国,这是我们中国人所特有的联想。当中秋节仅仅沦为吃月饼的一个特殊时刻,它在我们的心目中似乎已经贬值了,我认为,这是一种可怕的"丧失记忆"。但是,我乐观地期望,这或许只是一个不长的历史阶段吧。只要我们举国上下在今天特别关注文化建设的历史时刻,提高对非物质文化遗产保护的自觉意识,承担起我们的历史责任,那种把中秋节当成"月饼节"、把端午节当作"粽子节"来过的状况,会很快改变的。

文章来源:人民网·强国社区2006年6月12日

保护"保护"：关注非物质文化遗产保护

国务院去年底颁布加强文化遗产保护的通知后,非物质文化遗产保护在中华大地迅速成为热门话题。

近日,在山东民俗学会2006年年会上,刘魁立、刘铁梁两位专家对各界关于非物质文化遗产的思考和当前学界、民众对非物质文化遗产的疑问做了深入浅出的诠释。

"保护"是发展需要,不是个人意愿

刘魁立:非物质文化遗产受到高度重视,并非哪位领导、学者的个人意愿,而是社会的现实要求、时代要求。文化建设是历史的过程,需要在循序渐进中进行。全球经济走向一体化,文化不能走向一体化,否则"文化沙漠"对人类来说太为悲惨。对文化生态环境,需要有意识的保护。

"保护"是手段还是目的?

刘铁梁:非物质文化遗产的保护,显然是目标性的工作。但对于政府和拥有文化、传承文化的社会成员来说,又是一种手段。

目前,很多文艺作品喜欢把民间文化遗产作为创作源泉。非物质文化遗产的提出,对国家、政府或享受着传统文化的个人来说,是怕文化建设"断炊断代",失去未来。

当文化积淀被作为遗产认知时,容易把它想象成具体的事象。作为"目的"来说,孤立的保护应该进行,但保护具体事象如传统民俗节日等意识形态时,却必须先调查研究,此时的保护就成了手段。"有些民间文化遗产主要是在调查中保护，再加以引导。保护是为了文化的发展，不存在绝对的保护。"

原生态"保护"是骗人的

刘铁梁：国家出台"保护"文件后，全民开始保护，进入了"为保护而保护"时期。非物质文化遗产原生态保护和发展中保护成为对立观点。

原生态保护是骗人的。我们已经进入世界一体化经济中，你不能让受保护的农村不看电视，不打电话，不让孩子出去见识新事物。原生态保护和自然保护不一样，现代社会很难做到原生态保护，应该在发展中保护。

"保护"不能割舍原有文化空间

刘魁立：很多人研究非物质文化遗产保护，往往会把它从具体空间中剥离出来，失去和背景的关联。思考尽可能原汁原味地"保护"，应把握正在发展和已经消亡的文化遗产需要不同的方法这个原则。

任何一种文化的表现形式，都有其时空。保护非物质文化遗产，如果割舍了文化空间的保护，那件事物就毁了。例如信仰，有人认为是毒害思想的鸦片，这样看太片面。虚妄的现实不能实现，寄希望于幻想中能够出现"神仙"来解决，科学上把这种精神力量借助于外力的方式叫作信仰。正如宗教和迷信不能画等号一样，如果不能谨慎解决信仰问题，就会丧失很多宝贵的非物质文化遗产。

"保护"需要正确引导

刘魁立：非物质文化遗产的保护同文化建设结合起来放到重要地位上，不是简单的行政工作，而是文化工作。

各地对申报非物质文化遗产争取列入保护名录非常积极。有人将其看作荣誉，有人将其看作品牌，对声誉、旅游开发、政绩等方面都有积极的效应。然而，列入保护名录关键要看的不是这些效应，而是看保护者（保护单位）如何实现对保护的承诺，如何在非物质文化遗产名录公布以后，对保护对象加以关爱，使其成为我们民族和世界人类文化发展的基础。

刘铁梁：非物质文化遗产保护是长期的、渐进的、不断提高认识的过程。社会上担任不同职务的人应该明确各自的角色定位。政府应该听取专家意见，研究者应该认识到发动全民投身保护是形势需要，但千万别把保护搞成运动，一窝蜂都出来保护，反而损害了非物质文化遗产。

　　保护，千万不要忽视文化的个性和地方性。全国2600余县如果都保护婚丧嫁娶等同一个民俗，地方特色将被掩盖，应紧紧抓住地方上标志性文化、最典型的文化现象，读出现象后的意义，诠释出现象的本质，从而在文化自觉的进程中确立地方标志性文化。

　　文章来源：《联合日报》2006年4月14日，第1版。本报记者：王世鹏　实习生：刘朋

是江河之源更是昆仑文化之源

刘魁立先生接受本报记者采访

但凡接触过民俗学的人，对刘魁立这个名字都不会陌生。

7月17日，在"昆仑神话与世界创世神话国际学术论坛"举行前夕，中国民俗学会名誉会长刘魁立先生不顾旅途劳顿，接受了本报记者的专访。他气质儒雅，谦虚和善，说话中气十足，若不是那一头白发，很难想到他已经是年近八旬的老人。言及对青海的感受和印象、神话与现实的关联、文化与民族自豪感等话题，刘魁立先生侃侃而谈，古今中外，融会贯通，让人为之折服。

记者：您以前来过青海吗？请您谈谈对青海的感受。

刘魁立：我来过好几次，最早是在1983年。那时的青海，看起来有点荒凉，城乡的面貌也很土，但是青海人建设家乡的实干精神和吃苦精神，着实让我感动。

最近这几年，青海是一年一变样，用"日新月异"这个词来形容青海的发展，再恰当不过，你看看西宁，几乎有了大都市的风采。而且，我也去过青海的不少地方，青海真的太美了，"天地有大美而不言"，大美青海，真是名不虚传。

当然，青海有一样东西是自始至终没变的，那就是青海人吃苦耐劳、奋发向上的精神和姿态，这也是我好多次来青海的最直观感受。这几年，随着一些大型体育赛事和经贸、文化活动的成功举办，青海很好地向外界展示了自信的姿态，以一种开放的胸怀走向世界，这是很重要的。总之，在青海，你能时刻感受到一股朝气，一种精气神。

记者：在这次学术论坛上，您会发言吗，打算讲些什么？

刘魁立：会，我做会议的最后总结性发言。因为有些东西还需要完善，所以我先谈谈对这次学术论坛的一些认识。举办这样的高端论坛，我认为相关领导和组织者的战略眼光很高。昆仑文化作为地方和民族文化的一部分，不仅是地域性的，同时它也是属于全世界的。从这个意义上讲，这次论坛关注的是昆仑文化和世界文化接轨，在国际学术的层面和人类神话的语境中，去讨论和发现昆仑文化及昆仑神话的价值，意义深远。

这次学术论坛，来的都是国内和世界的顶尖专家和学者，通过这样的高端交流，会进一步提升昆仑文化和昆仑神话的影响力，同时，将扩大青海的知名度和美誉度，这是个双赢。

记者：请您谈谈对昆仑神话的认识。

刘魁立：关于昆仑神话，青海省社会科学院院长赵宗福教授很有研究，我研究得不是很深。昆仑神话是世界两大神话的主体神话，和希腊神话齐名。昆仑神话主要记载了人类从诞生到发展的重要历程，其产生、流传过程与华夏民族的生存与发展是同步的。古今中外诸多专家学者公认，青海不仅是江河之源，而且是昆仑神话之源，中国各民族的很多生活习俗都在昆仑神话中得到反映,昆仑神话中的核心人物女娲、盘古、西王母等均与青海的昆仑山、扎麻隆凤凰山、青海湖、长江、黄河、湟水河、祁连山有密切联系。

记者:作为一种文化现象,古代神话对于当下的意义或者说价值有哪些?

刘魁立:尽管表现形式不同,但在本质上,世界各地的神话是相通的,它们都是人类智慧的结晶。其中凝聚着民族的性格、民族的精神、民族的真善美,是民族间彼此认同的标志,也是同胞间沟通情感的纽带。如果有了这些神话,就会有非常强烈的文化认同感和自豪感,有益于民族精神的培育。

具体到昆仑文化,我觉得它在世界文化中占有很重要的地位,这对提升青海当地的文化软实力和文化地位,意义深远。

记者:张　平　摄影/图:贾忠英
文章来源:《西海都市报》2011年7月22日

生命树·林中路——"民间叙事的形态研究"问答、评议及讨论

摘要：刘魁立在《民间叙事的形态研究——历史、视角与方法简谈》一文中，系统而扼要地梳理了民间叙事的研究史和代表观点，并以"生命树"为例，阐述了应用形态学方法的故事研究思路。同学们就此提出问题并展开讨论，讨论焦点集中于基本概念的辨析，共时与历时研究方法的限度，并结合实例探索了应用共时视角和形态学方法的多种可能。

关键词：母题；类型；生命树；民间叙事；生态学

一、理论与方法

马千里（中国社会科学院民族文学研究所2014级博士研究生大学）：普罗普对《神奇故事的历史根源》一书花费了很多精力，用人类学方法对大量民族志资料进行了讨论和分析。书中比较靠后的部分提到他和列维-斯特劳斯的论战，能否请您将他们争论的要点阐发一下？

刘魁立：普罗普为人很好，他是列宁格勒大学（现更名为圣彼得堡大学）的教授。在20世纪20年代初期，俄国十月革命胜利不久后，他作为学生曾组织或是参加过一个学习小组。这个学习小组当时影响也挺大，其中一些人（包括他）就被克格勃抓进监狱关了约半个月。他对此事讳莫如深，从不提起，因为他是日耳曼血统的俄罗斯人。在顿河边上有一群德国血统的人，东德、西德要研究德意志古老文化的时候，还来此地做些考察。普罗普一直特

别认真地做研究。在形式主义极为盛行之时,俄罗斯有一个非常著名的学术团体,参与者很多,即"诗歌语言研究会",研究语言和诗歌的形式问题。形式主义特别盛行之时,语言学界取得了很多成就。那是一个非常辉煌的时代。俄罗斯语言学有很高的起点。

在这样的氛围中,阿尔奈的故事索引出版了。普罗普不满意,于是开始做形态研究。当时他设计了两个题目,一部是非常严格的共时研究《故事形态学》,另一部是历时研究《神奇故事的历史根源》。这两部书应是姊妹篇,但由于战争原因,他的书没有立即得到译介。形式主义在此后一段时间内受到冷落和批判,他的书也没有得到应有的重视,但学校里讲到民间文化时还是会推荐它作为参考书。尽管无人追随他的研究方向,但学界都非常敬重他的创造。他还有几部重要著作,是前苏联时期硕果仅存的对俄罗斯农业时期的节日研究成果。当俄罗斯已把东正教作为国教,将自身传统文化彻底消解的时候,他居然能对传统的俄罗斯民间节日进行研究,是很了不起的。后来他又转去研究俄罗斯民间史诗勇士歌,到今天仍然是经典文献之一。

普罗普和列维-斯特劳斯打了被动仗。一方面,列维-斯特劳斯说普罗普了不起,因为列维-斯特劳斯在某种意义上是借鉴、发展了普罗普,然后才有"神话素"等发明。在这样的基础上,他理应对普罗普有所尊重,可是出于一种略有沙文主义味道的心态,他说:"如果普罗普不是日耳曼血统的话,他做不出来。"另一方面,他当时还没有看到普罗普的第二部著作,就指责他完全没有考虑意义。列维-斯特劳斯的"神话素"和后来荣格的"原型"已经基本靠近意义了。什么叫原型?按我个人的定义,就是历史特别悠久、在人类社会中极具广泛性、在所有的时代和民族里都有极大应用空间的母题,可以称之为原型。神话素、原型已经接近意义,不完全是形态概念,而是掺杂了其他东西。列维-斯特劳斯的指责使普罗普心里特别不平,普罗普十分激动。对于俄国要放在一定的政治背景下看待,强大的政治背景会给人无法释怀的依附感和归属感,普罗普心里可能也有这样的因素,我不知道其他更深层的背景。

吴新锋(北京大学中文系民间文学专业2014级博士研究生):我读了您的《民间叙事的生命树》,您和稻田浩二的对话特别精彩。第一个问题:您为何在文中引入20世纪30年代林兰编的五个文本？如果采用更多古代文献中的狗耕田故事，材料不是更丰富吗？第二个问题是：您和稻田浩二关于中心母题和核心母题的争论，您认为有两个中心母题，稻田浩二认为"一只会耕田的狗被杀死后坟上生树"是一个核心母题，更大的母题在于"尸体化生"的背景。而我认为，"兄弟分家"应为根本的母题，它可以勾连结构形态和意义。

刘魁立：第一个问题，当时用林兰的材料主要考虑它比较实在，且都是浙江的。我希望在一个干净的环境中做实验，不要杂菌。我想一网打尽，将线卷本99册书一页页翻，绝无遗漏。在此之外，有关的材料相当多，但我绝不吸纳，否则就会牵涉其他民族等复杂问题。所以古代的和林兰编的其他省份材料均未采用，是出于技术原因。第二个问题，我考虑过兄弟分家，但它本身并不构成情节基干，只是一个平台。兄弟分家之后有各种开展情节的可能，而只有分得狗这个情节才能清楚地标示主干。像牛郎织女故事也有兄弟分家情节，是分到牛。兄弟分家之后还有其他各种演绎，所以它既不是类型也不是母题，而是主题，是更加庞大的范畴。兄弟分家仅仅是出发点、起始点，是基础，是一个由头。

吴新锋：按照稻田浩二的界定，母题是故事中心人物的行为，兄弟两人分家是重要行为，由此展开后面的惩罚哥哥、帮助弟弟或拯救的二元对立，它可以和意义更好地勾连。如果在此基础上考虑意义的话，兄弟分家狗耕田故事在民间日常生活中是包含批评或说教意味的。

刘魁立：咱们现在的讨论就有点论辩性质了。兄弟分家很难成为基干。我举另外一个例子，过去我们常说的地主和长工，也可以是两兄弟，一个不断被凌辱被损害，但每次都胜利；另一个是强权者。他们不一定非得用分家的方式。如果把分家作为中心母题的话，就会牵扯一些别的东西，比如牛郎织女或其他的分家故事。所以，分家本身并不构成两人矛盾的焦点，焦点在于他手上所得的、相互争夺的对象。

李敬儒（北京大学中文系民间文学专业2015级博士研究生）：国内用形态学方法做民间叙事研究的非常少，您认为原因是什么？或者说，民间叙事形态学的难点在哪里？

刘魁立:我讲年轻时的一个故事。在第六届世界青年联欢节上,组织者派我照顾中国的贵宾程砚秋、戴爱莲等特邀评委。同时,我为评委团团长、总政歌舞团的政委胡果刚做翻译。他在评舞蹈的时候,笔记本上画的全是圆圈:出来是什么队形,进去是什么队形。他的重点并不在于内容是草帽舞还是丰收舞,现在回想起来全都是形态研究,就是队形。在音乐界和绘画界也有如此情况,重在结构。

可是一说到民间故事,好像就一定得讲意义,因为我们把意义看得远远超过了形态,其实故事本身也是形态。这大概也和习惯有关,大家都往这条路上走,这条路就比较通畅了。我个人的感觉,倒不是因为它无效、无用,而是它没有被大家关注,走这条路的人还是少。如果仔细想想,民间口头传统领域里还有非常多的对象可做形态研究。史诗篇幅很长,仔细分析起来,其实那些情节本身说来说去全在形态上转圈,可你一旦研究了以后,别人就会问:"思想性体现在哪儿?"容易受到指责。我认为,现在已经到了不仅要关注意义,而且必须关注形态的时候。

朱佳艺(北京大学中文系民间文学专业2014级直博研究生):我们做形态学研究要注意哪些问题?您对于实践操作有何建议?

刘魁立:我自己也做得不好,只有一个建议,就是把研究范围的外延确定得小一点,认定一个故事或史诗,让材料的同质性多一些。材料太杂就无法展开,会花费很多精力,把自己弄得很疲劳。比方说,非物质文化遗产领域的门类特别多,内容也特别精彩,随便举出一种,像灯彩或是景泰蓝,如果进行形态研究就很好,且比故事容易出彩。

王尧(中国社会科学院民族文学研究所在站博士后):第一个问题,邓迪斯说他所创制的"母题素"概念和普罗普的功能概念并不一致,两者的出发点有何差异?第二个问题,汤普森将母题分为三种类型:第一种是角色;第二种是背景、器物等;第三种是构成真正故事的类型。我的理解,第一、第二种都是名词的,而第三种则是动词性的,它在真正推进叙事。邓迪斯的"母题素"也都是动词性的。汤普森和邓迪斯对母题中的名词和动词有区分吗?

刘魁立:这个问题不是我能够完全解释清楚的。我只抱准一点:普罗普特别重要的贡献在于他把主人公完全抛弃。为什么要抛弃？因为主人公可以换成无数别的人、树、神仙，也可以是无生物，完全没有关系。问题的核心在于，他的"功能"实际上是动作、行为，这些决定了整个故事的演变、发展。"母题素"等概念基本也都是从功能引申出来的。当你涉及工具和人物的时候，最终还是要落实到行为、动作。普罗普的功能项中，除了衔接的部分，基本都是动作，如禁忌、违反禁忌。

王尧：这样是否忽略了对名词性母题的研究？

刘魁立：不是忽略，而是说这些名词可以变换。它们不重要，不要把它太过形式化。狗耕田不一定是哥哥和弟弟，也可能是两个别的人，或者一只狗和一只猫，完全没有关系，它本身没有意义，有意义的是行为的变化、递进，这是普罗普特别重要的贡献。在他之前从来没有人这样认为，过去都是围绕主人公开展，而普罗普则将主人公搁置了。

王悉源（北京大学中文系民间文学专业2014级硕士研究生）：您强调共时性和历时性不能相容，但是否在特定情况下，可以尝试将二者结合在一起？我认为邓迪斯的禁忌、违反禁忌等几项"母题素"，就是把普罗普的线性结构和列维-斯特劳斯的二元对立结合起来了。

刘魁立：我不排斥在一篇文章中结合共时和历时的方法，但一定要言说清楚：我在谈这个问题的时候，是以共时的看法；在讲另外一个的时候再用历时。常见的问题是不仅用共时替代历时（或历时替代共时），而且认为它们就是一回事，混淆了两者。

蔡佩春（北京大学中文系民间文学专业2015级博士研究生）：您刚才说到形态研究应该把材料范围限制得小一些，是指地理、时间范围要小吗？如果研究不同民族之间的关系，应该怎么限定范围？

刘魁立：我的意思是，我们通常是在耶稣基督的十字架上讨论问题，它包括一个共时的横坐标和一个历时的纵坐标。由此可以发现一个特点：历时研究通常接触的是个体，范围可以很大或很小，这并没有关系，它总有一个固定的对象，而共时研究的对象显然不是一个，必须是若干个，这才能称作共时。

二、母题及其分类

刘魁立老师系统梳理了形态学相关概念和理论发展史,以下就该范畴内的一些根基问题提供几点思考:

(一)母题

《民间叙事的生命树》一文关注了母题对情节的链接能力:"母题含有进一步展开叙述的能力,具备相互连接的机制。"并将母题比作"肌腱",有的肌腱链接能力强,情节发展就有更多可能性,故事就可能从这一点开始派生出更多异文;有些肌腱链接能力弱,可能只和某一个特定的衔接,后续的情节就比较单一,故事的异文就比较少。同时,它的链接又是多指向的。那么,哪些母题会经常链接在一起,构成"固定搭配",在故事文本中稳定出现呢?

两兄弟分家后,可能发展为狗耕田故事。但在另外一些故事文本中,兄弟分家后弟弟分得一头老牛,进而发展为牛郎织女故事。刘魁立老师将这些固定组合称为"母题链"。以上是经常组合出现的母题。反之,哪些母题不可能组合在一起? 除因不合逻辑、无法搭配之外,有大量母题是可能组合的,然而在某类故事文本中却很少见到,此种情况的原因是什么? 在何种条件下母题组合会变化? 如何进行考察? 答案可能不仅要从形态学内部寻找,还要考虑诸如民族、地域等外部因素。

刘魁立老师提出的积极母题链拥有很强的嫁接能力,甚至可以把别的故事类型整个地嫁接过来。比如,蛇郎故事,在讲到继母生的姐姐嫉妒妹妹时,就可以和灰姑娘故事衔接。

(二)母题素

汤普森提出将故事情节切分为最小单位的"母题"概念,邓迪斯将其进一步分解为抽象和具象两个层面,并提出新概念"母题素"。它其实还有广阔的理论拓展空间。

民间故事可以定义为一系列"母题素"的连续。邓迪斯以美国印第安民间故事为例,提炼出六项"母题素",分列三对:最小的故事经常出现的是缺乏、缺乏的终止两项,构成故事最低限度的定义;更普遍的"母题素"还包括禁止、违禁;后果、试图逃避后果。一则常见的印第安故事文本就是六个"母题素"综合体。

故事既有长短繁简之别,各项"母题素"之间也有弹性的叙事空间。每对"母题素"之间可插入多少情节? 有些"母题素"遥相呼应,如某人到了娶妻之年,他经过很多磨难和考验,最终成婚,故事可以抻得很长,这对"母题素"构成故事首尾。有些"母题素"之间的空间比较小,如设禁不久就会破禁。从横向的叙事进程看,"母题素"调控着情节开展的速率。

从纵向观察各项"母题素"自身的变化,其形态也并不都保持稳定。关于"母题素"变化的可能性,刘魁立老师建议译为"母题相",表示抽象与具体之关系。蛇郎故事中,姐姐害妹妹通常以推到井里淹死的方式,绝少变异,"谋害"作为一项"母题素",其"母题相"就较为单一;而妹妹的冤魂变成树、鸟等各种事物,姐妹俩可能反复发生多次斗争情节,"母题素"变形的"母题相"就相当丰富,每次变化都是"母题相"的具体表现。各"母题素"与"母题相"的对应关系有别,原因何在? 如果换一处语境考察同一故事,其"母题相"的表现形式会发生较大变异吗?

(三)母题的分类:动词性、名词性

我们回顾一下汤普森对母题的定义:"一个母题是一个故事中最小的、能够持续在传统中的成分。……绝大多数母题分为三类。其一是一个故事中的角色……第二类母题涉及情节的某种背景———魔术器物,不寻常的习俗,奇特的信仰,如此等等。第三类母题是那些单一的事件——它们囊括了绝大多数母题。"[1]以上三类,前两者都是名词性的,第三类关于事件的开展过程则是动词性的。这两种不同性质的母题具有相当明显的功能差异,汤普森并未明确区分母题中的动词和名词,然而他的界定一直被沿用,由此带来的混淆影响至今。

汤普森的母题范畴尚且包含名词在内,到了普罗普已全面转向以动词为中心了,功能项是纯粹的动词性概念。刘魁立老师说,普罗普对他重要的启

①〔美〕斯蒂·汤普森:《世界民间故事分类学》,郑海等译,郑凡译校,上海,上海文艺出版社,1991年。

示是"主人公不重要",即在故事中,人、物不重要,这些是可变化的,重要的是做了什么事,这才是情节开展的动力,动作的功能是不变的。邓迪斯概括的三对"母题素"也都是动词性的。在母题概念发展历程中,名词性母题被忽略了。我们为什么不关注动词与名词的搭配?不仅限于母题,民间叙事中的其他名词性成分是否也具有形态学意义?

试举两例。一是张志娟《论传说中的"离散情节"》①。如果只考量动词性叙事元素,则传说与故事并无质性差异,因普罗普说"主人公不重要",情节、功能项才关涉叙事进程。而各种民间文学概论告诉我们的传说区别于故事的真实感、地方性等特征,往往依托于名词性元素来实现。可是,AT分类法是依据动词性的情节来编制故事类型索引的,假如我们不更换分类标准,仍用AT分类法编制专门的传说索引,那么所得的结果将与故事索引毫无差异。如果一定要编制传说索引的话,是否可尝试从名词性元素,如主题、名词性母题等角度来设置标准呢?

第二例是我在山西洪洞调查的通天二郎传说②。山西洪洞地区信奉一位地方性神灵通天二郎,其身世传说可概括如下:传说他原是清末时当地一个小孩,出生时有异象,幼年却受了很多磨难(父母双亡、生活困顿等),光绪三年(1877年)时他到亲戚家去,爬上柳树觅食或玩耍,不慎坠亡。死后先成了柳树精,经常到村民家里做些扰乱之事,人们就寻了道士或法师来,经过几番斗法,最终将他降伏。当地的两位女神娥皇女英收他为徒弟(或义子),并赐神号"通天二郎",他从此攀附两位大神。封神之后,他开始赐福于民,对信众有求必应。因死亡时年仅十二岁,他的家人就为他与一位也是夭折的女孩配了冥婚。他还与当地其他几位男神拜为兄弟,组成"结义神团",常以群体形象共同出现在壁画、塑像等信仰载体中。

我想从三个层面进行分析。第一层是结构性元素。如果从动词角度归纳上述情节,则包括以下9个单元:(1)神异转生;(2)幼年磨难;(3)攀柳坠亡;(4)柳树精;(5)斗法;(6)攀附/封神;(7)显示神迹;(8)阴婚娶妻;(9)结义兄

---

① 张志娟:《论传说中的"离散情节"》,载《民族文学研究》,2013年第5期。
② 详见王尧:《凡人成神的传说模式》,载《民族文学研究》,2015年第5期。

弟。其中,(3)攀柳坠亡和(6)攀附/封神两个单元是在我搜集到的全部35则文本中都出现的,也是本个案的结构性元素。它们是动词性的,在所有村落、所有演述人口中都是必要且不变的。

第二层元素不承担结构性功能,它们可以不出现,一旦出现就必然保持稳定形态。如时间是光绪三年(1877年),小孩姓杨,死时十二岁,坠亡处是柳树而非其他什么树,死状血腥惨烈,等等。这些元素受到文本之外的地方语境所控制。如光绪三年(1877年)在当地是众所周知的饥馑之年;再如当地观念中,小孩的头骨到十二岁才发育好,成为完整的自然人,此前魂魄不全,容易夭折。

第三层是无规律变异的元素。如小孩和他妻子的名字,他的家庭成员,排行第几,等等。这些元素最易变,似乎并无制约性的力量。

总而言之,第一层元素是动词性的,后两层绝大部分都是名词性元素,它们有些附着于动词之上,构成固定组合,比如,死亡方式是从柳树上坠下。而另一些名词性元素则无须搭配动词,可以独立呈现,如光绪三年(1877年)这一时间点。如果从动词、名词性元素的角度区分文本层次,我们可以尝试建立一些标准,将这些元素辨认、提取、归类,从而归纳口头叙事变异的核心法则。

三、路径与可能性

王悉源:对于将通天二郎传说元素分为三层的做法,我的理解是:在一则叙事文本中,第一层是动词性结构;第二层是名词性且稳定的部分;第三层是名词性而不稳定的部分。这三层可以理解为是相对易变的。比如,第二层比第一层易变,而第三层又比第二层易变。第一层的动词性元素,是从人类普遍逻辑或共同心理需求的角度抽绎的,是最稳定的结构,普罗普只关心这个结构,在人类文化中最具共通性,是含有最大公约数的东西。就普罗普的研究而言,他仅分析第一层是理论自足的,他追求的是文化相似性,可以忽略第二层和第三层。第二层元素在地方之内最不易变,如研究地方文化共通性需要关注的是第二层。第三层是最富个人化的因素,如关注表演、讲述、个人经历,属于第三层的范畴。所以,普罗普只考虑动词性的元素而不涉及名词,是因他的研究目的,并无区分传说和故事的必要。

宝诺娅(北京大学中文系民间文学专业2014级硕士研究生):我很赞同刘魁立老师对"母题素"和"母题相"的区分。"母题相"是具象的,有点类似于你提到的第三层,即可变的名词。"母题素"是动词,那么,可变的名词就可以归入相应的"母题相"部分。比如,变形是"母题素",那么,变成猴子之类的名词性元素就可以归入"母题相"。但是这个想法,在处理不变的名词的时候,就会有一点缺陷,那么,不变的名词该归入"母题素"还是"母题相"?

吴新锋:我认为宝诺娅说的"母题相"应该是名词和动词结合以后的组合。

王尧:邓迪斯的"母题素"其实还是动词性的概念。

吴新锋:"母题相"其实就是它的样态,各种变异的情况。我认为"母题相"是动词和名词的组合。

宝诺娅:王尧想强调名词性,如果可变的名词加上相应的动词,就是它的"母题相"。是这个意思吗?

吴新锋:假设按你刚才所说,如果按名词性元素做传说索引,得设多少个类别? 怎么凝练主题? 比如,同一名词在不同传说里的叙事功能也是有差别的,你怎么将它在不同文本中出现的不同位置归类? 比如,关于山的传说里也有其他的名词,混在一起,怎么归类?

王尧:我没有设想过非常具体的编制传说索引的方案。如果真的编制起来,一定会遇到你说的问题,这些问题在AT分类法中就已然出现了,比如,动物故事与神奇的宝物、神奇的帮助者,这些就是名词性的,汤普森在编制AT时就把名词和动词性标准混在一起了。

朱佳艺:你提出的将叙事元素分成三个层面的理念,其实你强调更多的是研究方法,不一定非得做出个索引。

程梦稷(北京大学中文系民间文学专业2015级直博研究生):你对名词的划分主要针对传说吗? 我理解,故事的地方性只需要黏附在物象上,如地方风物、风俗信仰。后两层的名词性元素是否专门针对传说? 第一层的动词性元素比较像故事。包括刚刚你和吴新锋讨论的问题,比如,神奇帮助者一项,我的理解它更多倾向于功能意义,至于帮助者具体是什么,这个名词决定了它是传说还是故事。

王尧:名词性元素不仅针对传说,故事中也有的。比如,蛇郎中的变形可以变成鸟、竹子,狗耕田中"狗"这一意象就非常稳定,这些都是名词性的,但在不同的地区也会发生并非随便而是有意义的变化。

吴新锋:故事和传说中的名词的意义还是不一样,你对名词的独立意义怎么看?

王尧:从汤普森提出母题概念之后,到普罗普、邓迪斯、刘魁立老师,都以动词为关注中心,从名词视角窥之,会呈现出其他层次来。如刚才宝诺娅提到的,汤普森的"母题素"是动词性概念,而"母题相"是刘魁立老师提出的对其具象变化的概念翻译。如果我们认为母题也有名词性的,那么,在它内部是否也存在相应的"母题素"和"母题相"之对应关系?比如,通天二郎传说中,第二层的名词性"母题素"比较稳定,可变化的"母题相"就近于无,而第三层的名词性"母题素"变化比较丰富,稳定性弱,它所对应的"母题相"就比较丰富,是抽象和具体的关系。

吴新锋:比如,"母题素"是变形,"母题相"就是变树、变鸟?

王尧:我认为可以这样理解。

吴新锋:你提到,换一个民族和地域,母题的链接和延展就不一样了。历史地理学派最初就是要呈现这种变化,比如,汉族故事到穆斯林地区,有关情节可能自然就屏蔽掉了,相应的情节自然就无法延展,这是很自然的。你怎么理解?

王尧:形态学考察的变异并不同于历史地理学派的做法。如果不考虑语境,只要符合逻辑,各个母题、情节之间是有相当丰富的衔接可能性的。以一个母题为常量,另外有很多可与之衔接的变量,构成多种搭配。这是叙事变异的最大可能性。然而即便将世界各地的异文搜罗殆尽,也未必会满足这种最大可能,总归有一些逻辑可能性在现实中从不出现,这是第二步,比逻辑可能性的范围缩小,是形态学研究的范畴。至于加上语境因素之后,比这个范围又缩小一步,那就不是纯粹的形态学,带有语境研究的色彩了。我们考虑的是,加入语境因素之前,生命树有多少可能的发展方向,它生长的最大潜力是什么。加上语境因素后,这些可能性肯定不会全都呈现出来,语境就会对形态的可能性进行选择。

吴新锋：范围当然是越来越小，逻辑变化是最大可能性；共时研究小了一步，是呈现出来的可能性，是人类在讲述已有故事，总共就这么多；再下一步加入语境、民族地域的变化以后，就可能涉及人类的原初状态、最基本的东西，比如，家庭伦理、对待死亡的态度。故事讲述也是这样，各民族的不同讲法跟习俗有关，道德评价亦有别。共时研究理论上可以穷尽人类各个民族所走的不同的路。

陈泳超（北京大学中文系教授）：我想补充几点。(1)形态学的核心是要设定一个取样原则，在此原则下所有的材料都是均质的。形态学和共时研究不是同一个概念，它要求同的不光是共时历时，只是历时共时最容易被感知罢了。形态学研究是标准化的、纯净态的研究，要注意是否足够纯净，有没有加入不均质的维度，在此前提下，它可以有各种各样的观测坐标，关键是材料的密闭程度，以及方法上的始终自律。

(2)AT类型索引的分类标准是情节性、动词性。所以，汤普森母题三类中只有第三类可以跟情节"type"对接成一套连贯的分析概念，前面两类（主人公和物品）是加不进来的。母题就是小情节，类型就是大情节，多个母题连在一起就是故事，很多故事的核心基干一样，就是类型。

(3)刘魁立老师的"狗耕田"价值在什么地方呢？它用个案来说明每个"类型"都必须有其存在的理据。我们都觉得全世界很多故事是同一个故事，但那只是直观感受，大多数时候大家没意见，但一旦有分歧了，就得按刘魁立老师说的，弄出一个标准（情节基干）来。所以，AT只是直观罗列，刘魁立老师这个文章是从感性到理性的操作示例。

(4)叙事的形态学研究，尽管都是以动词性为主的，但我们也可以根据不同的目标和条件，加入名词性变量，从而呈现不同的样貌。比如，我们几个注重传说与故事的文类差别，就在于叙事中的一些名词与地方人群的关联属性，不能像普罗普那样全部去掉。而加上这一指标，就会呈现出另外一种形态风貌，比如，我新书中的生命树就跟刘魁立老师的生命树不太一样，这有助于传说学的进一步研究。王尧说的三个层次，多少也有类似的诉求，她的考量似乎主要是变动性的大小。其实从这个意义上说，我们都在经典形态学分析中逐渐加入了一些意义的变量因子。

（5）动词性和名词性不光是为了区分传说和故事，还有很多功能，比如，命名。我认为对于类型的命名只能是动词性的，像"狗耕田""当良心"等。绝对不能纯名词性，比如，"两兄弟"，"两兄弟"可以做很多事情，"狗耕田"和"牛郎织女"不都是两兄弟吗？它们怎么是一个类型呢？还有，什么叫"白蛇传"的故事？是因为有了白娘子、许仙这样的主人公？还是因为它的动词性情节过程？人们可以用白娘子和许仙的名义编出很多离奇的情节，那只是同一个主人公的故事，并非同一个类型的故事，而如果少数民族有一个类似情节的故事，但主人公却不叫白娘子、许仙，我们仍然可以叫它们是同一类型，因为情节基干一样。

（6）"母题素"和"母题相"的问题。我认为，这是翻译的错误。本来这组概念是从语言学来的，我请教了系里研究语言学的老师，在语音学中，最简单可以分出音素和音位两个概念：音素（phone）是可以切分的最小语音单位，是自然物理性的、复杂多样的；音位（phoneme）是一个语言系统中能够区分词义的最小的语音单位，它比音素要概括，比如，"啊"中的 a 和"汤"（tāng）中的 a，其实在音素上看是不同的两个音，国际音标分别为[A]和[a]，但在汉语中它们不区分意义，所以，汉语拼音中可以用一个[a]来表示，这就是音位。一个音位可以有多个音素，它们属同一个表意单位。有时，为了概念更严密起见，将全人类各种语言中可以提取的最小单位才称为"音素"，对应于英语的 phonetic，即国际音标；一种语言中的最小语音单位就不称音素而称为"音子"（phone）了，汉语拼音其实表示的是音位。总之，有后缀-eme 的，都应该是"位"，是较为概括的概念，这在英语里本来很周密。但一个较为麻烦的是 morpheme，其实，应该翻译成"语位"，但因为吕叔湘最早将它翻译成"语素"，被大家长期使用，沿袭至今。其实，他们语言学教学到这个概念时都会指出这里存在的问题。

相应地，列维-斯特劳斯的"mytheme"和邓迪斯的"motifeme"，就不应该翻译成"神话素"和"母题素"，而应该翻译成"神话位"和"母题位"，"位"是表示比较抽象、概括的较大概念，一个"位"里面可以容纳很多个变体，每个变体才是更小的"素"。后来从中引申出"emic"和"etic"两个词，分别代表主位、客位，其理正同：一个文化的主位是实际表意的，并且其所表意相对固定，而客位则可以生发出无穷的联想和阐释。丁晓辉的《母题、母题位和母题位变体——民间文学叙事基本单位的形式、本质和变形》①一文已经对这组概念做了非常详细的梳理，并纠正了译名的问题，可以参考。在翻译问题上，刘魁立老师也从俗而称"母题素"，但刘魁立老师有个特别聪明的地方，现在我们假设"位"的概念已经确立，他把对应于"音素"或"音子"的概念加了一个"相"，组成"母题位"和"母题相"这样一对概念的话，就非常有意思。因为在一个语言系统里，音位和音子(音素)的差距不是很大，音位变体不会很多，而在民间叙事里，它的差距无限大。比如，邓迪斯说的构成故事最简单只需要"缺乏"和"缺乏的终结"两个"母题位"，但这两者之间可以很小，也可以很大，变体无限多样，包罗万"相"嘛。

(7)并不是所有的民间文学作品都适合进行形态分析的，它只对相当于现在AT里面那些简单故事才适用，像四大传说就已经不是类型，而是类型的综合使用了，不能说弄出一个"白蛇传类型""格萨尔类型"，它太复杂了。刘魁立老师认为"狗耕田"只要两个核心母题构成情节基干，就可以划分一个类型。我觉得对于所有民间叙事的类型来说，这个数字是有限的，必须有个规定，比如不得超过五个，否则就变成复杂文学了，不适合再进行情节类型的归纳，而要进入普罗普的"功能"或者邓迪斯的"母题位"之类的分析了。

(8)形态学本身有其价值，它是对世界各种现象依照形式特征进行归类，从而化繁为简地予以总体把握的方法。但形态学的目标可大可小，就民间文学而言，并非一定要去编制各种总表和索引，我更多时候愿意把它当作工具性的，即对自己要研究的某些素材进行形式解析后可以简明清晰地予以呈现，这就够了。

本文原载《民族艺术》2017年第1期

---

① 丁晓辉：《母题、母题位和母题位变体——民间文学叙事基本单位的形式、本质和变形》，载《民族文学研究》，2013年第1期。

提升民族传统节日的文化自觉
——访刘魁立教授

　　历经千年演变的中华民族传统节日蕴含着极高的文化和精神价值,深入挖掘其丰富的内涵,不仅可以提高民族的凝聚力,还可以促进社会经济的发展和繁荣。然而,一个严峻的现实是,我国很多民族传统节日的气氛越来越淡,有些甚至已经名存实亡。本报记者就此专门采访了中国民俗学会会长、国家非物质文化遗产保护工作专家委员会副主任、"民族传统节日与国家法定假日"课题组组长刘魁立教授。

国家法定假日新规定具有划时代意义

　　记者:尊敬的刘教授,您好!请您谈一谈我国民族传统节日与国家法定假日演变的历史过程。

　　刘魁立:在此前近一百年的时间里,我们对于民族传统节日一直持有淡漠的甚或是漠视的态度。1912年1月,孙中山先生签发临时大总统历书令,确定从当年的1月1日起改历。过去我们惯用的农历也就是夏历,虽然依旧有效,但国家日历改为以西历(或称公历)为主,把西历称为"新历",把农历称为"旧历",新旧历同时并存。到了1928年5月7日,内务部又向国民政府呈送了一个要求废除旧历,采用所谓"国历"也就是西历的呈文。当时有报道说,1929年的春节,一些地方政府居然动用行政手段,查抄卖年货的商家。

　　1949年12月,新中国的政务院发布270号令,对于全国年节和纪念日的放假办法做出了新的规定。当时放假的节日有五一、国庆、元旦。很幸运的是在传统节日当中,春节仍然给假。总之,多年来,对于我们民族在历史中形成的传统节日,始终没有给予充裕的时间来度过。这样的状况到了2007年底才有了改变：2007年12月7日，国务院关于修改《全国年节及纪念日放假办法》的决定经由国务院第198次常务会议通过，从2008年1月1日起施行。办法规定，除春节长假之外，清明、端午、中秋增设为国家法定节假日，各放假1天。所以，这次关于民族传统节日与国家法定假日的新规定具有划时代的意义，是一个了不起的举措，是我们国家日历演变历史中的一个新篇章。

记者：构建和谐社会是当今社会生活中一个非常重要的主题，而民族传统节日对于我们整个社会的每一个成员来说，都具有非常重要的意义，这不仅仅是休息，它远比休息更加重要。民族传统节日一旦被纳入国家日历当中，作为公众的假日，其社会意义是什么？

刘魁立：在某些特殊时刻，人们会用一种非常态的心理对待自己的生活、对待周围的人、对待我们的社会环境以及自然环境。与有些民族的节日体系是以宗教纪念日作为核心不同，我们民族传统节日的重要特征在于，这些节日是以协调我们和自然的关系为核心而建立的，不仅二十四节气是这样，我们的民族传统节日也大都是这样。

所谓和谐，首先要心情舒畅，在自己内心和谐的同时，也要和周围的人、和家庭、和自己所在的单位、和自然环境建立亲密的关系，只有这样，我们才能够说生活在这样一个世界是快乐的、幸福的，我们才有前进的内在力量。而民族传统节日一旦被纳入国家日历当中，作为公众的假日，它的意义就由隐性的变为显性的，被整个社会所关注，成为全社会的公共时间。而这个公共时间作为一种资源，可以发挥很大的效益。一切传统只有在对今天或者对未来具有重要意义的时候，它才获得了价值，我们才努力地去保护它、爱护它、传承它。

善待"洋节"，重建民族节日情感

记者：有一段时间，人们热衷"洋节"，很多人（尤其是年轻人）也许未必对"洋节"有很清楚的了解，仿佛这是一种"时尚"，如果不这样做的话，就觉得自己是落后于潮流。您认为出现这种现象是由什么因素造成的？您怎么看待这种现象？它对我们的民族传统节日将会产生哪些冲击？

刘魁立:曾几何时,我们的民族传统节日好像被大家遗忘了,甚至有一段时间遭到贬斥。这期间,外国文化引进,在一定程度上影响了人们对传统文化的价值观,这些国家的强势经济使他们的文化也变得强势起来,强势的文化,会成为一种时尚,被许多人所追逐,追逐久了,就会改变人们的价值观。

当然,在看待"洋节"时,我们不是要贬斥"洋节"或者另眼看待过"洋节"的人,而是强调我们应特别尊重自己的民族传统节日。在相当长的一段时间里,很多人对我们自己民族传统节日悠久的历史渊源以及相关的庆祝活动,都不甚了解。更为可惜的是,人们对这些节日的情感也渐渐淡漠了。

实际上,我们的节日和"洋节"比起来具有更丰富的内容和情致。为了让我们自己的民族传统节日发挥更重要的作用和更好的功能,需要我们以更为虔敬的态度、更为真挚的情感来善待民族传统节日,欢度民族传统节日。我们需要恢复、重建对待民族传统节日的虔敬情感。

记者:那您觉得我们的民族传统节日与"洋节"有哪些不同之处?我们的民族传统节日是不是民族文化身份的一种标志?

刘魁立:我们的民族传统节日同其他一些国家以宗教纪念日为核心的节日体系有极大的不同。这种历史积淀下来的群体性庆祝活动,其核心功能在于认识自然、亲近自然、协调人与自然的关系,促进家庭和睦、民族团结、社会和谐,培育人们美好情操,发扬乐观向上的进取精神。

这些节日在一年的周期中严整分布,循环往复,形成一套体系,而且内涵丰富,多彩多姿。无论是在植物符号方面(春节的梅花、水仙,清明的柳枝,端午的菖蒲、艾蒿,中秋的丹桂,重阳的菊花……)、食物符号方面(春节的饺子、年糕,上元的元宵,端午的粽子,中秋的月饼……),以及居室装饰和衣物配饰符号等方面,都各具特色。在不同节日里还伴随着各自特有的色彩纷呈的艺术表现形式和诸多竞技、游艺项目(旱船、秧歌、龙灯、高跷、拔河、划龙舟……)。严整的体系,丰富的内涵和无与伦比的多姿多彩的特色,使得具有悠久历史而延续至今的民族传统节日历久而常新,装点着、美化着我们的生活,是广大民众心中一首永远唱不完的欢乐之歌。

出生在同一个地方,操同一种方言,我们就彼此认同为"同乡",就多了一层亲近感。具有相同的民族成分、相同的国籍、相同的文化背景,我们彼此认同为"同胞"。特别是在异国文化的环境中,同胞之间就会有强烈的亲近感、认同感。作为中华民族的子民,我们在许多问题上有着共同的价值观。看见红颜色,我们想到喜庆;听到锣鼓声,我们就激昂振奋;中秋时节,举头望月,就会在内心里油然而生了对亲人和故土的拳拳在念。这些情感是其他民族的人们所没有的。这里包含着我们群体的价值观,这也是我们民族认同的标志,它具有一种内在的力量,让我们在情感上产生一种向心力。民族传统节日尤其具有这种强大的精神力量。

在其他民族看来,我们的民族传统节日也是我们民族文化身份的标志。在国外许多城市的唐人街,每逢佳节,侨胞们都要举行庆祝活动,展现我们的民族自尊心和自豪感。通过这些仪式和活动,我们民族的文化身份就会鲜明地显现出来,作为重要的民族文化符号昭示于其他民众。

饮食是最丰富重要的节日象征

记者:"吃"与民族传统节日总是紧密相联,春节吃饺子,元宵节吃汤圆,端午节吃粽子,中秋节吃月饼……民族传统节日为什么总是离不开吃?民族传统节日的"吃文化"是不是同宗教信仰、民间习俗有什么内在联系?

刘魁立:我个人认为,过去我们民族传统节日的象征体系是非常丰富的。别的民族传统节日中也有吃的问题,因为"吃"标志着生活的富裕、幸福。举凡所有民族的传统节日,在饮食这一点上都是十分强调和讲求的。

春天的时候,好多民族都要吃类似我们"春饼"一类的食品。美国人过圣诞节往往要有烤火鸡,这也是节日的食品。我们大家忽略了民族传统节日象征体系的其他内容,"吃"却作为一个明显的节日象征物仍保留在记忆中。于是,就产生了一种印象,过年、过节就剩下吃了。我们不能忽略象征体系的其他内容。比如,我们的服饰、佩戴,什么时候佩戴什么东西,这和节日是直接关联的。过年,南方都要买一棵橘子盆景,摆在家里,象征吉祥如意;过清明要有柳枝;过端午也有相应的植物,艾蒿或者菖蒲;过中秋有菊花、桂花;北方过年往往要摆几盆水仙。每一个民族在节日当中都有一些相应的植物,我们的最为丰富。我们的穿戴、佩饰、食物也都是这样。

说到象征体系，不止这些。照理说，中秋的时候，同样也可以划船，但是为什么我们偏偏要在端午的时候"划龙舟"，到中秋的时候就变成了喝桂花酒赏月了呢？每一个节日都有它自己特定的节日活动。仅仅强调饮食，是因为近百年来我们淡漠了自己的民族传统节日，把我们对节日非常浓厚的情感联系给隔断了。随着生活的改变，我们平日的饮食变得越来越丰富，越来越好。平常随时可以享用过去的节日食品，当我们把"吃"看成是节日核心内容的时候，自然就会以为年味儿、节味儿"淡"了。我们应当把节日中的象征体系再重建起来，这时，我们的感受就会有所不同。说到象征，我举一个特殊的例子：除夕交子之前，垃圾可以往外扫，扔弃它，可是一过了12点，垃圾只能往屋里扫，它变成了财富的象征。而过了初五，我们通常叫"破五"，它的身份又恢复了，它又依旧是垃圾了。

节日体系外现民族身份

记者：节日文化和老百姓的生活方式、生活水平密切相关。过去人们的生活空间较小，平时忙，逢年过节一般都要热闹庆祝一下，但现在很多人工作在外，逢年过节也是"来去匆匆"，年味儿淡了。您对当下"过节模式"的转变有什么看法？

刘魁立：随着人们生活方式的变化，大家生活节奏变得特别快，原来我们过年、过节悠闲，从容不迫，现在可能就有所变化。这个变化并不意味着我们对节日的情感淡薄了。现在大家过年还是要回家，无论如何困难还是要回家过年。这说明大家对节日的情感依然很浓，这个习惯仍然还在。所谓年味儿淡了，可能在城市里才有这样的感觉。在广大农村，过年、过节依然隆重，依然热闹。所以，我觉得随着国家法定假日体系的重新制定，节日成了法定假日，我们节日的兴盛是会与日俱增的，不必特别担心。

记者：您认为民族传统节日在中华民族的文化记忆中到底扮演什么样的角色？

刘魁立：要说一个民族对整个人类能够有所贡献的话，除了我们的发明、发现、技术进步之外，还应该包括精神文化的创造。非物质文化的创造，也是对人类的一种贡献。比如说孔子的学说是贡献，是可以被别人拿来作为参考的。我们的假日制度，其中包括我们的民族传统节日体系，也是对于人类的一种贡献。它既是我们民族认同的一个基础，也是我们民族身份的一种外现。

文化自觉是传承与发展的关键因素

记者：在全球化时代，您认为传承与发展我们民族传统节日文化的关键因素在哪里？

刘魁立：民族传统节日是我们整个民族群体重要的"公共时间"，每一个人都在过。节日的主体就是我们每一个人。这当中，关于民族传统的文化自觉，就是我们过好节日的非常重要的基础。节日不是别人要我们如何过好它，而是我们首先自觉地感到这是一个特殊的日子。

我觉得这种文化自觉非常重要。如何才能提高文化自觉，有多方面的因素。比如，政府的倡导，媒体的宣传，各种社会团体的辅助，包括知识界对节日意义的阐发，同时，也靠我们每一个人的心情、每个人的感受。所有这些加在一起，才会使我们关于节日的文化自觉有所提升。

很快就要过年了，祝大家虎年吉祥！

文章来源：《中国社会科学报》2010年2月9日第3版，潘启雯整理报道

"世博论坛·上海石库门
遗产保护与文化传承"实录

骆新：第三位嘉宾是中国著名的非物质文化遗产保护专家刘魁立教授。刘教授，我们希望用对话形式进行，你觉得石库门对我们的生活来说最有意义的是什么？

刘魁立：生活的丰富性，从它的多功能性来看，我们把住宅看成是居住空间的话，我们会把它看小了，石库门是一个群体交流的空间，显然给我们提供了建构和谐关系的有利条件，也是信息承载的载体。这点对我们来说特别重要，有很多名人在这住过，有很多作家在这里写作过，所有这些都变成生命的一部分。

刘魁立：石库门实际上已经变成了上海城市历史一部分，也变成上海人城市历史记忆的一部分。它不仅仅是一个房子，它已经把我们自己的情感加在里面了，也等于我们把自己的心，把自己的情感放在了这个对象里面，之后，它就变成了我们自己生命的一部分。

刘魁立：我自己感觉到，石库门这样的建筑提供了更多情感的慰藉，它是一个历史的产物。但我感觉到，它同时也是我们在一个西方文化影响特别强烈的环境里面，我们同胞努力维护我们自己民族传统最好的范例。伍江先生说它是中西结合的案例，我们在这个特殊环境中继承传统的范例，把对民族传统的尊重、追求、维护，把现代和传统有机结合起来，这是石库门的精髓，石库门的灵魂。

骆新：很多上海人在说，原来邻里关系好，现在邻里关系之所以不和睦，是因为我们住进了高楼大厦里面。您同意这样的说法吗？

刘魁立：我不认为仅仅一个形式就决定我们情感的联系，我觉得是价值观的影响。

骆新:石库门带给我们怎样的价值观呢?

刘魁立:如果仅仅把石库门作为一种建筑形式保留下来的话,也许我们会丢掉很多的东西。从价值观的角度来看,人际关系角度来看,它提供了这个条件,但是仅仅是提供这个条件是不够的,如何繁荣发展,如何研究区域文化,如何建设好文化生态保护区,才是更重要的。这个时候,应该通过石库门的建筑,通过类似的新举措,重新呼唤我们精神家园的归来。

骆新:也有人说上海这个地方空间很有限,像石库门这样留出很大的开间,留出更大的走廊,让人互相来往,已经不太可能?

刘魁立:伍先生也谈到了,我认为未必不可能。因为我们应该找到一个在人们居住环境里面彼此进行情感交流的方式,这种方式在将来也许我们会找到,怎样使我们的人变成群体里面的人,而不是一个个个体。

骆新:现在的城市形态远离了石库门形态,有很多真正的非物质文化遗产在衰亡,有人说,随着社会向前发展,要那些该去的去,保留挽留是没有用的,另外一些人说要更好地进行保护,他们也会发现除了资金的问题,现实是很多人不愿意再接受原来的生活方式。您怎么看?

刘魁立:我个人认为这种观点多少有些片面,用他们的观点看,人在往前走,头往后转,一切保护都是向后看,这种观点未必是对的,我们所走的路总是从昨天过来的,我们前进的过程中,如果不把过去积累的经验,不把过去有的情感继续下来的话,整个世界是混乱的世界。

骆新:王汝刚老师说上海石库门是上海曲艺的发源地,今天这个业态不存在,曲艺还会往前走吗? 比如,上海小作坊,在里弄里面雕象牙球那些,现在象牙都不让采了,皮之不存,毛将焉附,您认为呢?

刘魁立:同样以象牙为例,其实这样的雕刻,也许我们不必再发展,我们可以在博物馆里面告诉大家,曾经有这样的误区,人们以为这样可以安慰自己的精神,这是一种公平。象牙球是我们人类社会的结晶,为什么不在生活里把它变成一个美的构造呢,如果是这样的话,我们的精神不会因此而丰富吗?

刘魁立:我们中国人见到月亮的时候会想起家乡,外国人未必有这种情感,如果把这种情感作为人类智慧的贡献,变成整个世界都有的情感,也许别人就会因此而在这情感上有所丰富。国外有些观念性的,或者像石库门这样的生活方式,他们借鉴过来,这样不是丰富了吗? 只有大家去保护,我们的文化才有多样性,不然的话,我们就变得越来越贫乏,世界是灰色的,我们的生活是悲哀的。

骆新:刘老师讲得非常好,人之所以区别于动物,因为他有感情,有对记忆的要求。我们再次感谢三位嘉宾给我们做的精彩演讲。

文章来源:新民网2009年5月17日,顾卓丹整理报道

突破中国住宅的文化自卑感

在细节上体现民族性

中国房地产报：据您所知，在中国历史上，是否出现过某一时期住宅的建制、文化习俗相对统一的现象？在历史上某个朝代，是否出现过所谓的"国宅"形式？

刘魁立：过去确有这样的情况，就是在我们的住宅建造体制当中，礼制相当严格：盖房子应该用多少根柱子，用什么颜色，礼制都有很明确的规定，且皇帝、士大夫和百姓阶层各有不同，不能僭越。

总体而言，中华民族是有自己鲜明的建筑风格与特点的。这些风格和特点也各有其现实依据，它首先是由自然条件本身所决定的。比如，南方草多，因而草房就多；南方气候潮湿，因而就诞生了干栏式建筑；再比如，少数民族地区，以彝族为例，因为牲畜很宝贵，于是就在人居住的楼下面建有牲口棚。所有这些，都可视为是根据自然条件确定的民族风格。

但我认为更重要的是，建筑往往在细节上体现民族性。这些细节诸如象征符号、户型朝向、风水，等等。这些在欧美的住宅文化中并不是很讲究，但在中国却格外被重视，这里面体现了非物质文化的居住观念。

中国房地产报：在中国传统建筑中，有许多被后来固定沿袭的符号，比如，飞檐斗拱、立柱回廊，为什么这些惯用的符号和建制有些会在历史长河中消失，有些会得保存？是什么决定了它们的生命力？

刘魁立：有时候，是人们的"需要"在起作用。这种"需要"，是我们对于社会进程的一种适应。这种适应常常会改变原来的一些习俗惯制，在一种新的价值观支配下,就会产生一种新的建筑形式。这和服饰的演变是一个道理:当长袖子阻碍我们的生产劳动时,短袖子的衣服就问世了。建筑也一样,比如,在南方风雨较多的沿海地区,建筑材料较少,于是就有人干脆用蛤蜊壳做墙面;再比如,西藏阳光特别强烈,窗户就要做得很窄很小。这种变化无非是源于人们对自然不断认知和不断适应的过程。

此外,住宅形制变化的原因里面,也有价值观的问题。比如说风水,风水在某个层面上是一种价值观的表现形式——卧室应该在哪里,厨房应该在哪里,厕所应该在哪里,都是适应自然条件的结果,同时也是价值观的体现。从另外一个角度说,如果建筑元素是观念性的体现,则它也会根据社会环境的变迁做出调整。

比房子更可贵的是情感

中国房地产报:当今建筑界有一种极端的追求是千城一面、方方正正的住宅"标准化",您认为这是否是对"正统"全面、彻底的消解?

刘魁立:这里面包括两方面内容。以街道为例,它是由两侧建筑物组成的空间,这个空间的第一个功能是供人行走。它还有没有别的功能?比如说,它还是人们交际的场所,是人们聚会的地方;它还是历史信息的载体,包括物本身的和物外的,比如说毛主席曾在这里做过讲演,孙中山曾在这里住过,等等。这些历史信息的记录,直接关联着我们的情感。但遗憾的是,现在我们常常把居住区的情感记录功能丢掉了。标准化的"洋房"没法承载人们的情感,这正是保留国民传统之于建筑的意义。包括建筑式样、象征体系和旧的街道,我们保留一些传统在建筑里面,可贵的不光是房子,更是情感。

中国房地产报:"人因宅而立,宅因人得存,人宅相扶,富康安逸"这句话代表了一定时期人们对理想居住形态的向往,即所谓"以人为本"的人居价值取向。在当今社会日益多元的价值观背景下,我们该怎样坚守这一传统的人居命题?

刘魁立:正像这句话所说的,住宅存在与不存在的意义,都取决于人。人赋予建筑生命,因而必须把建筑人性化,使其沾染人性的光辉。没有人,空谈住宅没有任何意义。但现在的问题是,房子在某种程度上已经只注重商品交易这种属性,贴上了身份、地位、财产等各种标签,这与传统的住宅价值观念是背离的。所以,我认为当前有关住宅问题的核心价值观亟待重建,并不是外来的、新搬的就都是好的,我们需要对过去传统观念重新重视。

中国房地产报:您如何理解当前探讨住宅国民性、民族性问题的必要性?

刘魁立:这是有必要的。因为目前我们往往把"洋房"看成是唯一的选择。过去的房子充其量是两三层小楼,现在人口剧增了,在有限的土地上怎么让大家都有房住?当然要向空中要空间,于是就学习欧美国家生产"方方正正的火柴盒",一层层把人叠起来。这是不得已的选择。我们能不能在这不得已的选择上再保留一些民族的东西?能否在住宅的居住功能之外,再兼顾一些其他的功能?比如说,现今的房子找不到贴春联的地方,多年的邻居也没机会交流,这不能不说是住宅设计的一个失败。这种设计使我们进入了"情感的荒野",这个时候就需要从业者好好考虑问题,找出一个方案。

中国房地产报:但现在存在一个怪圈儿,就是强调传统特色的住宅区往往沦为少部分人的特权或专属,以至于传统和特色并不能在普遍意义上回归现实。

刘魁立:确实如此。我曾经调研过北京某小区的四合院改造。改造后房价上千万,从前的居民没能力再回迁了,新住进去的都是山西煤老板和"老外",但他们壁垒森严,整天像防贼一样断绝与外界的一切联系。这已经不是原来意义上的四合院了,传统的文化内涵和情感已经荡然无存,你看见的只是一个空壳,是建筑的木乃伊。

在上海也是这样,中间内环是英语区,外面是普通话区,郊区才说上海话。这样一种状况说明什么?说明在人类大迁徙的过程中,人群的变化实际上消解了原有的社会和谐。因此,我觉得应该重建居住和谐——我们要考虑的不仅仅是房子问题,而是怎么能恢复人与人之间的和谐,人与传统文化的情感和谐。如果我们把居住的房子看成另外一种东西,比如,财富、地位的象征,这是很糟糕的事情。

当前住宅价值观亟待匡正

中国房地产报:您一直致力于传统文化的保护和修复,在您看来,中国的住宅未来会越来越国际化,还是会越来越回归传统,回归民族特色?

刘魁立:也许我的想法太乐观,我一直认为,我们这个民族会变得越来越聪明。假定说原来有很多庙,突然有一天我们觉得厌恶它,就纷纷拆掉了,但第二天早上醒来,我们又忽然发现,这个庙是我们需要的。这里的需要不是原来意义上的需要,而是新的层面,即情感上的需要,它可以满足人们交往的需要,可以鼓舞内心的力量,等等。这个时候,它的重建就有了意义和可能。并且,在重建过程中,显然它要比过去更为精致,有更多改进。这种情况目前已经出现在现实生活当中。

所以,我认为中国人一定会在某个时候找到更好的办法来回归传统。我总认为历史是有"自匡力"的,会不断地匡正自己。

中国房地产报:中国正处在城市化进程的加速期,在城市化浪潮中,传统住宅文化该如何取舍? 我们能做什么?

刘魁立:我觉得应该在价值观的重建方面着力。民族性是价值观范畴的,既然它不是完全功利的、实效的,而是完全出自我们的好恶,那么,就可以在价值观方面多做引导,让更多人视自己民族传统为骄傲。只有这样,才会逐渐匡正我们在住宅文化上曾经偏颇的追求。

中国房地产报:中国的住宅产业目前正在追寻标准化、产业化路径。中国最有实力的房地产企业最想干的事,是在工厂里拼装房子,像生产汽车一样流水线作业。作为一个文化学者,你有什么看法?

刘魁立：我认为不合适的地方在于，它的理念有待商榷。我们刚才谈到"宅因人而立"，这项产业实践也必须以人为本，要真正切合人类的物质精神需要。

另外，个性化是整个社会追求的目标，如果不追求个性化，我们是不是会变成机器人？我们建造的城市是不是会变成流水线的城市、纸上画的城市？这个理念需要与时俱进。

文章来源：《中国房地产报》2009年5月18日，第4版，记者：王玉光

当代青年对中国传统节日究竟了解多少

嘉宾：

刘魁立：中国社会科学院荣誉学部委员、国家非物质文化遗产保护专家委员会副主任委员、中国民俗学会会长

施爱东：中国社科院民俗学博士、中国民俗学会副秘书长

2008年，我国开始施行新的《全国年节及纪念日放假办法》，其中春节假日起始时间由农历正月初一调整为除夕；清明、端午、中秋增设为国家法定节假日，各放假1天。传统节日法定化将对我们每一个人的日常生活产生影响，而有关传统节日的话题也为出版界所关注。

近日，安徽教育出版社推出了《中国节典——四大传统节日》一书。《中国节典——四大传统节日》是中国社会科学院荣誉学部委员刘魁立等学者组成的"民族传统节日与国家法定假日"课题组的结项成果。由中国社会科学院、北京大学、中国人民大学、北京师范大学的六位著名民俗学家组成的作者队伍，打造出的一本关于中国节日文化的权威读本。书中解读了我国传统节日与国家法定假日的关系，以及国家日历的历史变迁，也包括春节、清明、端午、中秋四大传统节日的起源、流变与节俗活动的文化阐释。

据了解，大约从2001年开始，就陆续有学者建议为疯狂的假日经济注入传统文化内涵，建议取消"五一"长假，把"五一"长假的时间匀给清明、端午、中秋、重阳等民族传统节日。2005年，中宣部等五部委就曾委托中国民俗学会等学术团体对利用民族传统节日进行爱国主义教育等问题进行过细致论证，并形成了《关于运用传统节日弘扬民族文化的优秀传统的意见》。2006年年底，文化部再次委托中国民俗学会进行"民族传统节日与国家法定假日"的课题论证，把重点集中在春节、清明、端午、中秋四个具体的节日。

中国传统节日以协调人和自然的关系为核心

记者:传统节日对于我们整个社会的每一个成员来说,都具有非常重要的意义,在您看来,我们国家的传统节日最核心的内容是什么?

刘魁立:节日的意义不仅仅是休息。在这些特殊时刻,人们会用一种非常态的心理对待自己和生活,对待周围的人,对待我们生活在其中的社会环境以及自然环境。

如果说,有些民族的节日体系是以宗教纪念日为核心的话,那么,我们的民族传统节日和其他某些民族传统节日有很大的区别,我们民族传统节日的重要特征在于,这些假日是以协调我们和自然的关系为核心而建立的。不仅二十四节气是这样,我们的民族传统节日也大都是这样。这些节日在一年的周期中具有严整的分布,循环往复,成为错落有致的体系,而且内涵丰富,多彩多姿。

记者:现在的年轻人,很多人对于传统节日不甚了解,而且缺少感情,却对过各种"洋节"很感兴趣。国外如何对待自己的传统节日,是否纳入法定节假日当中?

刘魁立:环顾世界,几乎所有国家都十分注重自己的民族传统节日,并在其法定假日体系中安排重要位置,具有悠久历史和深厚文化传统的民族自不必说,一些历史并不太长的国家如美国、加拿大等也都极力地有意识地创造和维护能够凝聚国民人心、培育情感认同的"传统节日"。受汉文化影响较深的亚洲相关国家,也以各种方式保留着、传承着源于中国但已经成为他们民族传统的若干节日,而且成为他们国家日历当中的法定假日。如韩国虽然实行公历纪年,但仍然作为法定假日保留着春节、中秋节(秋夕)等节日。

我国的传统节日体系有着悠久的历史和丰富的内涵,但是近百年来由于各种原因没有很好保护和传承,致使一些人逐渐失去了对它们的兴趣和关注,特别是近年来在一些城市青年中,过"洋节"成为时尚,这是令人遗憾的,也是令人担忧的。

"清明"原本是盛大而欢乐的春季仪式

记者:《中国节典——四大传统节日》这本书特别追溯了我国一些传统节

日的渊源和传承。普通人对于传统节日的了解似乎还并不够。

施爱东：长期以来，我们对自己的传统节日存在许多误解，往往只知其一不知其二，比如，许多人只知道"清明"是一个祭扫先人的节日，却不知道"清明"的本来含义是"万物生长此时，皆清净明洁，故谓之清明"。更不清楚"清明"起于唐代的寒食与上巳，原本是个盛大而欢乐的春季仪式。随着生产力的发展和社会生活的演进，清明节较早出现了由神圣祭祀向世俗娱乐转化的趋向，清明祭墓成为踏青春游的假日时光。

再举一个例子，许多人只知道"端午"是为纪念屈原而设立的，是赛龙舟、吃粽子的节日，他却不一定知道，对于古代先民来说，端午还是个辟邪除瘟的日子。驱邪才是端午节最根本的使命，后来才又发展出对古代圣贤屈原、伍子胥、曹娥等的庄严纪念。

传统节日的效益不仅是经济的也是文化的、精神的

记者：国家对全国年节及纪念日放假办法的调整在社会上产生了重大反响，传统节日法定化也意义深远。把原来的"五一"黄金周时间调配给传统节假日，您如何看待这次调整？

刘魁立："五一"和"十一"的"黄金周"对于拉动内需、对于远离家乡的人回家探亲，都是十分可贵的；对商家来说更是一个提高经济效益，提高营业额的大好时机。在公众的需求和商家的推动下，"黄金周"成为整个社会关注的一个公共时间。我们看到，假期作为整个社会的公共时间，是一种可以产生效益的资源。在这种情况下，假日就变成一条仿佛可以从中挤出水来的湿手巾。挤什么？挤钱，挤消费。

但在我看来，作为法定假日的传统节日其实也可以产生效益，这种效益不仅是经济的，也是文化的、精神的。我们国家的日历在一定意义上说，公共时间资源没有被充分利用。正因为如此，国家才有必要从政治、经济、文化、民族心理的各个角度来统筹规划，合理安排假日体系。

记者：传统节日的法定化对于世界华人圈的文化认同会起到什么作用？\

刘魁立：文化认同也好，民族认同也好，国家认同也好，都有一个历史的

维度。所谓国家认同,我理解,其中含有比较多的文化成分,不全是纯粹政治的含义,同时,也有历史传统的内涵。无论怎么说,我们中国的历史,还是如常言所说,"自从盘古开天地,三皇五帝到如今"吗?不还是"秦皇汉武唐宗宋祖"吗?所有中华民族的儿女概莫能外,谁都不能重新杜撰一个历史,正像不能揪着自己的头发离开地面一样,谁也不能割断自己同历史的联系。

人生下来之后有一个非常重要的属性,就是我们所说的民族的属性,就是民族性。没有一个人是世界公民,当他说自己是世界公民时,实际上仍然有一个根在那里,他承认不承认都是一样的。这个根的价值是民族性的,是文化认同的另外一种表示。在有华人的地方,无论传统节日是否成为法定假日,在每一个华人的心目中,在自己的时间制度里,它一直都是存在的,法定化与否并不妨碍它在人们心目中的地位,但是法定化更有利于加强文化认同。这里面有一个文化的共享问题。文化的共享问题是文化的本质属性。

文章来源:《中国青年报》2008年1月22日,第12版,阅读周刊,记者:桂 杰

韩国端午祭成功申遗的文化传承之思

访谈动机：11月24日，韩国江陵端午祭被联合国教科文组织正式确定为"人类传说及无形遗产著作"。消息传出，所谓中韩端午申遗之争再次成为热点——韩国江陵端午祭与中国传统的端午节有哪些不同？此次申遗成功，有哪些经验值得借鉴？中国该如何加强文化遗产保护？

第一部分　认识韩国端午祭

新京报：韩国江陵端午祭和中国端午节到底是怎样的一种关系？

王焱：从宏观上说，东亚共处于一个文化圈内，东亚国家的文化既有其统一性，也有其分疏性。具体到这个事情，韩国江陵端午祭和中国端午节都在农历五月初，体现出东亚文化在时间上的统一性，但两者的具体内容上又有一定差别，如中国端午节包含了吃粽子、赛龙舟、纪念屈原等一系列中国传统文化的内容，而韩国江陵端午祭实际上是由舞蹈、萨满祭祀、民间艺术展示等内容构成，又体现出东亚文化的分疏性。东亚统一的地缘特色与其分疏差异同时得到了展现。

王学泰：韩国的江陵端午祭本身是一种祭祀活动，主要是祭祀地方的保护神和英雄等，还有一些群众性的娱乐活动。它原名"江陵祭"，已有1000多年的历史。直到1926年，因为其时间是从每年的阴历四月十五持续到五月初七，与中国的端午节相近，才更名"江陵端午祭"。中国很少有如此规模的群众性的祭祀活动。

刘魁立：有一点可以说明，包括我们自己国内，对于一个民俗节日的诠释，也不尽相同。南方过节和北方过节都不一样。南方很少像北方这样吃饺子,过年的整个方式,甚至在时间长短上,都有些差异。北方过年时间很长,南方很快就要耕作,气候的原因,所以比较短。过去,在南方有这样一个说法,"冬至大于年",在某一个历史时期,过冬至的隆重程度有时不亚于过年。这就是说每一个地方在自己的民俗活动上都有自己的特点,而这一普遍性和特异性的结合,是民俗事象的一个非常重要特点。

所以,就算韩国把我们的文化遗产作为一种人类文化财富而共享了,他们自己也会有很多的变异,何况我们和他们又是两个不同的民族、不同的国家,另外又经过了相当长的不同的历史发展道路。而且,现在他们的端午祭还有其他一些活动,包括大型的演出,把各国的舞蹈(艺术团体)请来,这些与我们有很大的差异。

第二部分　直面不自信心态

新京报:怎么看待韩国江陵端午祭申遗成功?

刘魁立:我想这不是坏事。从整个人类角度来看,文化是多样性发展的,每一个民族都要对世界文化发展做出自己的贡献。这应该受到赞赏,是人类文化互相交流的情况之一。

新京报:这件事发生以后,有国人感觉到自己的文化遗产、文化创作被别人"占有"了,似乎流露出不自信心态。

刘魁立:我们也应看到,文化遗产的共享对我们而言是一种荣耀。我们的文化产品被别人因袭、模仿甚至再创造,体现了我们对人类文化的贡献。在这个问题上,这两种看法如果结合起来,就容易想得通。我们最近和蒙古国共同申报一个文化遗产——蒙古族长调民歌。

这是彼此有所尊重又有所借鉴,道理是一样的。

比如说韩国,首先他们承认这一岁时庆典起源是来自中国的传统文化中端午的时间框架。在这个时候,我们心里默默地感觉到,我们所创造的文化,对于我们中国人认识事物、认识自然、认识人事很有意义,韩国接受了这些,并作为自己文化符号体系中的一部分,难道我们觉得我们丢了什么东西吗?我们并没有丢呀。

新京报:一些人的不自信是否与近代的不幸历史有关?

王学泰:我们不要把什么事情都与这一百多年来的历史联系起来。非洲联盟的秘书长曾经表达过这样的意思:我们已经独立很久了,所以应该向前看,促进一个民族的觉醒不能靠回忆过去,而是要摆脱过去的影响。我觉得这话很有道理,是民族自尊的表现。我们习惯于把精神的支撑点放在过去,不是归过于不幸,就是托庇于祖荫。好在我们有近三千年没有中断的历史,历史上足以引起今人自豪的东西确实不少,近代使我们不能前进的因素更多。但是一个自强的人、一个自强的民族还是需要更多自省和自信,这才是前进的动力。把一切都推到外部因素上是不成熟的表现。

刘魁立:实际上,从某种意义来说一些人已经把端午节民族化了。反过来说,我们自己的文化遗产,也有一些是借鉴外来民族的,比如说,佛教以及藏传佛教,都是我们借鉴过来以后又为自己民族做出的重要贡献,并不是说因袭过来,就没有自己新的创造。这已经是我们自己的了,现在再不能说是外来宗教。这个道理是一样的。所以,文化从一个民族传到另一个民族,从一个历史环境转到另一个历史环境,从一个群体传到另一个群体,变异是必然的。

所以,在谈异同的时候,仍然牵扯到我们是从人类文化发展这样一个总的宏观的角度来看,还是孤立地从我们自己一个民族的角度来看。这两种心态表面看起来似乎出发点不同,差别很大,但实际上这两种心态的根源是一个:不是以那种特别宽容的、更加长远的态度和眼光来认识这件事情。我们认识事物的立场,一是全人类的立场,一是民族的立场。民族对于整个人类来说,当然是其中的一个组成部分。假如我们只是很狭隘地看到了我们一个民族而没有看到我们也是全人类的一个组成部分的话,就会产生一种优越感:我们民族的东西不能被别的民族"占有",一旦被"占有",就意味着我们的东西被"盗窃"了。现在的情况就不同了,视角和立场的变化就使得我们想得更宏阔一些,更明白一些。马上要过圣诞节了,圣诞老人在我们的很多商店门口"站岗",但并没有因为这个,芬兰人或者美国人就会表达他们的不满。所以,我们需要更加宏阔、更加长远地来看待这个问题。

第三部分　反思中国文保现状

新京报：在这场所谓的争论背后，我们感觉到的是民族与文化之间的纠缠关系似乎并不简单。

王焱：是的。民族、文化、政治分属于三个不同层次，并不是一一对应的关系，并非一种文化只能归一个民族所有，一个民族垄断一种文化。文化是人类公器，如果这种文化具有普遍意义，那它就会超越各种畛域广泛传播，而现代民族国家的疆域则是后来形成的。端午节是一个例子。再比如说，古希腊文化在本土亡佚之后，却保存在阿拉伯文化中，后来西方人从中找回来并发展到现在，才使得柏拉图、亚里士多德们得以发扬光大。

新京报：有人说，韩国江陵端午祭给中国人的思考就是如何保护好中国的文化遗产。中国文化保护的总体现状如何？

王焱：在这方面我们做得还很不够。谈到文化，至少有三个不同的层次：保存、传承和发展创新。保存就是首先让一些文化载体存在，比如说，古建筑一旦损毁就不可复制了。传承是什么含义？还是以古建筑为例，维护修缮需要有专门的工人和工艺，这样才能做到"修旧如旧"。

第三才是发展创新。比如，借鉴古典建筑设计创造出具有中国特色的现代建筑。我们现在第一层次也就是最基本的保存层面都存在很多问题，在传承和发展创新方面就更差一些。比如，很多优秀的古建筑现在都没有了，懂得古代建筑技术工艺的工人也很少了，有些技术恐怕也失传了。这样下去，就会导致失去在文化方面创新发展的基础。

新京报：造成这种状况的原因有哪些？

王学泰：我们有多少精彩的物质的和非物质文化遗产经过数十年的风云变幻被淘汰了！你想想，我们的端午节不就剩下吃粽子了吗？小时候北京端午节给我留的印象最深的是"青杏红樱桃"和桑葚，那时，家门上还要插艾草、喝雄黄酒、小孩用五色丝缠手腕等。赛龙舟还要有水的条件，只有在南方少数地方能够举行。"文革"时期好多非物质文化遗产被认为是"四旧"，实际上，这种风气的形成始自20世纪50年代。一些人认为自己从事的是亘古未有的伟大事业,要与一切的旧事物和"传统观念彻底决裂",这种认识和教育使我们抛弃了一些不应该抛弃的东西,在某种程度上,导致了文化的断裂。因此,一些多物质的和非物质的文化遗产消失,就不奇怪了。

第四部分　重视文化"软实力"

新京报:世界各国都将文化视为其自身综合国力的一部分,并称之为"软实力"。

王焱:的确如此。在晚近国际上的发展研究中,世界各国已经不再将文化视为可有可无的剩余变量,而是高度重视文化所具有的重要意义。一种以文化为中心的发展范式正在兴起。有外国学者甚至认为,对一个社会的成功起决定作用的,是文化,而不是政治。大多数研究文化的人都知道,创新必须在一个活泼的有生机的传统之上才能进行,没有传统也就无所谓创新;传统过于僵死也不行。但是我感觉中国离这个目标还比较远。现在,我们讲和谐社会,其实就意味着从单纯追求GDP的增长,转向追求一种文化价值的落实,这其中就包含了重视文化在我国经济社会发展中的重要意义。如果用急功近利的眼光来看现代化,可能会认为文化是可有可无的东西,但研究英国工业革命的人发现,工业革命曾经一度出现过停滞,后来是依赖某种文化内涵的注入,才取得了进一步发展的动力。

所以,正如以《国富国穷》一书而知名的哈佛大学经济学教授兰德斯所说,文化乃是决定经济取胜的支配因素。另一方面,终极而言,经济增长只不过是实现更高文化目标的手段而已。文化自身的特点决定了任何政治都不可能主观打造出一种文化,但政治可以改变文化,使文化免于沉沦。

新京报:作为软实力的文化发展创新与我们平常所理解的物质文化的发展又是怎样的关系?

王焱:现代发达国家中,文化产业所创造的价值和在国民经济中占有的比重更是惊人。韩国近年确立了"文化立国"的基本国策,我们在韩国旅行,会看到很多有形的和无形的、物质的与非物质的文化,都标有"国家文化财"的标志。而包括《大长今》等大量韩剧在东亚的流行,不仅为韩国带来了大量经济效益,也扩展了韩国文化的影响。这给我们以启示,中国要发展,应当大力发展资源投入低而附加价值高的文化产业,大力提升出口产品中的文化含量,多出口文化产品。

新京报:文化遗产的保护是一项社会公益事业,这项事业主要的力量来自哪里?

王焱:历史文化遗产的保护,国家、社会与个人都有责任。政府的责任除了必要的拨款外,主要是制定相关法律,出台相应的政策,改革现行的文化体制等。

第五部分　申遗成功的启示

新京报:总的来看,韩国江陵端午祭申遗成功,给我们怎样的启示?

王焱:从更高或者更宏观的角度说,这件事情也给当代中国人提了一个醒:文化没有国界。古代的东亚传统文化为现在的不同民族国家所承继,这样一种共同的"文化财",如果我们自己不能主动继承发展,别人就会承继发展。应当承认,不但在现代化方面,日本与韩国走在我们前面,而且在发扬东亚共同的"文化财"方面,也已经着了先鞭。

王学泰:韩国申报成功给我们的启示,第一就是对过去文化遗存应该有所尊重,不管它是否能够给我们带来利益;第二,应该清点一下,还有什么文化遗存亟须保护。非物质文化遗产也应像物质文化遗产一样根据其重要程度,分级保护。

刘魁立:实际上,在和中华民族悠久历史打交道的问题上,我们有许多应该检讨的地方。我们对待自己的文化传统,并不是在所有的时候都很关爱,有的时候我们就做得很不关爱。而韩国和日本,在这些方面,有值得我们借鉴的东西。还不只是他们,甚至于欧洲的若干国家,他们的所作所为,对我们来说,也有启发意义。人家从我们这里学到的,或者从我们这里接受的,他们对此有所发展,甚至发扬光大,这种情况下我们应该想到自己:哦,我们还做得不够!所以,我想在这一点上他们给我们的启示甚至不只是就事论事,而是我们如何去举一反三,把自己的事情做好。

同时,我觉得还有一点,就是不仅是做好自己的事情,作为地球村的一员,我们还担负着人类文化发展的使命。无论是从我们民族文化发展的立场出发,努力建设我们的新文化,还是从人类文化发展来考虑,要走多样性发展道路,每一个民族都要吸取其他民族的长处和优秀成果,为世界做出贡献。无论是从人类的立场,还是从民族的立场,我们都有责任、有义务来关爱我们自己的民族文化遗产。只有把我们自己的文化传统保持好,才能为我们的文化建设获得多一份参考,多一份资源。

文章来源:《新京报》2005年12月4日

刘魁立：我们不能忘记回家的路

什么样的非物质文化遗产，最有条件入选国家级非物质文化遗产名录？非物质文化遗产应该怎样制订保护规划？前天和昨天，中国民俗学会会长、非物质文化遗产保护工程专家委员会副主任刘魁立来到杭州，指导我省非物质文化遗产的保护申报工作。

在参与非物质文化遗产保护工程之前，身为博导的刘魁立一直在象牙塔里做学问。如今，刘魁立终于可以学以致用，为非物质文化遗产保护提供学术支持。在他看来，保护非物质文化遗产，看重的是它们体现的民间文化内涵，因为这些内核的东西损失起来是很快的，"随着时代的变化，我们对于这些文化内涵的理解也随之不同，因此，它们就显得更加珍贵。保护文化遗产的意义就在于这些遗产背后的文化内涵"。

按照计划，第一批国家级非物质文化遗产名录将于今年年底公布，浙江的非物质文化遗产，有多少胜算？问及这个问题，刘魁立笑而不答。"我们的要求是具有独特的文化价值和民族价值、具有完整的保护规划，更重要的是看是否濒临灭绝。我看了浙江开出的这份初拟名单，这些项目都很有代表性，但是否濒危我就不太了解了。"

"里面好多项目不仅仅是浙江自己的，更与全国广大人民群众息息相关，影响深远。比如，龙井茶叶生产技艺，我不知道在现有的茶叶制作过程中还保留了多少，但它显然是杭州人智慧的结晶，对于茶文化功不可没。它的相关文化内涵应该得到非常好的保护。"刘魁立介绍，从目前全国各地反馈的信息来看，浙江在保护工程上走在全国前列，"尤其是对非物质文化遗产的普查工作进行得非常好,在对老艺人的寻访组织方面做了大量工作。"

保护传说,要留住认同感。在我省的初拟申报名单上,我们还看到了白娘子、梁祝的民间传说。这样的非物质文化遗产应该如何保护?"传说的保护与史诗不一样,像《格萨尔王》这样的史诗,有民间艺人代代相传,更有代表性。而民间传说在保护上要多花些脑筋。"前年,刘魁立曾经应宁波方面邀请,为当地"梁祝"申报世界文化遗产发表过意见。他介绍,梁祝是一个口头的传说,对口头文化的保护就是要维持它的口头传统状态,如请原始传承地的老人们口头讲述这个传说,记录民间围绕在梁祝庙搞的婚礼祭祀活动等,然后从中找出真正需要保护的对象。

刘魁立说:"人类发展中有相当一部分文化遗产是靠口传心授得来的,虽然往往不被知识界所认定,但非常重要,如果有了这些传说,就会有非常强烈的认同感,有益于民族精神的培育,其意义大大超过了保护传说本身。"

散布在各地的非物质文化遗产无数,仅一个非物质文化遗产保护工程能够应付得过来吗?刘魁立告诉我们,"普查工作只能是盘清家底,看我们现在还存有什么。然后,再根据普查情况,分别对待不同的非物质文化遗产。有些人说一切都应该保护,但实际上并不该这样。我们必须站在现代的视角来看待这些非物质文化遗产,全国的普查工作只是一个基础,根据这个基础我们才能做接下来的保护。"

刘魁立说,其实保护的意义不仅仅在于保护对象本身,而在于唤起人们对传统的关爱。"全民的保护意识提高了,保护工程就不再是一个单纯的寂寞的工作,所有问题都可以迎刃而解。这对于建设新的文化事业来说,事半功倍。"

原题为:《我们不能忘记回家的路——访中国民俗学会会长刘魁立》

文章来源:《杭州日报》2005年7月23日,王夏斐整理报道。

家和万事兴　共圆中国梦

引子

　　春节临近,年味渐浓。2月11日,中华"春节符号"全球发布盛典举行;春运大幕业已拉开:40天,28亿人次,日均7000万人次的"大流动",展现出独特景观,映衬出农历新年对中华儿女的巨大感召力。

　　不过有调查发现,现代人对春节这一传统佳节怀有的矛盾心态日趋显现:一边是诸多人感慨"年味儿越来越淡",一边是哪怕一票难求,路途艰辛,即使人在天涯也要回家……

　　"不忘历史才能开辟未来,善于继承才能善于创新"。春节,作为最重要的民族传统节日,对国人而言,究竟意味着什么? 其吸引力究竟何在,对涵养社会主义核心价值观又能提供哪些"正能量"? 请看本期访谈。

万象更新凝聚家国

　　春节集中华民族的价值观念、伦理道德、思维模式、行为规范、审美情趣于一身

　　记者:作为传统节日的春节已传承几千年,是国人生活中最重要最美好而又最有意趣的文化空间之一。春节何以有如此强的生命力? 体现了哪些传统文化的优秀因子?

　　刘魁立:我们的民族有着悠久的文化传统,春节同样有着悠久的历史。春节是欢乐、休闲的节日,内涵丰厚。"年"既代表一个时长,也代表

一个周期的开始、一个万象更新的起始。这个时间点对中国人来说太重要了。首先,它是一个总结过去展望未来的时刻。人们希望从这一刻起,生活不断朝着美好的方向发展。再者,在迎接"年"的过程中,我们做的各种准备事象同样意味深长。比如,腊月二十三,民间有"祭灶"的习俗。灶王爷其实是安排在每个家庭里的"检察官",警醒每个家庭成员要约束自我修为。

何星亮:春节集中华民族的价值观念、伦理道德、思维模式、行为规范、审美情趣于一身,是中华民族传统文化的典型代表。

春节具有传承功能。春节不仅传承中国人的伦理道德和风俗习惯,而且传承传统艺术。例如,写春联、印年画、贴剪纸等,以及节日期间的舞龙、舞狮、踩高跷等活动,集中体现了传统的绘画艺术、书法艺术和表演艺术。

春节具有教育功能。在传统社会,每家每户贴古春联。各姓氏的古春联有所不同,其内容和含义大多是激励后辈继承本姓先辈的优秀道德风尚。如杨姓的通用对联有"三公世泽,四知家声",来源于东汉丞相杨震拒不受礼的故事。

春节还具有凝聚功能。各种祭祀、娱乐和拜年活动,具有加强亲属和非亲属的关系,增强民族认同感,强化亲情、族情、国情的重要作用。

孔令绍:当今社会,人心浮躁,有些人甚至会做出过激、"无法无天"的事情来。"法",就是社会的法度、规矩、秩序。不守规矩,打破了秩序,社会就乱了。"天",就是大自然的秩序。连"天"都敢冒犯,社会就更乱了。过年就是要教给人们懂得敬畏秩序,学会守规矩;懂得敬畏自然,学会遵循自然规律。除夕晚上和春节子时,祭台摆上祭品,点燃香、烛,全家人依次向"天"行大礼,态度是真诚的。除夕中午以后,就要到祖坟上去"请老"。这其实就是一种敬老教育。我小时常听爷爷说,人不能成无源之水、无本之木。过年了,活着的人快快乐乐,欢聚一堂,也不能忘了故去的老人。

记者:现阶段,我们全社会正大力倡导社会主义核心价值观。春节文化里,哪些内涵契合核心价值观的理念?

刘魁立:核心价值观实际上是对传统文化最精要部分的萃取,同时,又是我们所处时代的道德标准、价值判断。春节的文化内涵很大程度上也被这样的价值观容纳在内。比如,拜年实际上是把过去我们已经疏远的,甚至是有过节的关系理顺,让彼此间的关系变得和谐。两个人好长时间不说话了,过年时握握手,哪怕只是打个招呼,心里也是暖暖的。情感交流是拜年最重要的内容。春节文化渗透在我们非常细微的行动间,在润物细无声中,自我教化,自我净化。

何星亮:春节文化凝结的和谐、友善、文明、爱国等精神内涵,与我们倡导的社会主义核心价值观相融相通。首先,春节是家庭团圆、和睦幸福的象征。除夕是团圆之夜,即使人在天涯,也挡不住回家的匆匆脚步。回家过年是亲情、乡土和家国情怀的具体体现。这些都是爱国主义的基础。其次,"腊月二十四,掸尘扫房子"。春节前夕,每家每户都打扫得干干净净,春节期间,每个家庭、每个社区都其乐融融,一团和气,一般都不讲脏话,不骂人,不吵架……这些都体现着文明、友善、和谐的理念。

王雷:2008年至2012年,我曾连续几年组织全英学生学者联谊会春晚联欢活动,深刻感受到,春节是海外学子心中最重要的日子。大家对春节的重视,就是对全体华人共同认同的价值观的重视。一提到春节,我们第一个想到的便是家的概念。在海外学子心中,祖国是大家,个人是小家,在海外遇到的华侨同胞都是家乡的亲人。每到春节,全球各地华人共飨盛宴,庆祝一年的收获和喜悦,庆祝祖国的繁荣和发展,一种热爱祖国、思念祖国的感情便会油然而生。春节也是一个团聚的节日。我们在异国他乡会和祖国的同胞兄弟一同庆祝节日,交流感情,传达友善和谐的精神。此外,春节作为民族传统节日,总会让我们重温传统文化精神,比如,有礼有法,尊老爱幼,勤俭节约,勤劳善良,等等,都蕴含在春节这样的重大传统节日中。

文化认同回归正道

春节是复活我们心中美好信念、优秀传统文化和记忆乡愁的契机,应充分挖掘节日的丰富内涵

记者:随着社会的发展、科技的进步和生活方式的变化,一些传统的春节习俗也在悄然变化,甚至出现物质化、庸俗化的苗头。我们该以何种心态面对这些变化?

王智:关中春节有互赠礼馍的习俗,体现"来而不往非礼也"。过去过节恰恰是交往的好时机,有助于加深感情。大家互赠的礼品都是家家户户自己做的,不是庸俗化的物质往来。现在过节,大家基本上都是到商店把礼品一买,甚至通过快递公司一送,人和人之间显得越来越陌生。一定程度上可以说,现代科技把物理距离拉近了,心理距离却被扯远了。

王雷:我认为,这个应该阶段性地来看。我们国家正处于巨大的变革之中,经济的高速发展、社会的快速变迁,可能导致一些传统文化、传统精神淡化。但是,春节是我们文化记忆中最重要的部分,是不可能丢失的,且从大的趋势来看,会有更强烈的传承意识涌流。

刘魁立:我们通常所说节日产生和节日兴盛的那个时代,时间缓慢,好像没有任何波澜,天天如是,年年如是。进入数字化时代之后,时间好像提速了,生活也变得特别丰富,诱惑特别多,选择特别多。有些变化是好的,比如,拜年可以通过短信电话等各种方式,更加便捷。每逢春节便回家的热潮说明,春节丰富的内涵召唤着人们去深度体验。这些文化内涵并非仅仅是亲情。比如,乡愁就是关于过去非常美好的怀念。可以说,春节便是复活我们心中美好信念、优秀传统文化和记忆乡愁的契机。对于一些偏颇认识,我们需要在社会上广泛宣扬春节的丰富内涵。相信随着社会的不断发展,人们心灵的不断进化,加强更高层次的文化培养,传统佳节会逐渐回归应有的轨道,问题也会逐渐有所改善。

记者：这些年，国际上了解春节、喜爱春节的人越来越多，而国内特别是一些青年人却对外国节日越来越熟悉，某种程度上冷落了传统节日。您如何看待这类现象？

孔令绍：现在，很多年轻人过年时只知道两件事：一是吃团圆饭；二是看"春晚"。实际上，春节是一座传统文化的殿堂，若能走进去，进而驻足品味，那简直处处都是风景！可惜，现代社会中，由于西方文化的渗透，一些青年人喜欢过圣诞节、情人节等洋节日，中国传统文化中的一些精髓反而被忽视了。

刘魁立：前些时候，我在文化部驻外机构工作人员的培训班上，介绍了关于春节的文化内涵。二十多个国家的代表对此产生浓厚兴趣。他们把春节当作人类共同的文化创造、智慧结晶。西方的复活节、圣诞节、情人节等节日多半与宗教或者具体的人和事有关，我们的传统节日是与自然对话、敬畏自然、与自然和谐相处等观念的表达密切相关，在内涵上是丰富立体的。我们的重要工作是如何解释清楚，如何把节日内涵充分挖掘出来，让更多人深刻体会到，进而认同它。

植根沃土创新诠释

在制度上做一些设计，在民俗文化中做一些发掘，在商业开发中做一些推广。

孔令绍：春节，实际上是一个文化载体，通过这个节日，可以促进民族文化薪火相传。过去，我跟着我的祖辈、父辈过春节；现在我也到了耳顺之年，有了儿子孙子，我就把原来过年的习俗都延续下来了。大年夜里，子时一到，开始祭祀；祭祀礼毕，我把孩子们叫到祭祖的房间，指着祭台上老祖宗的牌位，讲述祖先们的故事。中间是始祖孔子，挨着的是我的高祖孔宪珍。当时，为了管理好家庭，他制定了严格的家规，其中说："黎明即起，洒扫庭除。自我检点,不扯滥务。居身简朴,辛勤劳杵……"这个家规流传下来,让我们几代人都延续着良好家风。可见,通过传统节日传承核心价值观一定要注重家的因素,注重言传身教。

何星亮:创新春节文化,使之富有活力,是继承和发展春节文化的关键。"洋节"受到青睐的原因主要是轻松自在、场面热烈、刺激感强;春节文化的慢节奏和深沉基调,许多中青年不感兴趣。为使我们的春节文化代代相传,必须取西方"洋节"之精华,补春节文化之不足。在保持民族特色的基础上,创新节日内容,增加娱乐活动,促进春节文化更加丰富多彩,充满魅力。

王智:春节蕴含着丰富的民族文化基因,但往往需要我们用"放大镜"去寻找这些基因。有的传统文化虽然被挖掘出来,但背后的精髓并不为人所知。对此,我建议,对春节等传统节日内涵的挖掘,不要停留在书本上,要让年轻人设身处地去体验;文化工作者应多从细微处入手挖掘中国文化故事,并以喜闻乐见的形式讲述给年轻人听。社会主义核心价值观并非空洞的表述,而是根植于优秀传统文化的土壤里;发掘、保护、传承优秀传统文化,就是在弘扬社会主义核心价值观。这是我们文化工作者的光荣使命。

原题为:《家和万事兴共圆中国梦:访谈刘魁立、何星亮、孔令绍、王智、王雷》

文章来源:《人民日报》2015年2月13日第10版,记者:任姗姗、贺勇、赵婀娜、潘俊强、姜峰、李应齐

我们的节日　心灵的家园

引子

中秋月饼香四溢，八月十五月正明。中秋佳节，赏明月、吃月饼，月圆人更圆；即便远在天涯海角，人们也不忘遥祝"千里共婵娟"。作为中华民族重要的传统节日之一，中秋节具有浓厚的历史文化底蕴，总能让人生发无限遐思，寄托着人们对家庭团圆、生活幸福的美好愿望。

有着悠久历史的中华文明，孕育了众多如中秋一样的传统节日：春节、元宵、清明、端午、七夕、重阳……这些传统节日或凝聚了团圆和美的家庭观念，或寄托了贵和尚中的和谐追求，或传递着人伦孝悌的血脉亲情，或弘扬着精忠报国的爱国情操。传统节日珍存着中华民族的独特文化记忆，折射出千百年来积淀凝聚的民族认同。

在今天，传统节日仍是人们日常生活中的重要一环，起着丰富精神文化生活、继承和传播传统文化的重要作用，传递着团圆、忠孝、和谐、仁爱、诚信、爱国等精神理念，与社会主义核心价值观相融相通。

然而，随着社会转型发展和现代化进程的不断深入，源于农耕文明的传统节日对人们的吸引力有所减弱。特别是在全球化背景下，面对圣诞节、情人节、感恩节等"洋节"的外来冲击，在一些人眼中，传统节日似乎越来越没"味儿"了。

传统节日真的过时了吗？传统节日对于国家、民族、社会和个人具有怎样的意义？如何维系传统节日这个民族文化记忆"活的灵魂"？又该为传统节日注入哪些新内涵，使其成为传承文化、凝聚价值共识的重要载体？请看本期对话。

文化载体　精神家园

传统节日是中华民族优秀传统文化的重要载体,蕴含着家国天下和天人合一等精神理念,与核心价值观有着内在的文化契合

记者:节日是如何产生的,经历了怎样的发展变化?

刘魁立:节日是与时间制度相关联的。我们所用的历法,是在与自然界打交道过程中得出的一种衡量时间的计算方法。这个计算方法包含着人们与劳作、生活的关系,而节日就是其中一些非常关键的时刻。

张钢:节日是和人们日常生活互补的精神生活节点。过节的目的是和日常生产、生活节律相呼应,以此来安顿精神。西方的重要节日大多起源于宗教或有着深厚的宗教情结,中国的传统节日则大多源于节气,与天象、气候、物候、农事密切相关。比如,有记载的最早的节日——冬至就是如此。

我国是节日大国,悠久的历史、多民族构成、幅员广阔的地域,使得节日丰富多样,节气节令、宗教信仰、神话传说、始祖先贤、音乐戏剧、游艺娱乐、戏水登高,都可入节,都可生节。俗话说:"大节三六九,小节天天有。"高占祥主编的《中国民族节日大全》收录了大约1587个节日,而在《中国节日志》中立项的节日则有120个左右。

杨利慧:我国节日的类型丰富多样。按照来源区分,可以分为本土的节日和外来的节日,前者如春节、清明节、端午节等,后者如五一国际劳动节、三八国际妇女节、六一国际儿童节,近年来圣诞节、万圣节、情人节等西方节日也开始在一些国人中流行;按照节日流传的时间长度来划分,可分为传统节日和新兴节日,前者如春节、清明节、中秋节等,往往都有着上千年的历史,后者如国庆节、妇女节、儿童节等,均是在国家社会发展进程中,逐渐被纳入节日体系中的。总体来说,我国的节日体系是随着社会发展和时代进步不断变化和完善的。

记者:如何看待传统节日在不断丰富而开放的节日系统中的定位?

张钢:传统节日是中华优秀传统文化的重要载体,也是传统文化的集中体现。传统节日包含家国天下的社会秩序,也包含天人合一、自强不息的精神追求,还涉及戏曲曲艺、音乐舞蹈等艺术品类;此外,也与娱乐游艺、游山玩水的生活趣味和美食、服饰、工艺等美的追求密切相关。凡此种种,都在节日的时空里以特殊的方式融汇展现。传统节日由于其时间节律性、历史延续性、主题伦理性、内容丰富性、植根民族性、参与全民性的特征,在整个国家节日节庆体系中应该居于文化意义上的核心地位。

杨利慧:事实上,在各种各样的节日中,传统节日在现实生活中的影响仍然很大。与外来节日和新兴节日相比,传统节日与我们长期以来的生产和生活方式、历史、记忆、信仰等密切相关,表达着中华民族对生活的美好追求,比如,家庭团圆,生活幸福,天人和谐⋯⋯可以说,传统节日为人们的生活创造了广袤的文化表达空间,提供了认同感和持续感,传达着人们对生存境遇的态度和策略,有利于促进社会个体成为对家人关爱、对社会有益、富有生活情调的人。

记者:传统节日与社会主义核心价值观有着怎样的联系?

吴向东:春节之喜庆,清明之缅怀,端午之追忆,中秋之团圆,重阳之尊老⋯⋯传统节日作为一个完整的民俗体系,蕴含着重要的文化基因和思想道德内涵,承载着弘扬传统美德、振奋民族精神的重要功能,也是培育和践行社会主义核心价值观的有效载体。在传统节日期间,通过内涵丰富、形式多样的节日习俗、文化活动倡导道德观念,传递核心价值观,比单纯的说教更有感染力,用"软作用"配合"硬仪式",用"柔氛围"达到"实效果",可潜移默化、润物无声地践行传统美德,培育良好风尚,养成文明习惯。

张钢:优秀传统文化是社会主义核心价值观的重要来源,而传统节日所倡导的天人合一、自强不息、热爱生活、人伦道理等,与核心价值观在价值取向和精神追求上具有一致性。具体来说,在传统节日中体现的家国情怀、合家团圆、生活幸福的美好追求,提供的美食、艺术、娱乐等丰富内容,构建的人与人、人与家庭、人与社会、人与自然之间的和谐关系,就体现着"富强、民主、文明、和谐"的价值观念,而"爱国、敬业、诚信、友善"则不失为对"仁义礼智信"等传统理念的现代性转换。

民族情感 文化认同

传统节日及其仪式感有利于增强人们对国家民族的情感认同和文化感知,也有利于促进社会和谐、国家富强

记者:有人说,传统节日过于沉重,对于生活节奏快、生活压力大的现代人来说,"洋节"能给人更多的轻松感;也有人说,传统节日所承载的文化和价值观已不再适应现代社会。对此,您怎么看?

刘魁立:环顾世界,几乎所有国家都十分重视自己的民族传统节日。受汉文化影响较深的越南、韩国、日本等亚洲国家,都在以各种方式保留、传承源于中国但已成为本民族传统的节日。而美国、加拿大等历史并不太长的国家,也都在有意识地创造和维护能够凝聚人心、培育情感认同的"传统节日"。

年轻人热衷过"洋节"的背后,一方面,是因为传统节日源于农耕文明,与急速发展、剧烈变革的现代社会,与人们的日常生活存在某种程度的脱节,有时会有疏离感;另一方面,也折射出全社会一定程度上对中华文化遗产关注和尊重的欠缺。在情感上逐渐疏远传统节日,这是现代生活和现代人的一种遗憾。

记者:如今,我们倡导传统节日能发挥哪些现实作用?

刘魁立:传统节日,作为全社会的公共时间,是可以发挥很大效益的。"每逢佳节倍思亲",佳节时刻,人们情不自禁地会联想到自己的亲人、家庭、家族,联想到家乡、故土、祖国。这种情感是那样浓烈、那样温馨,哪怕走到天涯海角,这种眷恋的美好情愫都会产生。以这种方式来净化心灵、培养高尚的

道德情操,不仅可以促进家庭和社会的和谐与团结,也可以强化社会成员对于民族文化的认同。

吴向东: 从国家层面来看,当今世界,文化的交流、交融、交锋无时不在、无处不在,软实力的竞争和价值观的较量日渐凸显。重视、过好传统节日,有利于增强对国家民族的情感认同、文化认同和理性认同,增强道路自信、理论自信、制度自信、文化自信,为实现中国梦夯实思想基础。从经济社会发展层面看,过好传统节日也能为经济发展、社会和谐增添不竭动力。节日在农耕时代就是休养生息的重要节点,在现代社会更是人们探亲访友、休闲度假、放松身心的重要时段。当前,我国经济发展进入新常态,合理引导假日经济,有效激活假日消费,也可以为经济社会运行的"大机器"注入"润滑剂"。

张钢: 习近平总书记曾经讲过,要记得住乡愁。乡愁是什么,就是对故乡那种终身萦绕、梦系魂牵的情怀。现代人的工作、生活半径在加大,与故乡、家人相隔千里万里的并不在少数,很多人只能在节日这个节点上抽身与家人团聚,与故乡亲近,乡愁在节日这个时间节点上,记忆最深刻,最鲜活。和父母亲人吃顿团圆饭,和村里的老少爷们儿舞把龙狮、闹次社火……这些都会镌刻在生命记忆里,铭记不忘。

传承内涵　发扬光大

传承并深入挖掘传统节日的文化内涵,以传统节日为契机传递传统美德和价值理念,引领文明之风

记者: 现阶段,我们在过好传统节日方面有哪些好的实践?

杨利慧: 在传统节日的保护方面,近些年来国家做了大量工作,特别是2007年12月,国务院正式颁布《全国年节及纪念日放假办法》,将春节、清明、端午、中秋四大传统节日纳入国家法定假日体系,彰显了国家对传统节日的尊重。与此同时,社会各方对传统节日的宣传和保护也在加强。但需要注意

两方面问题：一是要防止将传统节日过度商业化，致使传统节日变成打造地方品牌、推广旅游线路、售卖节日商品的功利性工具；另一方面，应进一步提升人们对包括传统节日在内的民族文化的自豪感和自信心，促进"文化自觉"。毕竟，传统节日保护和实践的主体是广大人民群众。

张钢：文化部在保护、服务传统节日方面，也做了大量工作。比如，在节日中提供文化内容，加大了节日期间文艺演出、各类展览、群众文化活动等文化服务的力度；编纂国家社科基金重大委托项目、国家出版基金项目《中国节日志》《节日影像志》《节日文献数据库》等重要典籍；把节日纳入非物质文化遗产保护范围，通过非物质文化遗产保护，激活传统节日在现代化进程中的传承、回归和现代性转换；组织的海外"欢乐春节"活动已发展到900余个项目覆盖119个国家和地区的334座城市，辐射人群超过一个亿。

记者：那么，我们该如何与时俱进，赋予传统节日新的内涵？

吴向东：要把握传统节日之"魂"，突出培育和践行社会主义核心价值观；涵养传统节日之"脉"，彰显节日文化内涵，使传统节日成为中华优秀传统文化的展示节；凝聚传统节日之"情"，加强家庭文明建设，传承培育优良家风；守护传统节日之"根"，让人民记住乡愁，打造共有的精神家园；树立传统节日之"风"，倡导崇德向善、文明节俭的社会风尚。具体来说：一方面，大力挖掘和彰显传统节日文化内涵，推进节日文化普及，增强人们对中华优秀文化的认同感、亲近感；另一方面，将传统节日作为建设家庭文明、弘扬优良家风的重要契机；此外，还应该以传统节日为抓手大力倡导崇德向善、勤俭节约、诚信经营、文明礼让之风，引导人们摒弃陋习、文明过节。

刘魁立：学术界和媒体界有责任为广大民众和政府部门提供智力支持，阐发传统节日的现实意义和独特功能，挖掘、提炼和发扬传统节日的象征符号体系，使蕴藏在民间的大量优良习俗成为共享的节日元素。同时，也要从教育入手大力宣讲，组织丰富多彩的活动。只有每个人都树立一种文化自觉意识,才能有助于推动社会主义核心价值观落细、落实。

原题为:"我们的节日心灵的家园:访谈刘魁立、吴向东、张钢、杨利慧"

文章来源:《人民日报》2015年9月24日第6版,本报记者:贺勇、葛亮亮、黄福特、臧春蕾

"春节文化网上谈"系列之六:与时俱进的春节文化——民族文化的现代性重构

　　网络主持人曹云霞:昨天我们的网友"yq117"说的一句话让我们非常感动,他说这次"春节文化网上谈"在线系列确实需要毅力。不过,我想在这里说,大家都辛苦了,为着这份坚持。但是,只要打开我们的每期论坛实录和精华版,阅读着大家思想与智慧,一周来的疲惫感就又烟消云散了。今天是我们本次系列论坛的大总结,邀请来的嘉宾是中国民俗学会会长、北京师范大学教授刘魁立先生和北京师范大学萧放博士,他们都是从事民俗学研究的专家。另外,来到CCTV.com网络演播室的网友嘉宾分别是中国社科院尹虎彬先生,北京广播学院张雅欣女士和北京师范大学研究生周锦章。欢迎大家的光临。请各位专家简单地向大家介绍一下自己研究的领域吧。

　　刘魁立:各位好,春节很快就要到了,在春节前夕和大家讨论春节文化问题,实在是很有意思的事,让我们大家能够在讨论中更多地交流观点、交流情感,也使我们的春节过得更有意思,使我们对春节有更加深刻的理解。只有理解深刻了,它的意味也就更加深长。祝大家在新的一年里,学业进步,工作顺利,人也更健康,更漂亮、更年轻!

传统节日的历史纵横

　　网络主持人曹云霞:请各位专家首先谈谈传统节日体系。

　　刘魁立:中国的节日有着明显的农业特色,如四时八节,就是根据农业的生产节奏安排的。我们通常所说的"年",它的原始意义就是农作物的丰收。

比如,古代说到某年丰收了,就说这年"有年"。黄河、长江流域是传统的农业区域,生活在这块土地上的人们的信仰与农业有关。信仰是人们对自然的认识的反映,人们一方面适应自然,一方面又利用自然为自己服务,对自然的适应与利用就构成了传统信仰的基础。这种信仰的表达是在特定的时间集中表现的,这就是节日祭祀。在古代,早就形成了二十四节气这样的标志农业生活的时间体系,节日就在这里发生。当然这个体系也在不断发生变化。如寒食清明,以前就较丰富,有冷食的习俗,现在只剩下追悼亡人的节俗了。二十四节气成为纯农业时令,已经没有很多节日的意义了。

网络主持人曹云霞:在我们的日历上,新添了许多传统节日体系所没有的节日,如国庆节、教师节、三八妇女节,甚至国外的圣诞节、情人节等都已经和上述传统节日一样,成为我们很多人生活中的重要组成部分,请问您如何看待这些新节日与传统节日体系的关系?

刘魁立:在一般民俗节日之外,增添新节日的做法,自古就有。在古代社会,有因历法改变,节日发生变化。如秦朝以十月为一年的开始,后世改为正月初一为一年之首后,人们就以十月初一作为"秦岁首"的节日来过。还有皇帝的生日,为圣诞,也要作为国家节日。行业性的节日古代也有,比如,行业祖师的诞辰,就是行业祭祀的节日。这些节日在今天大都没有传下去。今天的新节日虽然与那些节日性质不大一样,但它们相对于传统的民俗节日来说,是新生的或新传入的,它们与传统节日应该说是和谐的。和谐的程度要看老百姓接受的程度,比如,国庆节与中秋节在时序上较为协调,人们也易于接受。有些节日的文化积累少,礼仪的意义不强,它们能否延续下去要等待时间检验。

春节习俗会走向没落?

网络主持人曹云霞:几近消失的灯谜,失去了原有意义的"守夜"习俗会进一步走向没落吗?会对人们的民俗心理产生什么样的影响?

刘魁立:关于灯谜,与其说是消失,莫如说是它的功能和意义的扩散。以往,灯谜多在元宵节、中秋节期间作为重要游艺活动的一部分,如今已经成为在全年的节庆活动中,甚至在一些小团体的聚会当中,都会发挥作用的一个重要的余兴。除了游艺、竞技之外,还有增加喜庆气氛、和谐群体等等的作用。取胜而得奖的意义也不在于物质的层面,更重要的是所有的人都会在极愉快的心情当中增进彼此之间的情感交流,所以,它不会没落。至于"守夜",大概也很难说会不再为大家所信守、所传承,只是它的意义和过去不尽相同而已。在农业社会里,大家睡得比较早,守夜是一件不平常的事,如今大家都睡得很晚,所以,在两天交替的"当儿",大家都还在兴致勃勃的做这做那,好像很平常的事。然而,所有的人在情感上都知道,平时的熬夜和过年时候的守夜是不一样的,虽然同样是睡得晚,可是在心情上却有极大的不同。在其他一些国家,虽然没有"守夜"的说法,但是在年末的最后一天,要睡得很晚,仿佛要迎接新的一年的曙光,这大约是许多民族都有的一种不成文的习俗。从这里看,仿佛"守夜"这事也未必会没落。

与时俱进的春节文化

网络主持人曹云霞:春节期间,人们庆祝节日的方式或者说春节文化越来越丰富。从包饺子、吃团圆饭过年到看晚会过年、旅游过年、上网过年,春节文化已经融入了很多现代因素,您怎么看待这一现象?

刘魁立:我并不认为现在的春节内容是丰富的,我看较以前的情形是贫乏了,节日被简单化,很多节日内容被省略了。团圆饭的意义主要在于象征,人们看重的不简单是吃饺子,看重的是情感交流,这是维系群体的精神纽带。旅游过年、上网过年,看起来是融入了现代因素,但这也只是传统的扩大,人们还是以家庭为单位,上网还是人与人的交流。不过这种交流的范围更小一点儿,人们不再跟一个家族发生关系,主要是很个人化的交流。在目前的传统年节中,拜年习俗淡化了。以前投拜年帖,是正月初的重要活动。后来单位团拜,再就是电话拜年,最近是网上拜年。拜年的形式变化了,实质还是人与人交流。当然,人们较之从前缺少了一些感性的面对面的接触交流。春节晚会融入春节习俗是最近20年的事情,它似乎有后来居上的势头,但是关于这个现象我们还缺少深入的思考和研究,我以为在这个形式里,还有许多不能让人满意的方面。例如,第一,造势,看得多了,不仅不新鲜,而且会有一种假的感觉。第二,缺乏参与性,全国十几亿人面对着一个屏幕,彼此没有交流,大家看重的仍然是在家庭的圈子里共同交流感受,而晚会毕竟还没有融入家庭的情感交流当中,只是一个话题而已。第三,时间长了,大家都呆呆地坐在那里,坐累了,再去睡觉,过一天过两天变成一种谈资,好像大家在议论某一个看过的节目或者是看过的影片,在节日原有的含义里,似乎并没有增加什么实质性的内容。所以,我觉得应该对它做更进一步的思考,做进一步的改进,也许不要那么长,应该给大家留些时间过自己的节日。当然,我也感谢文艺工作者和电视人所做的努力,他们在努力摆脱一种老套子,假定这个模式延续得久了,大家也会感到厌烦的。我的感觉只是个人感觉,不知对不对。

网络主持人曹云霞:我们的网友"小丽小丽"说过这样一段话:"希望我们不要随着现代化的加速,忘却了传统文化,也希望我们不是为了留住什么而去顺手抓过这些传统文化,于是让中国结贴上了米老鼠,把灯笼绣上了英文字母,让动物园的山羊猴子都穿上唐装,玩腻了之后顺手一扔,之后该怎么办?"您怎么理解?

s秋水伊人s:这位网友的问题令人深思,在这些现象背后,中国的传统文化面临着如何继承、创新与发扬的新课题,想听听今晚的嘉宾对这个问题有什么见解和阐释。

刘魁立:传统文化,特别是习俗,不是一个人两个人可以决定它的走向的,大家有意识无意识都这样做了,而且传之甚久,这就成了习俗,个别人这样那样的一些举动未必就能左右习俗的发展,刚才说到的现象比如说在灯笼上贴英文,或是在中国结上贴米老鼠,未必会成为一种习俗被大家所接受。当我们说习俗的时候,不要忘记我们是有十几亿人口的一个大国,城市人口虽然在一定的时候可能对习俗产生这样那样的较大的影响,但千万不要忽略了占百分之七八十以上的广大的同胞,他们对于习俗的稳定和习俗的变异起着非常重要的作用,甚至可以说是举足轻重的作用。我以为,认真观察、体会、研究和尊重最大多数的同胞的生活方式和他们的价值观对我们来说是十分重要的。"玩腻了一扔"是偶然的插曲,这样的做法既没有给习俗增添什么新奇,也没有对习俗产生太大的影响,今天贴了,明天扔了,我们也不必太在意,因为后天大家都会把这件事忘掉。不过应该说,这样贴了扔,扔了再贴的现象如果太多的话,也是一种叫人惋惜和遗憾的事,应该学会尊重传统,应该学会珍视传统,那才是有教养的表现。

春联、年画、门神……到哪里去了?

网络主持人曹云霞:春联、年画、门神等习俗到哪里去了?满足人们同等心理需求的替代物有了吗?它们是什么?

刘魁立:春联、年画和门神在广大农村还照贴不误,城市里大概有些不同,在中小城市还是很盛行的,在大城市,由于装修等等的缘故,好像没有地方去贴年画了,贴春联似乎也成了一种多余。不过,我不以为非要用另外一种什么方式去替代它。在很长的时间里,人们会在心里贴上去的。我觉得有的时候,我们仍然还习惯于有对联这样的事物存在着。文字的力量从巫术的功能转变成为审美的功能,这是历史的必然,我们或许并不以为在天安门两侧的两条标语是对联形式的另外一种表现,然而,它却起着鼓舞人、警醒人的作用。在我们的一些公共场所,如饭店、宾馆、寺庙、游艺场所等等人群多的地方,这种形式还是非常盛行也非常受大家欢迎的。年画和门神虽然在农村还要贴,但是,在近五十年乃至一百年当中,内容的变化也是大家有目共睹的。另外,窗花(剪纸)在广大农村过去也贴得很多,现在似乎在许多地方也有了变化,它的功能也扩散了。这些变化都是值得我们深思的。它们会在新的物质条件、心理条件、社会条件下有什么样的变化,实在不敢说。至于是不是有什么东西去替代它们,或者它们是不是一定要被替代,也很难说。

外来文化对春节文化的影响

网络主持人曹云霞：目前，西方文化对中国社会的影响逐渐变大，西方节日如圣诞节等，是否会冲淡甚至取代传统的春节，或者说在这种冲击下，我们应该怎样重塑我们的节日文化？

刘魁立：我不这样看，西方文化的影响并不必然就产生这样的结果，民族节日被外来节日取代是不可能的。即使是欧美各地的华侨在西方文化的包围之下，他们照样过中国传统节日。有些土著民族还要向华侨表示节日祝贺，还去欣赏中国传统节日，这成为当地生活的一部分。所以说，影响是双向的，影响不是坏事，可以相互欣赏，可以丰富我们的识见。当然，我们要明确自己的文化本位，不能洋化。

攀登金字塔：我们中国人表达情感的方式往往比较内敛，所以，在传统节日中，人们的庆祝方式很单一，普通民众往往全家团聚就是最大的庆典，那么，在社会发展的今天，在外来文化不断涌入的今天，我们可不可以也采用"狂欢"的形式？

攀登金字塔：您能否设想一下，如果真的将这种节日引入中国，我们民众的心态会是什么样的？

刘魁立：在一个家族和宗族观念强盛的社会里，人们首先考虑到的是家族和宗族的团结、和谐、一致。节日的性质和节日的表现也都要体现这种观念的。说我们的庆祝方式单一或内敛未必准确，除夕自然要家族团聚，哪怕你在天涯海角，也都要千方百计赶回来和家人团聚，那种心理是我们每个人都深刻体验过的，在初一、初二、初三、初四、初五，在这些天里，我们都要到亲戚、朋友家里去拜年，这是一种增进团结、消除误会、感情交流、为未来的事业奠定团结基础的重要活动，这大约不是内敛，而是一种感情的"外释"。国外的新年会去最繁华的广场或去听音乐会，或者是参加人数众多的联欢晚会，这种方式是他们的观念和传统所决定的，随着社会历史的变化，也许我们会在一定的程度上，用类似的形式来补充我们的传统的习俗，也未可知，如果要把春节联欢晚会看成是这种大聚会的另外一种形式的替代,也未尝不可。但它究竟能在多大的程度上,成为我们习惯的春节形式的本质性的内容,那还要看时间会告诉我们些什么。

寻找民族文化的脉络

绿极极:民俗在向多元化发展,我们总说民俗体现了信仰。那么,可以做一个简单的推理,信仰也在多元化(比如宗教的引入),那么如何保护即将失去的民俗呢? 能举例说明吗? 进入博物馆?

网络主持人曹云霞:12月11日的论坛上,我们提到了是否该创建"春节失落习俗博物馆"或者叫"春节失落民间艺术博物馆"来保护我们的传统文化,今天的专家怎么看?

刘魁立:用一句老话说,对待传统文化要有分析的态度,不是所有的历史都值得留恋,尊重传统并不等于我们要照样保留所有在历史上存在过的事物,举一个通俗的例子,假定我们把我们的祖先的坟墓都保留下来的话,我们就没法在地球上生活了,地球上再没有我们生存的空间了。我尊重我的祖先,但我甚至连自己曾祖父的名字都不知道,许多家族没有族谱,连他们的名字也都没有保存,但这并不是说我们不尊重我们自己的祖先。在传统的春节习俗里,有很多事象是变异了,或者用你所用的词是"失落了",这是很自然的过程,今天我们看昨天,仿佛丢了很多,但是倘使昨天的人死而复生,他们看今天,也会发现我们是多了许多。

刘魁立:建立博物馆,我是赞成的,但是,要有历史感,我们不能做一个"共时"的博物馆,要对不同时代做出准确的标识和记载,地域也是如此,不能把某一地的习俗说成是另外一个地方的或者说成是全国的。习俗的记录应该有时空的定位,这样才能给人们以准确的历史知识。我想,高质量的、科学的、给人们以真正历史知识的博物馆肯定会在我们中国的许多地方出现的,这是我们尊重历史的一种表现,而我们中华民族是一个有历史的民族,是一个热爱自己历史的民族,不信你再过30年看,这样的博物馆会不止几个、几十个。你的愿望我很赞赏,但我不喜欢你用的命名,我不喜欢"失落"这个词。

刘魁立:对,主持人所提的问题是一个很重要的也是一个很大的问题。民族文化如何发展,如何在现代化的历史背景下发展,是一个重大的关系到整个社会进步的重要问题。这里有几个关系,一个是传统和现代,另一个是民族和世界,而这两个关系又是彼此相涉的。传统文化对我们来说是至关重要的,它不仅是我们民族历史的记录,是我们的精神寄托,而且也是民族团结的黏合剂,更重要的,它也是我们建设新文化的本质性的基础,情愿不情愿,它都是这个基础。我们和自己的历史进行对话,它是最重要的手段,我们不能揪着自己的头发离开地面。发展自然有变异,但是,变异并不意味着都是发展。至于说我们和世界,我以为,在经济全球化的过程中,我们或许会受到其他民族文化的某些影响,但这种影响并不能成为我们建设新文化的基础。为了整个人类的进步,文化应该是多样性的,是多元的,民族文化是我们民族的精神体现,我们不能在现代化的过程中失掉自己,发扬民族文化也是我们对人类的进步做出的贡献。总之,你谈的是一个非常重大的问题,一时还很难描摹出我们民族文化将来的清晰的面目,但是我坚信,中华民族博大精深的文化一定会在人类历史上发出更加光辉的色彩来。

民族文化的世界性

yq117:文化是一个国家综合国力的重要组成部分,是一个国家参与竞争不可低估的重要方面,它是实现民族伟大复兴历史进程中的强大动力。

刘魁立:我刚才说过,人类文化的发展不是走向趋同,不是走向单一化。我更倾向于它的发展的方向是多元化、多样性、丰富性。我们的头脑里装的越来越多,我们的情感也越来越丰富,民族间相互的理解也越来越深刻,但是我们的民族属性不会因此而变得模糊。我们民族的优秀文化被其他民族所理解、所尊重,成为对人类文化的一个贡献,这是我们的荣幸,也是其他民族所欢迎的。吃西餐的人,当然也喜欢接受我们的饺子,假如全世界所有的人都只吃一种菜,穿一种衣服,那不是太可怜、太单调了吗?

对于春节晚会的进一步思考

网络主持人曹云霞:您觉得春节联欢晚会是否跟上了时代的节奏?

刘魁立:我不认为它是跟上了。人们被动地接受,没有互动,十几亿人看一场戏。时间很长,似乎是占据了春节习俗的中心地位之一。现在的春节晚会越来越难以翻出新鲜花样,越来越难以满足大家的要求。总的来说,缺少宏观的哲学思考。我觉得,要从根本上和细节上都做深入的考虑和别出心裁的改进。

嘉宾与网友间的互动

射大雕:久仰刘教授的大名,借这机会请问教授:从语言符号中能否探究一个民族的文化结构? 如果可以,其切入点在哪儿?

刘魁立:"射大雕"先生,你是要写博士论文吗? 如果是的话,你的题目是什么? 研究一个民族的文化结构,视角和手段都是多方面的,切入点当然也是多方面的。从语言符号的角度观察一个民族的文化结构未必不可以,但我想也未必能解决全部问题。我很希望你把问题提得更具体一些。

射大雕:谢谢您给我的回复。我是要写论文,但不是博士论文,您觉得只有博士生才会思考这个问题? 我是从汉字的形、声旁的角度考虑的。形旁代表着意义,所以它也是文化的象征符号。您能谈一下吗?

刘魁立:"射大雕"先生,我不认为这个题目只是博士论文的题目,我觉得任何人都可以做,不过这个题目是大了些,涉及的面很多而已。中国字历史悠久,博大精深,反映了中国传统文化的诸多方面,是一个很难穷尽的研究对象,你有志做这方面的研究,值得称赞。

喜欢做DJ:谈了这么长时间的春节文化,请问版主这主要的目的是什么? 是为了大家过个更好的春节吗? 还是其他原因。

刘魁立:我们尊敬的古老哲人曾经有过一句话:"尔爱其羊,吾爱其礼。"每一个人都从讨论中看到自己想看到的,得到自己想得到的。我对这次讨论的理解是,通过春节文化的讨论,我们大家能够更理性地来理解春节,来理解我们自己的传统文化,理解我们的民族,理解我们自己。这是一个使我们大家活得更好,使我们的民族有更好前景的大题目。我是中国民俗学会的一个工作人员,这个学会就是团结全国民俗学界的同仁共同探讨传统文化的过去和今天,促进民族文化发展的一个组织。这次讨论是我们的分内之事,我们的秘书长是参加这次讨论的北大教授高丙中博士,他的通信地址是:北大社会学、人类学研究所。大家有事可以给他写信联系。

民俗学者的网谈感受

网络主持人曹云霞:请各位专家及网友嘉宾谈谈做客CCTV.com"春节文化网上谈"论坛的感受吧。

刘魁立:这么多年轻人,从春节的话题说起,关心民族文化的发展,我感到我们民族文化的前景是美好的,许多杞人忧天的疑虑可以打消大半。马齿徒增,我比各位长了几岁,代沟是人们心理的一种隔阂,通过这次谈话,这种隔阂似乎也减少了许多,我谢谢央视国际,也谢谢各位对谈的朋友。祝大家过个健康的、愉快的、吉祥的春节。

网络主持人曹云霞:为期一周的专家谈春节文化在线论坛活动今天落幕了。我相信大家对我们的中华民族最盛大的、最重要的传统节日有了更深刻的了解,今年的年是否能少些疑惑,多些理解,更主动地去发掘传统,也发现时尚,让我们的春节过得更加心平气和呢?谢谢中国民俗学会的各位专家,谢谢各位新老网友的思想火花和热情支持。明天,别忘了还有金越——2003春节联欢晚会总导演要来与大家聊聊今年的春节晚会。

本文为多人采访(刘魁立、萧放、尹虎彬、张雅欣、周锦章),仅选取了刘魁立先生的发言部分。

文章来源:央视国际2002年12月15日,作者:刘魁立、萧放、尹虎彬、张雅欣、周锦章

非物质文化遗产被忽视的难题

　　眼下，人们对非物质文化遗产保护的热情和意识不断高涨，但有些问题也日益凸显出来。保护非物质文化遗产是对传统文化的坚守，而时代在飞速发展，传统与现代无论观念还是形态肯定会发生冲突，如何面对保护中的坚守与冲突，近日，我们采访了中国社会科学院民俗专家刘魁立先生。

　　非物质文化遗产引起广泛关注。

　　问：非物质文化遗产成果展日前在北京展出，引起了人们的极大兴趣。开幕当天，几千人涌去参观。据了解，整个展览期间观众十分踊跃，每天参展观众逾万。非物质文化遗产引起了人们的极大兴趣，但许多人对什么是非物质文化遗产并不清楚。应该如何表述才能使人清晰明了？

　　答：什么是非物质文化遗产？或许，每一个人都会按照自己的理解来定义它，见仁见智，在所难免，即使像联合国教科文组织这样的权威机构向世界发布的文件中，也就这一对象的定名、定义等，做了不下五六次的修改。这里，或许可以概括地表述为：非物质文化遗产是指各种以非物质形态存在的与群众生活密切相关、世代相承的传统文化表现形式，包括口头传承、传统表演艺术、民俗活动和礼仪与节庆，有关自然界和宇宙的民间传统知识和实践，传统手工艺技能等，以及与上述传统文化表现形式相关的文化空间。

　　如果要详细罗列非物质文化遗产所包含的具体内容，那么，每一个具体项目都可以成为专门的保护对象和研究课题。

　　"保护"本身也是一种矛盾？

　　问：保护非物质文化遗产，按照通常理解是保护一种文化形式最本质的状态,最有价值的状态,这并非仅仅因为它们存在于遥远的过去,而是因为它们代表着人类历史上的一种记忆,彰显着鲜明的民族性格。所以,文化保护一直强调保护原生态,原汁原味。但时代是飞速发展的,所有的文化形式都会随着时代发生变化,那我们保护的东西还有意义吗?抢救与保护的力量能否挡得住它们式微的势头?

答:说到非物质文化遗产保护,有一个"悖论"。例如,"保护"是针对过去的事物而言的,而作为文化遗产的多数事象,既是历史的积累,也是今天的现实,同时,也为未来的发展提供了基础,它在不停地变化当中。"发展"是面向未来的。所以,保护与发展是一对矛盾,要很好地加以解决,许多非物质文化事象都不是一元的结构,也不是孤立存在的,它们往往是混元的和共生的。当我们说保护的时候,正像上面所引的范围那样,多少是解构了的,我们很难把历史的生活方式全部原样地保存下来,许多非物质文化遗产事象的文化空间随着历史的发展会消解,会变化,这当然也是我们感到两难的问题。这些问题的探讨和解决,需要知识界提供有力的智力支持,同时,广大民众和现实生活也会做出相应的明智的抉择。

"保护"是否牺牲人们追求现代生活的权利?

问:现在,保护文化的多样性与人类个体利益时有冲突。我们可以设想一下,当许多人住进了楼房,享受着现代化设备带来的便利时,另一部分人却要住在比较古老的村寨里,手摇着纺机织布,因为这里的民俗要保护,这种保护对他们而言是否是一种伤害? 正如一位专家所说,窑洞是民俗,但为了保护这种民俗,让当地老百姓再住进窑洞行吗? 他们有权利享受现代文明带给他们的舒适与便利。保护文化遗产不能阻止人们追求幸福生活。那么,文化保护是否牺牲了被保护者享受现代文明的权利? 许多非物质文化遗产因为商业价值不大,或根本没有,对它们的保护只能是有限的行政拨款,许多传承人是在牺牲个人利益的情况下保护着濒危的遗产,对文化遗产传承人是否缺少人文关怀?

答:我们不能以人类文化多样性发展的名义,来牺牲部分民众对美好生活的追求。既要从整个人类和全体人民的角度,考虑到世界文化的多样性发展、民族文化的建设和优秀的文化遗产的保护;同时,也要考虑到作为文化遗产传承人的民众个体的切身利益。将这两方面协调起来,才算得上是真正地、完整地体现了当今时代的人文关怀。

对非物质文化遗产的保护与传承,最理想的境界是"活态"传承。我们有许多文化是传承的文化、传人的文化,代代相传、口传心授是其独特的传播延续方式。因此,非物质文化遗产保护的重要关键在于广大民众,尤其是文化遗产传承人的积极参与。正因为有了这些传承人,这些珍贵的文化遗产才得以保存,得以流传至今。

保护好这些传承人,是文化遗产保护的题中应有之义。关心他们的生活,让他们带徒弟,传技艺,使他们得以完成保护遗产的心愿,是政府部门以及有关社会各界的历史责任。这种关怀,不仅仅是单纯地改善传承人的生活条件,更重要的,是如何使他们能够不脱离他们的坚实的现实基础和文化土壤,一旦脱离开这样的现实基础和文化土壤,他们所代表的文化遗产就会逐渐地褪色和干枯。有意识地创造优良的传承环境和真实而非虚构的文化空间,为遗产的传承营建良好的文化氛围,是一件需要精心思考而又十分重要的工作。

如何使"过去"成为走向未来的财富?

问:在我们的保护中也有另外一种现象,一些地区打着"保护"的旗号,实则是将非物质文化遗产推向市场进行商品化开发利用。在文化保护意识和措施都还没有到位的情况下,这样做无异于把原生态的非物质文化遗产撕成碎片,让人各取所需。记得你对此持反对意见,事实证明,遗产开发的结果,大多是开发一个毁一个。一些旅游景点日复一日地为顾客表演婚礼仪式,生活习俗,正剧变成了闹剧,久而久之,文化丧失了原有的意义。可是谁又有权力阻止遗产的传承者利用自己掌握的资源追求经济利益呢? 我们要达到有文化自尊而不是随意践踏,是否还有许多工作要做?

答:保护与开发利用是一对矛盾。只有当人们具有了文化自尊以后,保护才能成为自觉的行动,才能更好地利用。有人说过一个例子,阿尔卑斯山地区的居民对当地文化保护与别的地方不一样。他们盖新房用的材料、新房表面的形式看起来跟他们的老房子完全一样,但是内里的一切设备都是现代化的。问他们为什么还要原来的房子,他们认为那是他们的一个尊严,因为世界上只有他们有这样的房子,所以,他们必须要这样的房子。一个民族如果能将文化视为自尊,才是保护的最高境界,最好的境界。要做到这一点,我们还有很长的路要走。

文章来源:杭州网·《人民日报》2006年8月30日

民族国家的日历:传统与现代交融

国内外民俗学大师齐聚北京,感受中华传统文化的魅力,探讨传统节日与法定假日的关系,我们究竟应以什么样的方式保留传统文化,现代民族国家的假日又该怎样设置?

主持人:您好,观众朋友,欢迎收看《今日关注》。

中国农历的大年初六,就在中国人沉浸在浓浓的过年气氛时,西方浪漫的情人节也如期而至,这一天,来自美国、日本、韩国、俄罗斯等国以及中国的近百名文化学者齐聚北京东岳庙,而这些国内外的民俗学大师们此次的聚会,除了感受中华传统文化的魅力,欣赏有七百多年历史的东岳庙中各种民俗表演外,他们还将就各个国家的民俗节日文化的起源、发展,现代节假日与传统时间制度的关系等主题,进行广泛、深入地探讨。我们先来看一下相关的报道。

解说:在这次名为"民族国家的日历,传统节日与法定假日"的国际研讨会上,一些学者认为中国的一些民俗传统节日在广大民众的心里占据着特别显赫的地位,但是这些节日和法定的一些假日相比,却存在着一些不协调之处。

刘魁立(中国民俗学会理事长):在我们的整个假日系中,我们有很多的节假日,虽然放假了,但是它的文化内涵,它的历史根源都不久远。民族传统的节日,那种非常丰厚的历史文化根源,我们没有办法展示,没有办法表现,就是因为它没有假日。

解说:学者们认为节日是休闲,但比休闲更重要。在现代化和全球化日益发展的今天,能够有意识地反思传统节日与法定假日之间的关系,以及各民族传统节日本身所蕴含的文化结构和社会功能,具有十分重要的现实意义和长远影响。为了充分感受中国传统节日的风采和特色,国内外学者还到北京六大庙会之一的东岳庙体验了北京人的春节庙会。迈进古老的大门,走在挂满了祈福牌的葫芦上,仿佛穿越在中华文明史的时空隧道中,秧歌、面人儿、杂耍等民俗表演,更是让国内外学者们都深深地陶醉。

迈克尔·欧文·琼斯(美国民俗学会会长):我看中国的春节及相关的一些活动,很惊喜,很美妙,给我留下了深刻的印象。

主持人:刚才我们一起了解了这次研讨会的一些情况。

今天在演播室,我们还特别邀请来了刚刚参加了这次国际研讨会的两位专家,首先我来介绍一下,一位是中国民俗学会的理事长刘魁立先生,还有一位是北京大学的社会学系的高丙中教授,你们好,欢迎两位到我们的演播室接受采访。

可以说,现在中国人的春节正在过,还没有过完,我们的长假还在进行中。在这个时候来探讨关于民俗的话题,确实是别有一番意味。我们注意到这次研讨会,题目叫"民族国家的日历,传统节日与法定假日",我看到这个报道的时候就有一个疑问,到底民族国家的日历是什么意思? 刘会长,您能不能先给我们解释一下?

刘魁立:民族国家的日历,如果明白地说,应该是民族的和国家的时间制度。

主持人:中间应该加一个"和"字,民族的和国家的日历。

刘魁立:对于一个民族来说,甚至于更小的,对于任何一个群体来说,都有自己的时间安排。对于一个民族来说,它的时间安排应该算是它的一个日历。对于整个国家来说,因为中国是一个多民族的国家,整个国家的时间安排就叫作国家日历。针对民族的节日体系和针对我们国家的节日和假日体系,我们来进行研讨,所以整个的题目叫作"民族国家的日历,传统节日与法定假日"。

主持人:高教授,实际上这里面突出的是节日和假日之间的关系问题。

所以,你看我们的主题,题目也叫"传统与现代交融",你怎样看待节日和假日的关系?

高丙中:这个题目当时我们确定的时候,是考虑到我们都面对的一个问题,中国现在官方制定的假日,比20年以前长了很多,现在有很多假日,可是大家都觉得在假日里没有那么多有意思的事情可做;另外一方面,学者们从研究中看到,在民间,老百姓有很多他们认为很重要的时间,有很多他们认为他们有非做不可的事情,这就是节日。可是他们往往遇到一个问题,他们没有假日,他们没有办法做他们认为有意义的文化活动。矛盾在这里出现了,学者们就来探讨,在传统的节日跟现代的假日制度之间,怎样能够结合。

主持人:我注意到刘理事长在接受采访的时候谈到过民族传统的节日,它有着非常丰厚的文化的根源,但是因为它不是假日,所以有的时候很难再把它舒展开来,也没有办法把它舒展开来。所以,人们现在探讨怎样把民族传统的节日法定化,成为一种假日。关于这方面的一些探讨,我注意到一位我国台湾学者的看法,我们一起来听一下他是怎么说的。

鹿忆鹿(台湾东吴大学教授):我想,大概多多少少还是会有(积极意义)的,因为(这样)过传统的节日,时间上会比较充裕,有些习俗,有些活动,我觉得大家还是会比较重视的,因为现在台湾地区的情况也差不多,一般的年轻人已经对传统节日不太重视了,因为受西方的影响,大家只是放假,吃吃东西,玩啊。所以,我觉得如果把传统节日定为法定假日,肯定还是对传统的节日有比较积极、正面的意义。因为传统节日对民俗的延续啊,或者是历史源流的保存啊、维护啊,我觉得还是比较好的。

主持人:刚才这位教授谈到了一个很重要的观点,她认为把传统的节日假日化是应该的,也是有效的。我也注意到这次国际研讨会上,大家谈得最多的一个主题就是是否可以把民族传统节日假日化。两位专家,你们的意见是什么?

刘魁立:如果把这个问题稍微再引申一下,它不仅仅是放假不放假的问题,节日的整个体系实际上涉及我们如何展示自己的民族性格的问题,说得再大一点儿,是国家身份问题,或者叫作民族身份问题。如果要是在这样比较大的前提下来谈这个问题的时候,我们自己的传统如何延续下来,如何发展下去,就变成了对于我们民族来说非常重要的问题了。因为在整个的节假日体系当中,民族性格能够得到比较好的体现。如果把我们的传统,把我们非常优秀的民俗的传统延续下来的话,我想我们的假日体系里应该有它的位置。如果这样的话,我们具有非常深厚文化内涵的节假日就会替我们做民族认定,或者是认定自己的民族身份,或者是体现我们自己的民族认同情感,等等。

主持人:实际上,这个话题去年就已经开始讨论了。这里面探讨一个很重要的问题,就是时间制度的安排。但是国家已经有一些安排了,原来一周只能休息一天,现在能休息两天了,假日应该很多了。如果再把原来民俗的传统的节日定为假日,从国家政府的角度来考虑,是不是时间安排上也会有一些难处呢?

高丙中:实际上,这里不是时间够不够的问题,比如说在传统社会,节日就是假日。

主持人:一过节就可以不工作。

高丙中:过节就有时间。那个时候,节日跟农业社会是比较配合的,那样一个节奏可能跟现代社会是一个节奏,可能有不合的地方,这个不合应该说客观存在,可是现在设立假日,根本就没有考虑到原来的节日体系,完全是弄了一套新的假日制度,现在开始做这个工作,历届政府有时比较激进,有时比较缓和,但是基本上的思路都是跟着现代国家的重要活动,设立纪念日,有的纪念日就变成了假日,有的纪念日只是体现在报纸上,并没有成为假日。可是后来随着生产效率的提高,劳动力、可就业人口的增加,国家不需要每一个劳动者都那样充分地去工作,不要那么多的工作时间,这样,假日就慢慢地增加。增加之后,到了今天,大家觉得假日没有什么意思,这个问题出来的时候,我们再看这个历程,就觉得我们有处理不当的地方,我们现在是要讨论怎样调整这个不合理的东西。

主持人：您的意思就是说把一些传统的节日改为假日，您觉得从时间安排上来说，不算多。

高丙中：应该是可以的。并不一定说在一年的假日里增加新的假日，而是说把原来的假日的时间，调到传统的节日期间，纪校长专门提了一点，把除夕演变为假日，这一点也是提得很精细的。大年三十本来的意思就是应该休假的，可是大年三十还要他去工作、上班，该动脑子的，他的脑子不在那个地方，该动体力的，效率也不高。在观念里面这就是一个休息的日子，就是人跟人聚在一起，做一些没有实际功效但是有意义的事情，这个安排跟谁过不去呢？

主持人：关于这个问题，在这次的研讨会上大家有没有达成共识？

刘魁立：因为这次研讨会实际上是学理性比较强的研讨会。在这样具体的政策、对策性的问题上，没有非常舒展地把自己的意见全部都发表出来，严格地说，这次还不是一种对策性的研究，但是刚才高先生所谈到的问题，是大家都已经涉及了的。就是说要把文化内涵不是那么深厚的那样一些假日挪到另外的有深厚的文化历史内涵的节日中去，让那个时间成为假日。如果这样做的话，我想大家都是非常高兴的，会满足大家精神的需求。

主持人：说到春节一系列的民族传统节日的话题，我想到前一段还有一个关于春节的争论，有的人提出来把春节日子改了，不是改在除夕或正月初一，而是立春那天，两位对这个说法是什么看法？

刘魁立：我本人感觉这个建议，名字叫作春节科学定日，这个建议本身的命名就不科学了。因为如果要谈现在春节的定日是不科学的，而一定要把它做成某种科学的办法来加以定日的话，我觉得这个本身的出发点是不对的。此外，如果把春节挪到立春，而春节是我们心中的年，把年放在另外一个时间，等于说那个时间我们不是按月相的运行办法。

主持人：不是一年初始的感觉。

刘魁立：另外，我们就没有了除夕，同时，也就没有了正月十五的元宵节，因为中国人对月亮的情感完全不同于其他民族，我们的许多节日的主要活动都是在夜晚进行的,比如说元宵节、七夕也是在看星象,比如说八月十五,过去的祭月和现在的拜月、赏月,包括除夕,所有的这些活动大都是在晚上进行的。我们中国人,特别是我们的汉民族对于月亮的这种情感,一旦一年被这样定在立春这个时候……

主持人:就全乱了。

刘魁立:全乱了,这样的话,我们基本上再没有我们的民族节日系统,实际上,这个建议本身不仅是不可行的,而且是完全不可取的。

高丙中:春节是辛亥革命之后才有的概念,是原来的元旦,我们老一辈人都说元旦被新的公历用到1月1号来了,它本身跟立春并没有关系,它并没有说我要代表立春。所以现在这样提问题,可能是岔开了,这两个没有合在一起。

主持人:看来,在这个问题上,两位专家的意见是一致的。我注意到很多观众也是跟你们有相同的看法。确实,春节在中国人的心目中,就像刘教授曾经讲到的,地位是非常显赫的,甚至可以说是中心的地位。所以,在今年春节期间,我们中国新闻节目是从初一到初六,每天选择一个不同的地方,来向大家直播当地的一些过年的习俗,现在利用这个机会,我们再来回顾一下其中的一些精彩的片段。

刚才,我们一起看了六个不同地方的一些过年的习俗。虽然我们现在能看到各个地方的地域色彩非常的明显,确实是感到丰富多彩,但是也有人觉得现在过年好像不如以前了,年味好像越来越不浓了,总是觉得缺了点儿什么。你们两位分析一下,这其中是什么原因,到底我们缺了什么?

刘魁立:我们过年的这个过程,大概需要提炼很多符号,或者我们叫作象征。而这些符号、这些象征的提炼,在某种意义上,我们过去做的工作不多。比如说鞭炮,鞭炮这样一个符号,或者象征,它和年有着非常直接密切的联系。

主持人:好像一说到过年,就会想到放鞭炮,这两个是紧紧黏在一块的,把它摘下去,撕下来,好像感觉就不是年了。

刘魁立：所以大家感觉没有年味。过去常常说爆竹一声除旧岁，好像是辞别旧的一年，迎接新的一年，其中间的一个办法就是用鞭炮来衔接这两个时间段。用行政的、禁止的办法，用一个简单的办法解决我们心中的那样一个价值观问题，或者叫作我们的情感问题，一个非常复杂的问题，显然不会奏效。我们禁止了，但是群众又在感情上过不去，于是要采取一种违禁办法，于是，就出现了这样一种矛盾。

主持人：实际上大家都难受，您禁了，但是还有不少地方放，我们注意到今年，包括北京有一些禁放区里还是有放爆竹的。这样一种情况，大家还是觉得非常尴尬。高教授，您觉得呢？放鞭炮本身可以说确实是过年的一部分，而且是人们表达过年喜悦心情非常重要的手段，但是现在它没有了，您觉得年味是不是就是因为这个符号没有了而觉得年味冲淡了？

高丙中：年味淡，可能一方面是说内心的体验，因为原来过年，有很多民俗活动，这些活动都是从小就习惯的一套东西，很自然地就在这里面来体验一遍。放鞭炮是重要的一个项目，其实拿鞭炮来说，不仅仅是这一个项目被取消，事实上，很多项目在现代变化的过程当中，大家，当然不是说要自动放弃，是社会造成的总的后果。比如说，原来春节的踢毽子、玩陀螺、踩高跷、花卉表演，你去看，但不会去玩了，原来小孩儿要去玩这些东西，体验差了。再一个是价值观的问题。大家觉得年是一个完整的年，是一个意义比较丰富的年的时候，是因为社会营造了一套价值观，一个观念，跟你个人的东西相互比较契合，你会有一个统一性比较强的体验，可是现在经过这么多年，这里很多坏的东西，有迷信，有落后，有愚昧，有这样的东西，再来体验，再来做的时候，自己就犹豫了，显然做了，这个体验已经不是那个体验了，外在、内在两个方面，过的年不是原来的年了，是因为不是原来的过法，不能像原来那么过了。

主持人：实际上，您刚才所讲使我想到一个问题，民族传统节日本身有两个构成，一个是它的文化内涵，有很多价值观在里面，再一个是形式，比如说，一些符号，放鞭炮也好，贴春联也好，是一种文化的形式表现。但是现在看来，我又想到另外一个问题，很多民族传统节日的形式本身也欠缺了，比如说,很多形式变为中国人传统的吃食,春节吃饺子,正月十五吃元宵,端午节吃粽子,中秋节吃月饼,到腊八喝粥,立春吃春饼,跟吃联系在一起,形式本身是不是也在退化或者减少?

刘魁立:应该这样说,当别的符号,整个符号体系在某种意义上自己逐渐地变得比较贫弱的时候,我们其中的某一项变得突出出来了,显得只有它在那里好像是唯一的东西,但实际上我觉得符号体系的提炼还是不够的,比方说,过去丰盛的食品,几乎是在所有民族的所有的节日里面都是一个非常重要的内容,无论是中国的、外国的,或者是我们中国的各个民族的,实际上都有吃的内容。

主持人:吃本身也有文化的说法在里头,有内涵在里头。

刘魁立:可是现在一旦只突出了一点,把其他符号中间重要的内容变得很贫弱的时候,自然大家开玩笑地说,现在的节就只剩下一张嘴了。我想,今后的问题还是保持这个部分,但是加强其他符号的提炼和对其他符号的宣传,包括您刚才说到的贴对联,也包括互相之间的拜年的习俗,家庭和睦团圆。

主持人:内容丰富起来。最后一个问题请高教授讲一下。面对现在这种情况,内涵可能有些已经丢失了,形式大家又不是很明白,怎样才能使我们的民族传统真正地继承和保护下来?

高丙中:我顺着刚才的话回答这个问题,为什么吃沿袭下来了呢?因为吃是家庭里就可以做的事情,在很多年,在公开场合,在所谓公共领域,所谓公共空间,我们是不能来表演,或者是表现,呈现传统的民俗活动的。现在,如果说要继承,要沿袭这个活动,重要的一点,也是最基本的一点,就是要营造一个共同的观念,这个观念必须在公共空间里营造,是一个公开的活动,这个公开的活动我们能观赏,能参与,我们能提我们的意见,能够分享价值观,是我们共同的,群体性的活动。当它变成群体的活动,就能沿着这个线索往下沿袭。

主持人:刘教授讲得很对,宣传也很重要,必须让大家知道我们节日里的内容是什么,文化内涵是什么,然后才能知道怎样通过一种形式表达这些内涵。但关键的问题是怎样才能够有表达形式的一些习俗。

这个话题非常长,非常多,今天因时间关系,我们先谈到这儿,以后有机会再聊,非常感谢两位到我们演播室接受采访,谢谢。

好,观众朋友们,今天的《今日关注》节目到这里就结束了,感谢您的收看,再见。

文章来源:央视国际《今日关注》,2005年2月18日

立足特色　发展今天　面向未来
——专访国家非物质文化
遗产保护专家刘魁立

为贯彻落实市委对我市文化工作实施"十百千工程"的要求,市文化部门积极行动,"走出去,引进来",于11月30日将2015年江西省非物质文化遗产生产性保护培训班引进我市,并请来文化部非物质文化遗产研究保护专家委员会副主任、全国著名"非遗"保护专家刘魁立为培训班学员授课。

今年81岁的刘魁立先生鹤发童颜。在接受记者采访时,他说,非物质文化遗产的保护工作,不是为了发思古之幽情,不是为了昨天,不是要固守昨天,而是要发展今天,面向未来。"我们不是为了古人,虽然我们对古人怀着一种崇敬的心情,但我们所做的这些事情都是为了我们今天的现实生活,为了我们的后代子孙。"

保护"非遗",因它具有"正能量"

联合国教科文组织的条约里,对于非物质文化遗产有一个非常明确的定义:非物质文化遗产指被各群体、团体,有时被个人视为其文化遗产的各种实践、表演、表示形式、知识和技能,及有关的实物工具和文化场所,各个群体和团体随着其所处的环境与自然界的相互关系和历史条件的变化,不断使这种世代相传的非物质文化遗产得到创新,同时使他们自己具有了一种认同感和历史感,从而促进了文化多样性和人类创造力的发展。

刘魁立说,特别是在价值判断上,就是我们认为它是好的、非常珍贵的,我们把它看成是我们的遗产,是我们应该传承的遗产,是世世代代都要留给人类的遗产,而且这种遗产是可以让我们感到认同的,是让我们在文化的推进和发展方面,给我们提供创造力的,不仅不包括被历史淘汰了、否定了的东西,同时也把那些过去我们常常叫糟粕的东西排除在外了,这样,我们自然就有一个非常重要的保护责任。从这个定义还可以看出,在历史发展过程中所出现的缺乏生命力和具有消极作用的一些文化现象,都不包括在刚才我们所说的这个定义当中,也不包括在我们需要保护的那个范围中。所以,对于非物质文化遗产,应该有这样一个非常明确的认识。它是我们的价值判断中认为是积极的、对我们今天的社会是有意义的。

保护"非遗",到底保护什么

"让我们从这个视角看一下联合国教科文组织是怎么在这个定义之下,确定它的保护内容的。"刘魁立说,首先,口头传送。第二,各种各样的艺术表现形式,包括舞蹈、音乐、戏剧等。第三,节庆活动,即节日仪式等活动。第四,对自然的认识、实践,如二十四节气。第五,工艺,我们通常叫作民间工艺。这五大类不是非物质文化的全部,仅仅是非物质文化当中那些不被主流话语所经常说到的,是我们广大民众日常生活须臾不可离开的,是我们普通老百姓的生活方式。而这一部分,虽然大家对它非常熟悉,但就是熟视无睹,不被主流话语所关注,没有成为特别保护的对象。所以,对于非物质文化遗产的保护,实际上具有划时代的意义。它不仅能够起到调节我们的生活、让我们的生活更丰富、提升我们的幸福感的作用,而且它对于我们民族身份的认同、我们彼此之间关系的协调、和其他民族进行文化交流等,都有非常重要的意义。所以,对它的保护不只是我们自己的事,也是整个人类的事。假定我们今天不再关注我们自己的传统文化,也许我们真的就会失掉自己。比如,我们的传统节日,它丰富的内涵、悠久的历史、深厚的积淀,都使我们具有民族的自豪感。

保护"非遗",给景德镇一些建议

对景德镇的非物质文化遗产保护工作,刘魁立有自己的想法。他建议,首先应该把本土的节日过好,如,祭窑神等文化庆典活动,要过出其中的意义。其次,对一些传统的民俗故事要进行挖掘性保护,"来景德镇后我看了一本民间传说的书,其中很多关于地名的由来及其传说故事,这些故事如今还有人知道,再过几十年恐怕知道的人就不多了"。第三,如今千城一貌,所以,景德镇的城市建设不能跟其他城市比高、比繁华,必须有自己的特色,古城的保护方面得做一些工作,要使得这座城市更有中国味道。

文章来源:《景德镇日报》2015年12月2日,第2版,万慧芬采访报道

专家称对传统节日的文化认同将推动国家认同

节假日体系二元结构有待改变

新京报：在今年全国"两会"上，有委员代表呼吁把清明节、中秋节等民族传统节日法定化。这方面，中国民俗学会有没有自己的举措？

刘魁立：一年前，中央有关部门邀我们共同探讨节日和假日的关系问题，我们对节假日体系进行了深入的研究，并对今后的节假日设置提出了相应的建议。

随后，他们还征求了有关部委和学者的意见。今年2月14日—15日，我们又和北京民俗博物馆联合举办了"民族国家的日历：传统节日与法定假日国际研讨会"。

新京报：我们注意到了这次会议。那么，中国节假日体系现状如何？

刘魁立：在我们的节假日体系当中，存在着一个二元性的结构。具体说起来，就是在现有的国家法定节假日之外，广大民众认为有丰富历史内涵和深厚历史根基的一部分节日，常常没有安排休假时间。

比如说，清明节，就没有足够的时间让民众来充分体会其传统价值和丰富的文化内涵，大家必然要赶在周日去扫墓或祭奠革命先烈和历史伟人。于是，问题就出现了，比如媒体报道的交通堵塞等。而过去，在清明的时候，比如唐代就有"前三后四"的说法，清明节放假七天，这是国家的命令。

今天这个传统变了，但是人们并不因为没有规定放假，就改变了自己对清明节的价值认定。这种二元结构有必要改变,以舒展民众情绪。我们必须要考虑到,民众的利益不仅是物质的,还有情感的。而情感的需求往往会被忽略,会为满足外在的物质利益所替代。我想,在大力提高广大民众物质生活水平的同时,应该细致入微地考虑到如何更好地满足民众的情感需求。

传统节日植根在民众心中

新京报:"关于增加中国传统节日为法定节日的建议"的议案,目前已形成了一个小热潮,你上述所论是不是这种热潮的背景呢?

刘魁立:人同此心,心同此理。过去,我们是一个相对封闭、自成体系的建设模式,不怕外面的东西进来。

改革开放后,大家就必须考虑应对之策。

我们的传统中有非常多的、健康的东西需要继承,否则,年轻一代因为缺乏丰厚的传统教育根基,久而久之可能会在外来文化面前丧失自我,所以,必须要认识自己,而要认识自己,就必须对传统做某种清理,包括上层文化和底层文化。

在这一点上,当然也不完全是靠节日一项。

新京报:传统节日法定化有哪些意义?

刘魁立:传统节日法定化,我认为叫作"确定一部分传统节日为法定假日",可能更准确一点。因为在我们过去的传统节日里,已经有这样的先例,比如说,春节不仅是法定假日,而且和其他节假日相比是最长的。

新京报:一个有意思的现象大家比较关注,就是春节假期不包括除夕。

刘魁立:我个人想,是不是可以对节假日制度进行重新思考。

国家的节假日体系,我把它叫作"国家日历"。这个日历对整个民族来说,特别重要。譬如"十一",这是中华人民共和国的诞生日。

对每一个人来说,都有自己的"日历",一个家庭也有家庭日历。比如说,父母、祖父母的生日,它对一个家庭来说是很重要的,通常是不能被忽略的。

同样道理,清明、端午、中秋、重阳,这些都是有悠久的历史传统并深深植根在民众心中的重要节日,但在我们的国家日历中没有被确定为法定假日。即使如此,大家到这个时候还免不了会有相应的情感表达。虽然除夕不放假,但是到时候大家会像平常一样度过这一天吗? 与其如此,还不如提前一天放假,大家名正言顺地过除夕。

文化认同需要符号体系

新京报:节假日缺席的二元结构会不会影响文化认同?

刘魁立:这里有一个历史变迁的背景。比如说,新中国成立初期主要注意力集中在政治问题上;改革开放后又以经济建设为中心,从而出现了黄金周。现在,我们要从更深层、更基础的文化建设角度,来考虑这个问题。所谓文化建设,在一定的意义上说也是人心建设,通过必要手段,恢复部分重要传统节日的地位,必然会增强中华儿女的文化认同。

新京报:传统节日的内容和形式是什么关系?

刘魁立:虽说传统节日具有很强的历史稳定性,但无论它的内容还是形式,都会随着社会环境的发展而有所变化。此外,每一种文化都有其符号体系,有时候符号的意义比内容还重要。

年轻人中可能信仰基督教的不算很多,但是对那位长白胡子、戴红帽子的老头,对圣诞树等符号感兴趣的人却不会少。年轻人会借助这个符号聚会,和宗教信仰没有任何关系,所以,符号问题非常重要。可是我们对自己传统节日的符号体系关注很不够。春节放鞭炮也是一个非常重要的符号,不可或缺。这个符号一下子被抽掉了,又没有别的办法来填补,结果往往是:你制定你的法律,我放我的鞭炮,彼此不相干,两方面都很尴尬。

新京报:传统节日法定化是不是可以有助于化解这种二元结构?

王焱:那应该是一部分,但不可能完全靠这个解决问题,可也不能连这个都没有。

1949年以来,我们的一些节日带有一些政治性,如"三八""五一"和"十一"等,而反映我国悠久历史文化的部分传统节日却放给民间了。这种选择有时候会面临一种困境:比如,八月十五应该是阖家团圆过中秋,但是国家没有这个节日,这就可能会影响到民众过这个节日。这些节日应该逐步得到恢复。否则,只有政治节日,中国人就只是政治人,而不是文化人,长期下去就会缺少文化意识,而且缺乏必要的仪式和制度。

现在讲以民为本,节假日设置也应考虑到民众的社会心理、民俗、历史文化传统等,不应该说老百姓要过的节,缺少法律的规定。国家确定法定节日,政治当然是一个重要的维度,但也不应将全部节日都泛政治化。

新京报:传统节日法定化这个建议和全球化对中国文化形成的强烈冲击密不可分,这种关系能不能消解"你是谁,我是谁"这样的文化归属感的困惑?

王焱:我觉得这一点是一个虽然重要、但不是唯一的问题。文化归属感的确定,光凭一些民族节日是不可能的,但连这些传统节日也没有,那就更谈不到了。因为文化不光是一些虚无缥缈的价值理念,还包含一定的仪式、制度、文化象征等,节日就是其中的一个组成部分。连这个都没有,很难说你已经确立了一个文化身份。

文化认同助推国家认同

新京报:这次中国国民党副主席江丙坤一行到内地来拜祭,先后拜谒了黄花岗、中山陵和中山衣冠冢。

他们选择在清明节之前成行,有无特别含义?

王焱:我觉得他们挑这个日子来访是考虑到清明节这个意义了。他自己已经定位了,就是说这是一个破冰之旅。首次不见得能具体解决多少问题,它具有象征意义,是一个开始,是一个起点。

其实,我们完全可以采取一些具体措施来接待来访团,比如,举行一个祭祀仪式,因为毕竟都是中国人,给所有为了保卫国家的主权和领土完整、捍卫民族独立而牺牲的人们举行祭奠仪式,就像人民英雄纪念碑碑文上写的那样。在这些节日里,强调民族文化归属的含义,是下一步应该采取的措施。

新京报:能谈得具体一些吗?

王焱：中国文化和西方文化有一个不同，中国传统文化特别讲究慎终追远。中国人注重历史，注重文化，比如，后一个朝代要为前一个朝代修史立传。

中国文化本身重视历史为政治提供正当性。所以，国民党选择这个日子，有历史文化的基础。

严格说来，两岸还处于分离的状态。雅尔塔会议以后，包括开罗宣言、波茨坦公告等确定将台湾归还中国，但中国最终还是形成了两岸分离。现在冷战终结了，两岸的政治家也好，民众也好，应该有办法从中国历史文化中汲取一定的政治智慧，化解两岸紧张关系。

刘魁立：文化认同也好，民族认同也好，国家认同也好，都有一个历史的维度。所谓国家认同，我理解，其中含有比较多的文化成分，不全然是纯粹政治的含义，同时，当然也有历史传统的内涵。无论怎么说，我们中国的历史，不还是如常言所说，"自从盘古开天地，三皇五帝到如今"吗？不还是"秦皇汉武唐宗宋祖"吗？所有中华民族的儿女概莫能外，谁都不能重新杜撰一个历史，正像不能揪着自己的头发离开地面一样，谁也都不能割断自己同历史的联系。任何人都不可能自绝于自己民族的历史。

人生下来之后有一个非常重要的属性，就是我们所说的民族的属性，就是民族性。没有一个人是世界公民，当他说自己是世界公民时，实际上仍然有一个根在那里，他承认不承认都是一样的。这个根的价值是一种民族性的，是文化认同的另外一种表示。在有华人的地方，无论传统节日是否成为法定假日，在每一个华人的心目中，在自己的时间制度里，它一直都是存在的，法定化与否并不妨碍它在人们心目中的地位，但是法定化更有利于加强文化认同。

新京报：传统节日法定化后，对于世界华文圈的民族认同、文化认同，会不会起到一些作用？

刘魁立：毫无疑义，会起到很好的作用。此外，对人类文化的多样性发展也会有所促进。这里面有一个文化的共享问题。文化的共享问题是文化的本质属性决定了的。

我们的领土被别人掠夺走了,我们能答应吗?不能答应。我们的石油被别人开采享用了,我们还能享用吗?不能。在物质的享用方面是很难共享的,但文化可以,而且并不因为共享了文化,文化就变得贫弱了;相反,文化共享能促进文化的再生,更加发挥文化的功能,使文化变得更丰富,影响力变得更强。在某种意义上,也是文化的生命力的体现。

建议国家领导人发表春节贺词

新京报:对中国节假日体系的建设,你有什么具体建议?

刘魁立:和周边国家相比,我们的假日是少的。有人认为中国现在的经济实力不足以承载那么多节日,或许并非如此。适当考虑把清明、端午、中秋、重阳等富有文化意义的传统节日纳入国家节假日体系,把"五一"和"十一"的假期适当分流给清明和中秋,我认为是可能的,也是可操作的。

同时,我们还建议,是否可以考虑让我们的国家领导人在春节期间发表贺词,以增强全民同乐、融洽和谐的氛围,增强文化认同、民族认同和国家认同。

访谈动机

近些年来,在我国,西方个别节日的兴起与部分传统节日的式微令人瞩目。基于此,今年有人大代表、政协委员提出建议或者议案,要求传统节日法定化,借以复兴传统文化,加强文化认同、民族认同、国家认同。

4月1日是西方的愚人节,很多人在愚弄与被愚弄中开心品尝着舶来文化;后天,也就是4月5日,是中国的清明节,慎终怀远的传承将激发炎黄子孙的家国情怀。

选择这样一个时间,进行这样一个采访,实属偶然,但读者的眼睛是检验我们的标尺,况且借助于《新京报》改版、"时事访谈"诞生的时机,天意与人心巧妙勾连,使得一切看上去顺理成章。在一丝忐忑中,我们带着问题上路,一番求索,几许不安:不知道是不是能给您以体悟……

链接

今年"两会",委员代表建议:"除夕"当天开始放假,将"元宵节""清明节""端午节""中秋节"纳入国家法定节假日体系。

去年"两会",全国人大代表、中国人民大学校长纪宝成提案建议增加中国传统节日为法定节日,随即在全国各界引起热烈反响和呼应。

2004年11月8日,美国纽约州州长签署法案,将中国农历新年初一定为全州的法定节日。

文章来源:搜狐·《新京报》2005年4月3日

发言

在钟敬文民俗学奖颁奖典礼上的发言(摘要)

尊敬的老师们、同学们:

你们好!

今天,我非常荣幸地站在这里,接受用一个伟大的名字命名的奖项。我们知道,钟敬文先生作为中国民俗学的开拓者,他光辉的名字是一个永恒的象征,象征着开拓的艰辛,象征着老一辈民俗学家筚路蓝缕、艰苦创业的历程,也象征着开拓的成就。这个名字,将永远激励着我们在民俗学建设的道路上不断进取、不断奋斗。

接受以这样一个伟大名字冠名的奖项,我感到惶恐。我仅仅是民俗学队伍中平凡的一员,但是置身于这个队伍里,我是感到非常荣幸的。钟老曾经教导我们说,要为人类而工作。今天,我们在为建设人类文化多样性而弘扬我们的传统民间文化,这正是在实践钟老对我们的嘱托。

目前,在我们所献身的这个领域里,尽管还有一些不能尽如人意的情况存在,但同时我们也看到,举国上下对民间传统文化的保护和继承被广泛重视;尽管我们感到民俗学学科内部还有许多空白,但我们毕竟有了一个可供我们施展身手的理论系统和工作平台;尽管我们在学科发展中往往感到人手不够,但是,我们的确有了一个数量可观、质量不差、前途无量的学术队伍。所有这些都是在以钟老为代表的老一辈民俗学家的带领下,所有同行共同努力的结果。

学科建设外部条件的创造、学科建设空白的填补、学术队伍的壮大和提高,所有这些都要靠我们大家精诚团结、携手奋斗,才能达到理想的境地。我今年年届70,我愿意追随大家,为中国民俗学学派的建设做出不懈努力。

说到这里,我想起了一则印度的神话:远古的时候,人除了具有人性之外,同时还具有神性,这种神性让我们人类无所不能。但是后来,由于我们自己的过失,梵天收走了人的神性,并把它藏在了人类往往不会去寻找的我们自己的心中,我们的能力也就随之大大地降低了。这"神性",对于我们这些人来说,就是钟老的精神。让我们挖掘我们心中的"神性",让我们以钟老的精神为榜样,为中国民俗学的繁荣发展而努力奋斗!

谢谢大家!

2003年10月

原题为:《刘魁立教授在钟敬文民俗学奖颁奖典礼上的发言(摘要)》

文章来源:中国民俗学网

在中韩非物质文化遗产
保护论坛上的发言

尊敬的主席、各位代表：

本来我想就各位的发言在仔细思考后再系统归纳一下自己的心得，但由于时间有限，难以做到这一点，因此，我现在只能按照代表们发言的顺序谈一下自己初步的粗浅看法。

首先，我得感谢会议主席让我得以荣幸地仔细聆听大家的讲演，听每一个人的讲演都是一种享受，这种享受或许不是其他的快乐所能相比的。我常常想，工作着是美丽的，但是这句话太笼统了，应该说思考着是美丽的，实践着是美丽的，在实践中思考更是美丽的。

在吴秀卿教授的讲演里，我有这样一种感受：非物质文化是具体的，不可能用一般的、抽象的原则去对待完全不同质的、具象的事物。什么人为了什么、做了什么样的创造和对已有创造的继承和变异，其结果是不一样的。她用了"原型""创造"和"变形"这样的一些术语，或许对于中国学者来说多少有些陌生，但是如果我们把它换成另外一些我们通常所用的术语，如原生态、本生态、发展等，就比较容易理解她的原意了。她的讲演里有两个术语很给我以启发，它们是完全不同的却又相关的两个概念：一个是事物本身的"衍化"，也就是事物根据自身的发展轨道向前推进的一个过程；另一个是"异化"，也就是仍然保持着原来的某种形态，但是它的根本性质已经发生变化了。比如，她举例提到的密阳百宗戏，便存在着一种功能的"衍化"，这种戏本来具有一种仪式功能，是农民在游街筵宴的过程中发展出来的一种艺术表现形式，但后来就变成一种表演，实现了功能的异化了。另外，吴教授谈到丧葬戏里的主体发生了变化,其功能随之也发生了变化,目前,也许正处于"衍化"但还没有完全"异化"的发展过程中。我们现在通常所看到的具有旅游性质的、关于"项目"的表演,实际上仅仅保持它的外在形态,而在一定程度上将原来本质性的东西"空洞化",从而使原来的事物发生了本质性的变化,也即异化。这大概是非物质文化遗产保护当中,值得我们特别警惕的问题。

在李贵永教授和陈华文教授的报告里,都谈到了行政当局的作为问题。行政当局在非物质文化遗产保护中发挥着非常重要的作用,但有时候可能得当,有时候或许并不得当。李贵永教授谈到保护和传承的机制,以及政府的支持机制等等问题,认为如果执行得好,就会获得比较好的效果,但是如果行政部门作为不当的话,便会对文化遗产的保护起到并不良好的作用。在这种情况下,学者们应该提供智力支持,所以,陈华文教授提出的若干建议是非常及时与重要的。

郑然鹤教授提及了有形与无形的文化遗产,也就是我们通常所说的物质和非物质文化之间的关系,提出不能仅仅使用抽象的定义,而应该更加深入地阐明它们的内涵。比如,就民俗资料而言,其中所涉及的非物质文化遗产立法的问题,已经被学者们多次强调。文物行政管理部门经常认为,所有涉及文物的和涉及物质的都是与他们有关,应该属于他们的职权范围,但在非物质文化遗产保护中,如剪纸,如果我们没有了纸,没有了剪子,就无法进行剪纸,而活动完成后的成果又立刻呈现物质形态,那么,我们应该如何来保护剪纸这样一项重要的文化遗产呢?物质遗产保护作为一项工作,只能由一个相关部门进行组织和管理,这在行政职能上不应有所模糊。然而,一旦涉及非物质文化遗产,情况就变得复杂了。就这个问题而言,郑然鹤教授的报告提供给我们很多的思考与借鉴。韩国的保护实践对于我们今后如何保护中国的非物质文化遗产,具有重要的参考价值。

杨和平教授谈到的珍贵遗产以及目前传承过程中遇到的困境,让我联想到今年联合国教科文组织评审人类非物质文化遗产代表作名录的新办法。今年的做法,和过去不太一样了。以前被笼统称呼的"人类口头非物质文化遗产代表作",现在分成了两类:一类叫代表作,主要突出其代表性与杰出性,表明其文化成就产生的广泛影响;另一类是需要保护的项目。这种扩大化的分类,在实践过程中如果保护措施得当的话,也许能够真正地对于人类文化发展做出有效的贡献。

徐华龙教授谈到的信仰问题,让我们进一步思考,民间信仰在当代发生了哪些变化,当代民众的精神世界具有哪些特点,而信仰在我们的精神世界里到底发挥着怎样的作用。在他的报告里,我们会得到这方面的较多启示。

陈勤建教授的演讲提供了一个重要的思想,就是对于非物质文化遗产,特别是像古村落、原住民的生活方式等等,我们应该如何对待。他谈到了几个术语,如"生活象""生活场""生活流",提供了具有社会学和哲学意味的有益思考。有了"场""象"才能有所依据进行恰当保存,才能保持生活之"流",使之得以正常而顺畅地发展。这个"场"不仅限于山、水等自然环境,也不仅限于人为环境,如居所住宅,而且是原住民的生活氛围和文化传统,以及其中存在的内在意蕴。

曾祥委教授的报告谈到的是文化遗产发生历史演化的过程,他虽然讲述的是六祖慧能的真身演化这样一个个案,但同时也让我们想到其他非物质文化遗产事象何尝不是一个不断地被改造、重塑,不断积淀历史层累的复杂过程呢。

金镐杰教授给我们提供的重要思考,是关于我们通常所说的在非物质文化遗产保护中如何认定、立档、记录与整理的问题。我们通常把这些分类系统背得滚瓜烂熟,但是如何正确合理地记录与整理,大概是我们当前需要认真对待和深入思考的事情。因为记录本身是一个非常复杂与关键的过程,需要一系列的理论与方法来支撑。

潘一刚教授谈到的问题,主要涉及现代农村正在发生的变迁,而农村是大量非物质文化遗产产生与传承的基础社区。许多农村正在经历"空巢化",村里大多只剩下老人和孩子,老人有可能在某个时间故去,而孩子长大后也会离开。他谈到在某个村落的28个故事传承人中间,其中只有3个人可以讲述20个以上的故事,其他村人或者没有兴趣,或者已经不具备记忆故事的能力了。面临这样的情形,非物质文化遗产又该如何进行保护。

阮云星教授为我们概述性地谈了他正在进行的三个试验案例,尤其他讲到新媒体和非物质文化遗产保护之间的关系,很值得我们深入地理解与思考。也许我们现在并没有很系统地、从理论的高度,认真地反思新媒体究竟在现实社会生活中扮演怎样的角色。大众传媒不仅仅是一个新奇事物,更是一场革命。现代媒体的运用,将在非物质文化遗产保护中发挥划时代的作用。这个新工具对于我们记录自己的生活,对于如何保存与传承文化,也许是一个十分关键的文化手段。

冯芸教授提出了一个现实问题,即民间曲社和专业剧团的消长关系,这让我们思考民众和专业人员之间到底处在一个什么样的关系里,他们在非物质文化遗产的保护中各自起着怎样的作用。

周绍斌教授和其他几位教授都谈到了非物质文化遗产代表作申报文本的制作。评选代表作和公布代表作名录是非物质文化遗产保护过程中的一个具体措施,申报文本的规范制作对于现今的保护过程是不可或缺的。因为只有通过有效地呈现和展示一个非遗项目形态、内涵、过程、功能等等,才能使一项地方文化,成为众所周知的文化遗产。通过申报的具体操作过程,也许能够使我们更加深刻地了解与认识相关项目,将之更好地呈现和介绍给大众。

余悦教授的报告主题是关于如何把传承机制建设得更加合理与完善的问题。顾希佳和李荣有教授提出了关于在整个名录体制中存在的一些实际问题,并提供了许多很好的建议与意见,对于建设和完善名录制度有一定的参考意义。

宣炳善教授和陈映婕博士都谈到了非遗文化的起源地和传承地之间的关系,但在这里我特别提醒大家注意一个问题,非物质文化遗产的一个重要特征,就是它的共享性特点。当某个地方的传说成为大家共同的文化遗产的时候,并不能认为其他地方因为学习与传承了这一文化遗产,其价值就会打折扣,就不需要进一步保护了。佛教并不是在中国发源的,但它现在却成为中国的重要文化遗产。如果我们充分地考虑到文化的共享性特点,有关各方就会彼此友好相处,创造一个真正和谐的社会和真正和谐的世界。假定我们否认这一共享性特点,就会不断地发生纷争,比如,“这个是我们省的,对不起,你申报了我很不同意”,就会产生很多矛盾。非物质文化遗产的共享性特点,是保护工作中的基础性理论出发点之一。

李震教授就一个地方手工艺"夹缬"的保护问题,谈到应该怎样看待与保护"走出生活的遗产"。以前我们到一个农村,大家都会拿一个烟管箩递给你,里面装着很多烟叶,同时给你纸,让你卷烟抽,有些地方会给你烟袋。但是现在烟袋没有了,纸和管箩也没有了,他会拿出这样那样的香烟来招待你。抽烟袋的习俗走出了生活,如果说它也应该得到保护,那么如何保护。李震教授谈到的像夹缬这样的文化遗产,大部分已经走出民众的日常生活,不再被人们需要了,那么,应该用何种方法进行恰当地保护。

衣晓龙博士通过民间谚语谈到了传统的价值。农业传统在某种意义上常常被我们忽略,无论是出于人为的原因,还是出于自然的原因。我们现在面临一个如何使民间记忆得到一定程度恢复的问题。像清明节等几个传统节日,现在已经变成了国家的法定假日,这便是记忆的恢复,同时也是对传统的重建。在记忆的恢复和传统的重建方面,我们面临着许多艰巨的任务。使当下的非物质文化遗产保护朝着一个更加健康的方向发展,需要整个社会的共同努力。

这次会议提供了一个很好的平台,中韩两国学者就共同关心与正在思考的非物质文化遗产保护问题,展开平等和多元的对话,这是一件非常有意义的事情。在保护人类共同的文化财富的主旨下,针对一些共同感兴趣而又为现实所急切需要的学术话题,进行友好的切磋,彼此得到借鉴,甚或达成某些共识,这正是一次学术会议所期待的良好结果。一次学术会议要充分体现它的价值和功能,首先在于它要提供较丰富的相关信息,其次是学者们能够针对各自研究的领域提出有创新价值的想法与见解。一次比较成功的学术研讨会,不仅给学者们提供许多重要信息,同时也能够激发灵感与激情,使我们发现新的课题、新的研究路径与视角,更加热爱自己的学科与研究。这些新东西有时是一个人在办公桌前冥思苦想所不能够获得的。我们这次会议在这几个方面都很有收获,是一次成功的学术会议。谢谢各位!

文章来源:《非物质文化遗产研究集刊》2009年第1期

尊重先民创造的生活传统

各位朋友,我原来准备了两个事例,现在加一个事例,因为给我的时间超出原来分配的时间了。大家都知道在浙江省的象山现正在建设一个很大的港口,在象山旁边有一个村庄叫石浦村,位于一个岛上。居然一个山坡上有两尊神像,一尊是妈祖,在妈祖神像上面的山头,还立了一尊外观几乎和下面妈祖相像的一个神像,这个神像当地人说是"如意娘娘"——妈祖的妹妹。我想结合这个事例说明一下我自己的看法。

1947年至1948年,国民党撤到我国台湾的时候,希望石浦村的村民能够一块儿到台湾去。村民当时说:你们如果让我们带走我们的娘娘,我们就跟着走,假如不让带,我们就留在这里。据说主持这件事情的军官同意了。当他们带着自己的妈祖神像的时候,行船没有任何问题,平安到达了我国台湾,他们把自己的村庄同样叫作小石浦村。这件事情在后来相当长的时间里,很多人完全淡忘了,因为那个时候两岸不通,所以,这些居民也没有机会把自己过去的历史讲给象山人,象山人于是忘掉了曾经在他们这个地方有过一个"如意娘娘"。

到了两岸可以进行交流的时候,大家都知道有位柯受良先生,他回大陆探访自己的老家象山石浦村。他和大家说,历史上曾经把一个娘娘带走,不是妈祖,是她的妹妹"如意娘娘"。至于有没有"如意娘娘",我并没有考证过。

于是,大家觉得应该让"如意娘娘"回到原来供奉的地方,便坐着飞机把一个小的神像带回来。到了前年,大家说这样还是不行,应该让真身坐船漂洋过海回到石浦村,于是就坐船把本尊神像运回来了。那时,正好有台风,柯受良父亲所在的台湾小石浦村也是风雨大作,他梦到过"如意娘娘"说什么时候走,结果当天早上还是大雨滂沱,到了他们出发的那一刻,风也停了,雨也住了,大家平安到达,"如意娘娘"就这样来到了象山,这是一段佳话。

借这个故事我想说明什么问题呢？说明"如意娘娘"是造神行为的结果,而现在象山居然又有了一个"如意娘娘"的神像,同时,也有"如意娘娘"的庙,于是,又有一次再造的运动。很多当地人不仅进去拜妈祖,还要拜"如意娘娘",在他们心里多了一位神灵,这个神灵对于他们来说也同样有非常重要的功能。我觉得这件事情本身说明,在今天这个时代,普通人当中造神现象仍然存在,而且应该说还有某些空间。

这样一个造神现象,是不是应该用非常警惕的态度去对待呢？我觉得如果仔细分析一下,也许会给我们许多正面的启示,比如说,人与人之间关系的和谐,比如说,对于自己心灵的安慰,再比如说,他们所提倡的爱人、救助精神,所有这些对于社会来说是产生非常正面效应的事情,都在所谓造神现象中间得到某种发扬。我认为从这个意义上来说,造神现象也许应该是一种在现代社会条件下传统生活尚且有效的或者说新的体现,这是我向各位报告的头一个事例。

接下来,我想引用大家都很熟悉的两个事例,这两个事例是我们耳熟能详的,每一个人心里都有的,但是又被整个社会所淡忘、所忽视或者是没有把它们作为我们借鉴的那样一些对象。

假如说一年的时间度过是一个圆周,过去阴阳合历里面有以太阳的运行来作为时间计算参考物的做法,便有了二十四节气的存在,有了冬至、夏至、春分、秋分。在夏至期间白天最长,晚上最短;冬至期间晚上最长,白天最短;春分、秋分时各占一半,这样的时间分配大家都很熟悉。在这个图式里面,我们同时看到了方位、东南西北、正东正西正南正北。我国从周代开始便有祭天祭地的习俗,这和现在的时间、空间方位是完全一致的。明代以后,在北京体现得非常明显。大概是前年还是去年,在曾经的古都西安发现了圜丘,也就是发现了天坛。从周代开始,夏至的时候祭天,冬至的时候祭地。到了宋代时间有所改变,地叫永泽坛,天叫圜丘,这是大家都熟悉的。另外,到了春天的时候祭日坛,也是朝日坛。各位如果熟悉北京的话,现在的方位就是这个样子,天坛在南,地坛在北,日坛在东,月坛在西,是严格按照这个空间来布置的。当然还有两个坛,一个叫社稷坛,一个叫太庙,这两个坛过去是在皇宫的左右两边,叫作左祖右社。这样的布置实际上是把时间、空间和我们对于自然界的祭拜仪式,非常融洽、和谐、准确地标志在整个城市建设当中,所以结构是整体性的、系统性的。在改革开放以后叫坛的,只有一个,大家都知道是世纪坛,世纪坛照理说叫坛,显然应该有一个特指是做什么的、应该放在什么地方、功能、建设等等,这些都应该有相应的要求,但是我也看了很多材料,没有得到一个很好的答案。我觉得像刚才所说的这样一个事例,应该让我们记起,或者给我们一些警醒,让我们知道城市建设也好,整个社会建设也好,应该有一个整体性,应该照顾到传统给我们留下的那些宝贵的经验和非常重要的启示。

下面想介绍另外一个事例,假定说刚才是在城市的情况,现在我向各位介绍的是一个在农村里面的事例。唐宋时期,我们的先祖已经知道如何使生活变得非常合理,这个合理体现在自己的劳动生活里面。有个名字叫"桑基鱼塘":以桑树作为鱼塘的塘基,形成一个循环。大家都知道在珠江三角洲,因为雨水很多,而且地处低洼,常常有洪涝灾害,于是先民挖鱼塘,把泥加固在塘基上,这就降低了水位,而且在塘基上种甘蔗,或者是荔枝,或者是桑树,更多的是桑树,因为大家都知道过去通常是男耕女织,主要还是指织布说的。说到桑树,现在全世界所有蚕茧总产量的75%在中国,清末民初也就是第一次世界大战前后曾经有过一段时间,是最高峰。像桑基鱼塘这样的建构,在珠江三角洲和相近的一些地方,居然有120万亩,当时应该说是一个非常好的循环:把塘泥挖出来之后加固在塘基上,然后塘基上种桑树,桑叶养蚕,蚕沙又可以返回到鱼塘里,作为很好的鱼饲料,所以,鱼养得特别肥。当然也有一部分用做沼气,沼气的渣子仍然是鱼很好的饲料。这样一个循环,就使得整个生活非常绿色环保,非常内循环,非常严整,完全不必用化肥,不会有土地板结,或者其他的水质污染,或者是鱼的生存环境恶化等问题。在这样一个很复杂的关系里面,我们看到动物,也就是鱼类和植物之间的关系,蚕和桑之间的关系,非常和谐。可是今天我们处在一个低潮当中,因为化学纤维特别多,养蚕费人工,所得非常少,而且越来越萎缩。这一个启示,我觉得对于我们今天来说特别的重要。当然,我要说的还有另外一些细致的,讲到蚕,讲到丝,我们在世界市场上来说是非常了不起的事情,由于时间的缘故,我就只先说到这里。

刚才所讲这两个事例说明什么?说明先祖已经给了我们一些非常宝贵的经验,我们在今天建设新生活的过程里,要汲取他们给我们的经验,一定要使我们的生活变得真正人性化,而不应该让那些所谓的"科技进步"——实际上它的负面影响,把我们从一种非常正常的生活,导入到非常不正常的状态,人类现在有时候是自己在戕害自己。所以,我觉得这些启示会使我们的生活变得更美好,千万要对我们的古人,对我们的先民有一个感恩的心情,要对他们所创造的历史非常熟悉,而且要特别尊重,只有这样,我们所有的文化工作者,才真的尽到了社会责任。

文章出处:《当代社会中的传统生活——国际学术研讨会论文集》,冯骥才主编,天津社会科学院出版社,2014年7月。

团结拼搏　共创民间文艺事业新辉煌
——在中国民间文艺家协会第六次全国代表大会上的工作报告

各位代表：

今天，中国民间文艺家协会第六次全国代表大会隆重召开了。这次大会的召开，恰逢新世纪的第一个春天，全党全国人民认真贯彻落实江泽民同志关于"三个代表"的重要思想、党的十五大和十五届五中全会精神，满怀信心开创社会主义现代化建设新局面之时。这是一次继往开来、团结奋进的重要大会。回眸中国民协走过的历程，展望未来，我们无限感怀、豪情无限。

中国民间文艺家协会第五次全国代表大会于1991年11月召开，至今已有9年多了。这9年多的时间里，担任过协会领导工作且为民间文艺事业发展做出过杰出贡献的马学良、杨堃、容肇祖、蓝鸿恩、张紫晨、许钰、刘德培等民间文艺家先后谢世。今天，全国民间文艺工作者的代表在这里共商民间文艺事业发展大计，让我们对他们表示崇高的敬意和深切的怀念。

过去的9年是不寻常的9年，世界政治风云变幻，全球经济激烈竞争，科学技术日新月异。中国民间文艺事业在我国突飞猛进的改革开放和社会主义现代化建设中，进入了新的发展时期。这是一个机遇和挑战并存的时代。信息化社会的到来，使口口相传的古老的民间文学面临着失传的威胁；市场经济大潮汹涌,冲击着人们的思想观念和呼唤文化体制的改革;在经济、政治、文化交流空前繁盛的当今时代,文化霸权和商业文化咄咄逼人;但民间文艺事业在"二为"方向和"双百"方针的指引下,进入20世纪90年代以后,克服困难,开拓创新,乘势而上,仍然呈现出欣欣向荣的局面:民间文学三套集成成就辉煌,民间文艺学学术繁荣,民间艺术新人佳作迭出,民间文艺国际交流更具广度和深度。9年来,中国民协在中宣部、中国文联党组、中国民协第五届主席团和常务理事会的直接领导下,及各省、自治区、直辖市民协和全国广大民间文艺工作者的支持下,改革、调整、探索、创新,为推动我国民间文艺事业在新时代的新发展,做了有益的工作,取得了可喜的成绩,塑造了中国民协新形象。

下面,我受本届常务理事会的委托,向大会做工作报告,请诸位代表审议。

关于9年来的工作:

一、坚持坚定正确的方向,加强理论学习

9年来,中国民协始终把坚持正确的政治方向和文艺方向作为头等大事来抓,不间断地组织协会干部、会员和民间文艺工作者学习马列主义、毛泽东思想、邓小平理论和"三个代表"重要思想;认真宣传贯彻党中央各项文艺方针和政策,并且落实到民间文艺事业的各项工作中去。

1997年,中国民间文艺家协会常务理事会制定并通过了《中国民间文艺工作者职业道德准则》,要求每一位会员、民协系统工作人员与以江泽民同志为核心的党中央保持一致,爱岗敬业,团结协作,艰苦奋斗,坚持民间文艺工作的正确方向。1999年、2000年,结合"三讲"教育"三讲教育回头看""警示教育",协会机关在干部和群众中开展了深入、系统的政治理论学习,结合工作实际,统一思想,坚定信仰,认清形势和任务,提高思想政治素质,增强贯彻落实中央各项指示精神的自觉性,在工作中始终坚持为人民服务、为社会主义服务的方向,贯彻执行"百花齐放、百家争鸣"的方针。

二、齐心协力,无私奉献,共筑"文化长城"

1984年,中国民间文艺家协会同文化部、国家民委联合签发民字(84)第808号文件《关于编辑出版〈中国民间故事集成〉〈中国歌谣集成〉〈中国谚语集成〉的通知》。从此开始了全国性的发动普查采录工作。1986年,三套集成被纳入《中国十大民族民间文艺集成志书》,成为国家重点科研项目。1987年集成进入编纂工作,1990年,三套集成陆续开始出版。

民间文学三套集成工作普查规模大,在编纂出版全国卷即省卷本的同时,各地市、县还纷纷出版地方资料本,搜集了数以十亿字计的珍贵资料,出版成果也将盛况空前。三套集成经过专家学者认真编纂,坚持和具备科学性、全面性、代表性,是民间文学史上的伟大创举,无愧于"文化长城"的赞誉。

这9年来,召开审稿会70余次,审稿逾1亿字。9年来,三套集成出版省、自治区、直辖市卷32部,其中故事卷11部、歌谣卷9部、谚语卷11部,完成初审、终审的有34卷。目前,已全部完成三套省卷本出版的有浙江省、江苏省、宁夏回族自治区,另有已完成全部三套终审工作的8个省、自治区、直辖市,它们是湖南省、四川省、河北省、陕西省、青海省、云南省、广西壮族自治区和上海市。9年中,受到文化部表彰的中国民间文学集成先进单位有53个(其中省、市、自治区、直辖市协会18个、编辑部35个);先进个人60人;受到全国艺术科学规划领导小组表彰的165人。集成工作是中国民协的龙头工作,动员了广大民间文学专家学者和千百万基层民间文艺工作者与群众参与,带动了民间文学的搜集、出版和研究工作。通过这次大规模的全面普查,我们对民间文学的蕴藏流布情况有了较为明确的了解,同时挖掘出一大批珍贵的民间文学作品,发现了一大批优秀的民间故事家和民间歌手。深入的普查及其获得的丰富的资料,也为科学研究提供了坚实的基础。这一文化工程之浩大,成绩之辉煌,可谓空前绝后,多少国外学人赞叹:如此壮举,只有在新中国才能实现和完成。

三、加强学科建设，理论学术迈向新的广度和深度

中国民间文艺学以搜集、整理、研究我国广大人民群众千万年传承下来的民间文艺为对象。中国民间文艺学的历史使命是来自民间又回到民间，站在人民的立场上，用马克思主义辩证唯物主义和历史唯物主义阐发其科学、美学、艺术的价值，丰富和发展人民的文化生活，促进民间文艺的传承和提高。

肇始于20世纪初的中国民间文艺学，自本协会前身中国民间文艺研究会成立以来，获得了举世瞩目的发展，经历了学科史上的三个时期：(1)五六十年代，遍及56个民族的大规模民间文学普查和采录，以及民间文学研究的全面开展；(2)80年代，摆脱文艺研究唯意识形态论的束缚，在民俗学、民族学、文化人类学、美学、文艺学等空前活跃的学术背景下，民间文艺学建立起更广泛的人文科学的学术基石，同时，在民间文艺的各种形态之间，展开类比与整合；(3)90年代，学术格局多元，即点面结合地搜集、普查，基础理论与应用研究并重，国际交流与比较研究更具广度与深度，方法论更趋多样而科学，学术队伍更壮大和学术成果更厚重。面对学术发展的大好时机，要努力促进有中国特色的民间文艺学的体系建构。为此，中国民协立足于民间文学，又面向民间文艺和民间文化，广阔学术视野，适时组织了多层次多类型的学术活动和理论研讨。

1. 1997年中国民协与湖南省民协召开中国梅山文化学术讨论会；1998年中国民协与山东省民协在泰山召开全国五岳文化系列研讨会·泰山文化研讨会；1999年中国民协与河南省民协召开全国五岳文化系列研讨会·嵩山文化研讨会；与河北省民协召开海峡两岸民间文艺研究与发展学术研讨会；与南宁市政府等联合召开1999南宁国际民族民间文化研讨会；2000年与黑龙江省文联等单位联合召开全国首届达斡尔民间文化艺术研讨会等等。这些学术活动，拓宽了学术领域，努力开发学术研究的社会功能，加强和引导了理论的实践性和应用性。中国民协编辑出版的《民间文学》《民间文化》《缤纷》三个

刊物在9年中为学术繁荣和丰富人民群众文化生活做了大量工作,发表了大量优秀的作品和有分量的学术文章。

2. 1994年,中国民协承担了由我国政府与联合国教科文组织联合签订的用现代化手段记录保存中国民间文学遗产的《项目实施计划协议书》,对吉林、湖北、四川、云南省数十个县、市的民间故事进行了五次考察和实地采录,采访故事家100余位;记录民间故事、民歌900余篇(首);搜集白族大本曲20部;录音3700多小时,录制磁带1200余盘;摄制录像1000多小时,制作专题片《伍家沟故事村》一部;出版《中国民间文学遗产》《走马镇民间故事》《王海洪故事集》等书。1998年12月召开了项目成果汇报会。此项活动在各采录地引起强大反响,促进了农村群众对自己的文化传承和文化创造的珍视。吉林农民自豪地说:"我们的'瞎话'(故事)都讲到联合国去了。"一些地方还要为民间故事家树碑立传。为保护民间文化遗产开辟了新途径,获得了新成果。

1992年至1997年,中日两国学者共同进行"环东海农耕文化民俗学研究",在中国浙江省温州、宁波、奉化、丽水和日本的新潟县、熊本县、千叶县、冲绳县等地对节日、礼仪、婚庆、丧葬、民居、祭祀、崇拜、信仰、生产等诸多方面进行了跨年度全方位、多层面的综合考察。

1996年4月,中国民协召开了国际民间叙事文学研究会北京学术研讨会。北京学术研讨会有来自26个国家和地区的100余位代表出席会议。中国推举的40位代表,高水准地展示了我国民间文艺界的研究成果。

四、开掘民间文艺丰富资源,弘扬优秀民间文艺

民间文艺在人民的劳动、生活、风习中流传,是人民大众精神风貌的展现。民间文艺种类繁多,形式多样,内涵丰富,是人民创造才能结出的丰硕精神果实,反映着人民的审美理想,浓缩着中华文化的民族精神。把有精湛技艺、精美形式和精深内涵的民间文化瑰宝,从自生自灭和人亡艺绝的境地中挖掘出来,弘扬开去;把人民喜闻乐见的民间文艺,在人民自己的文化生活中生动活泼地开展起来,促进农村精神文明建设;把民间文艺的传承与提高结合起来,使民间文艺的美学传统得到不间断地继承和发展,是时代赋予民间文艺工作者的重要使命。

9年来,中国民协通过举办各种全国性、国际性的民间文艺活动,努力挖掘和弘扬优秀的民间文艺,努力开拓民间文化艺术的广阔市场,为地方经济和旅游经济的发展和农村精神文明建设服务,促进各民族的文化交流和民族团结,丰富人民群众的文化生活。

1.举办民间手工艺术展示活动

民间手工艺术来自民俗生活,民间艺人将土木泥石化腐朽为神奇,使人惊叹:"美在民间。"在现代化进程中,留住手工艺术,是留住民族文化传统的一个重要方面。

1993年7月18日至9月20日,中国民协与万博文化城在南戴河联合举办了中国民间艺术大展,全国有21个省、自治区、直辖市的23个参展团,展品丰富多彩,布满6000多平方米的9个厅室。参观人数达20万人次。李瑞环、杨尚昆、薄一波、赛福鼎等领导人和各界知名人士题词盛赞大展是"辉煌的艺术"。1998年8月,中国民协和中国文联联合主办首届国际民间工艺博览会。来自全国24个省、自治区、直辖市的200余位民间艺术家一展风采。百余种、数万件工艺精品荟萃,琳琅满目,争奇斗艳,民间艺术的展示再上新台阶,民间艺术在文化市场争得了一席之地。

1997年6月,中国文联举办,中国民协承办《首届中国十大民间艺术家精品展》。1997年11月,中国民协与北京电视台合作在中央电视塔举办国际手工艺术周,13名中国民间艺术家和大师与南非、日本、秘鲁、印度的手工艺术家同时进行现场表演和交流。民间艺术家身怀绝技,不同凡响,受到观众的热烈欢迎。展览为推名家、出精品、育市场、创效益做出了有益的探索。借助现代传媒,民间艺术展现魅力,光华四射。

2.举办中国民间艺术节

1993年10月9日至14日,在北京门头沟区举办第三届中国民间艺术节,有12个民族的20多个艺术表演队参加。1999年10月,中国民协在江苏省无锡市举办第四届中国民间艺术节,艺术节有来自11个省(自治区)的23个民族的民间歌舞表演和7省、市民间艺术大师的制作展示,四天演出21场,中外观众10万余人。中国民间艺术节成为综合展示民间艺术各个门类风采和民间文艺继承发展取得新成果的一个大舞台,在社会上,各种艺术门类百花齐放,在艺术节中崭露头角,独具特色。

3.举办大型民间文艺比赛

民间表演艺术具有广泛的群众性和鲜明的民族性,弘扬好这一民间艺术形式,有利于激发和振奋民族精神。1999年12月,中国民协与中国文联在北京举行"国安杯"中华舞龙大赛。来自全国各地、各民族的舞龙高手3000余人、龙队32支参加大赛。200余只风格各异、形制独特的龙舞,全面展现了中国龙文化的风采,许多地方为参赛将当地传统舞龙进行了抢救性挖掘、整理,少数民族地区也踊跃参赛。大赛之后,各舞龙队移师天安门广场表演,成为北京庆祝澳门回归大型文艺演出的主角。中央电视台向全世界现场直播。龙舞还在八达岭长城为"迎接新世纪庆典全球电视联播",一展"中国龙"的风采。天安门舞龙是中国舞龙史上的头一回,此次活动影响巨大,名扬世界,吸引了亿万观众,受到各界人士赞誉。中国民协因此受到北京市澳门回归庆祝活动领导小组的表彰和中国文联党组的通报表彰。

2000年,中国民协、国家旅游局、中央电视台等单位联合举办2000年神州世纪游全球华人元宵灯谜楹联竞猜活动,国内30个省、自治区、直辖市和海外华人踊跃参与,通过互联网猜谜对联。农历正月十五,在深圳举行《盛世观灯——2000元宵晚会》,中央电视台国际频道向全球播出。

2000年11月8日至10日在浙江省杭州市举办了中国民间文艺山花奖首届民间广场歌舞大赛。12个省、自治区、直辖市的18支代表队,800余人参加比赛。多姿多彩的民族民间歌舞为浙江省"西湖博览会"增添了亮丽的风景,成为博览会文艺踩街、大型闭幕式演出中的主角。

4.举办纪念中国民协成立50周年盛大纪念活动

2000年3月29日是中国民协成立50周年的喜庆日子。半个世纪以来,中国民协在党的领导下,虽经历风风雨雨,仍然在弘扬民间文化,搜集、保护、整理、研究民间文艺特别是民间文学中取得举世瞩目的成绩。50年来的搜集普查工作,使我们获得了56个民族民间文学的浩如烟海的宝贵的精神财富,丰富了中国文化和世界文化宝库。民间文艺学以其丰硕成果和大批杰出学人在人文社会科学中崛起。民间文艺事业日益呈现欣欣向荣的景象。为继往开来,中国民协在四川省成都市举办了系列庆祝活动:召开中国民协成立50周年庆祝大会,颁发中国民间文艺山花奖成就奖、电视音像作品奖,召开五届七次常务理事扩大会,举办专场民间文艺晚会,举办全国民族民间工艺博览会等。庆祝活动隆重、热烈,在社会上产生了广泛影响,很好地总结、宣传了50年来中国民协的成就。

五、加强队伍建设,奖掖优秀人才

9年来,中国民间文艺队伍得到壮大与发展。针对会员队伍年龄老化,结构不合理,对民间艺术人才重视不够的情况,近年来,注意从青年人才和艺术人才中发展会员。现有会员3800余人,在发展会员的同时,我们特别注重提高队伍的素质建设,以奖掖优秀人才作为加强会员队伍建设,特别是会员职业道德建设的一项重要举措。

1997年,我会与各省民协共同推举8名会员出席首次中国文联各文艺家协会中青年会员德艺双馨座谈会。他们是龙海清、郑一民、罗义群、刘蕴杰、程建君、马青、乔永福、崔欣。1999年又推举7名会员王映雪、韦苏文、邓毅、白庚胜、吕存、姚二龙、甄亮出席中国文联"向祖国汇报——百名优秀青年文艺家创作经验交流会"暨第二次德艺双馨座谈会。2000年,刚刚出席中国文联第三次德艺双馨座谈会的是才旦多吉、王恬、龙耀宏、吕建军、何承伟、曹保明。中国民间文艺家协会也于1999年召开了中国民协中青年德艺双馨会员表彰会,表彰了全国29个省、自治区、直辖市的86位优秀会员。

1996年,中国民协与联合国教科文组织联合对我国的工艺美术家进行命名活动,命名中国民间工艺大师15名,中国一级民间美术家96名,中国民间工艺美术家541名。1998年,中国民协与联合国教科文组织又命名了一批民间文艺家。

1997年,经中宣部批准立项,由中国文联、中国民协主办的中国民间文艺山花奖是中国民间文艺最高奖。1999年,中华舞龙大赛有8支舞龙队获此殊荣,他们是湖北红金龙舞龙队、山东阎千户舞龙队、江苏栖霞舞龙队、江苏汉魂舞龙队、湖南边城巨龙队、河南项城锣龙队、辽宁金州女子舞龙队、浙江檀溪寺前村龙灯队。2000年又评出9名德高望重、从事民间文艺事业50年以上、取得过卓越成就的老前辈为终身成就奖和成就奖,他们是终身成就奖本会名誉主席、著名学者钟敬文,成就奖本会首席顾问、著名学者贾芝,本会副主席、著名学者姜彬,著名神话学家袁珂,著名搜集家、研究家萧崇素,著名搜集家、研究家董均伦,有"当代荷马"之誉的史诗艺人居素甫·玛玛依,著名歌手康朗甩,著名故事家刘德培。《美从民间来》《民间风》《山神后人》等9个电视音像作品同时获奖,民间广场歌舞大赛评出《黄阁麒麟舞》《淳安竹马》等8支代表队的作品获山花奖。山花奖成就奖获得者是我国民间文艺事业杰出成就的代表;山花奖各类作品奖获奖作品,都是民间文艺最新的精品,是文艺百花园中的奇葩。中国民协在评奖过程中,还努力探索出了评奖与比赛、评奖与大型节会活动相结合的路子,以评奖促活动,以活动带评奖,收到很好的效果。

六、开展对台文化交流和国际文化交流,促进两岸统一与世界和平

1.中国民协与台湾民间文学界建立交流关系,至今已有十几年的历史。学术间的交流,为我们的相互理解与沟通架起了桥梁,向往统一成为两岸学者的共同愿望和呼声。

1994年、1996年、1997年、2000年,中国民协曾四次应邀派出学者访问台湾,在台北、高雄等地参加学术研讨会,并出版了《海峡两岸民间文学学术论文集》四本。台湾学者更是频繁来大陆交流,参加各种学术活动。

1999年,中国民协与河北省民协联合召开《海峡两岸民间文艺研究与发展学术研讨会》，台湾口传文学学会金荣华等一行8人出席会议，大陆学者百余人（其中副教授以上学者78名），是海峡两岸民间文艺界规模大、层次高的学术研讨会。

2.中国民间艺术，历史悠久，韵味独特，丰富多彩，享誉世界。9年来，中国民协派出10余个民间艺术代表团赴德国、巴基斯坦、以色列、新加坡、韩国、美国等国家参加展览或艺术节，受到热烈欢迎。

1994年，派出以冯元蔚为团长的40人的中国民间艺术代表团赴巴基斯坦，出席首届国际伊斯兰手工艺术节。1995年开始，中国民协每年组织民间艺术代表团参加以色列耶路撒冷的国际民间手工艺术博览会，迄今已是第六次参加这一活动了。1999年，以色列驻华使馆与中国民协联合主办了《中国民间艺术家眼中的以色列》展览。

2000年，本会组织的中国民间艺术代表团赴美国表演，反响强烈，场场爆满。我国驻美国大使馆还组织了专场为各国驻美使馆人员表演。

3.9年中，中国民协派出代表团参加国际学术会议，进行学术访问10余次，分赴芬兰、日本、俄罗斯、泰国、印度、德国、奥地利、加拿大、美国等国家。来访的外国代表团也有十余个，一百余人次。

总之，第五届全国代表大会以来的9年，是中国民协团结广大民间文艺工作者不懈努力、辛勤耕耘、硕果累累的9年。9年多来，为使我国民间文艺事业与时俱进，不断繁荣，中国民协努力探索工作新思路，既顺应时代变革，又接受时代挑战，竭力把握民间文艺事业发展机遇；努力探索将蓬勃发展的民间文学事业优势与开放的民间文艺活动相结合的工作格局；努力探索中国民协与地方民协、团体会员与个人会员形成合力，整体推进民间文艺事业发展的路子；努力探索适应社会主义市场经济形势的工作机制，力争社会效益与经济效益并举。9年多来，各地民协对中国民协的工作给予了大力的支持和配合，各地民协也为各地民间文艺事业的繁荣开展了创造性的工作，取得了巨大的成就，创造了许多好的经验，使民间文艺事业真正繁荣在基层。9年来，民协工作的成绩是在党和政府的关怀与支持下取得的，是在广大文艺家参与下取得的,是在社会各界的大力支持下取得的。在这里,我代表中国民协向关心支持我们工作的各级领导和同志们、朋友们表示衷心的感谢!

同时,我们也应看到,协会工作9年来仍存在很多不足之处,比如,凝聚力有待进一步加强;会员队伍的发展壮大应与民间文艺繁荣发展的形势相适应;如何进一步适应社会主义市场经济的发展,开辟新领域,又很好地继承和发挥传统的优势,还有待进一步去探讨。总之,协会工作与时代发展和人民需要尚有较大距离,我们要立足于改革,立足于发展,立足于服务,立足于让民间文艺界满意,总结经验教训,认真规划今后的工作。

今后工作的建议:

从新世纪开始,我国将进入全面建设小康社会,加快推进社会主义现代化的新的发展阶段。今后五到十年,是我国经济和社会发展的重要时期。党中央和国务院制定了国民经济和社会发展第十个五年计划,站在跨世纪的历史新高度上,放眼世界,规划中国的发展,提出经济和社会发展目标、战略布局、重点任务,描绘了我国在新世纪第一个五年经济和社会发展的壮丽蓝图,反映了全国各族人民的心愿。这是指导我国今后五至十年经济和社会发展的纲领性文件。中国民协要以党的十五大和十五届五中全会精神为指导,规划好今后五年的工作,把中国特色社会主义民间文艺事业推向21世纪。

繁荣民间文艺,必须认真学习马列主义、毛泽东思想和邓小平理论,认真学习和贯彻党的文艺方针政策,坚持为人民服务、为社会主义服务的方向和百花齐放、百家争鸣的方针。要认真学习和实践江泽民同志关于"三个代表"的重要思想,为建设社会主义精神文明,发展中国特色社会主义文化做出新的贡献。中国民协五十年来,在民间文学的搜集、整理、推广、研究,在民间文艺学学科建设与理论研究,在民间文艺的继承、弘扬、开发、展示等方面都做出了辉煌的业绩。今后五年里,我们要发扬光大这些光荣传统,围绕弘扬优秀的民族民间文化,围绕民间文化遗产的保护、继承和发扬,围绕繁荣民间文学、艺术、文化及其学术理论和丰富人民群众的文化生活,继往开来,再立新功。要而言之,继续采风,深入研究,拓展领域,广泛联络,壮大队伍,奖掖人才,应该成为我们今后工作的重要任务。

为此,对中国民协今后五年的工作任务和工作思路,提出如下建议:

一、抓好重点工程,深化学术研究和学科建设

《中国民间故事集成》《中国歌谣集成》《中国谚语集成》是国家重点科研项目,也是中国民协的重点文化工程。三套集成自1983年启动,1991年开始出版以来,迄今已进入最后的冲刺阶段。按照国家艺术科学规划领导小组的要求,此项工作要在2004年完成全部省卷的出版任务。今后的集成工作,重点将逐渐向各卷总编辑部担负的审稿、出版工作转移。要继续加强对集成工作的领导和支持,中国民协三套集成工作办公室,要协助各卷总主编、副主编和各省集成编委会,做好编辑、审稿、改定工作,协调好有关出版工作,按期完成老一辈民间文艺工作者开创、数百万民间文艺工作者几十年为之夙兴夜寐辛勤劳动的这一浩大工程。在抓好集成工作最后的冲刺和攻关的同时,要积极谋划对集成资料本、省卷本的研究和推广开发。要特别重视对集成资料本的保存和保护,可以通过建立资料馆、博物馆进行重点管理,也要尽快将手写记录稿用电脑、光盘等进行高科技转存。千万不能让来之不易的宝贵资料再人为散失和损坏。要利用集成成果,开展若干专题学术理论的研讨。要加强民间文艺学科的基本理论建设和学科体系的建构,努力建立马克思主义的中国民间文艺学。

二、继续深入采风,推进优秀民间文艺的继承和发展

采风是我国民间文艺史上的伟大传统,北大歌谣运动以来,《讲话》发表以后,三套集成的实施,中国文联万里采风活动的开展,使采风运动绵延不绝,与时俱进,达到了前所未有的广度和深度。中国民协要继承采风的光荣传统,有规划有计划地继续组织好定向的、专题的、重点的、多民族的采风活动。要把采风与命名民间文化艺术之乡活动结合起来,如民歌乡、故事村、楹联村等,把采风与抢救、挖掘、保护重点民间文艺事象结合起来,把采风与建

立民间文艺创作基地结合起来,把采风与培训专业队伍结合起来,把采风与重点科研项目结合起来,把采风与国际民间文艺交流和比较研究结合起来。

要特别着重西部开发中的民间文艺采风和民间文艺开发的结合。要由点到面、有计划地重点加强对民间艺术的采风,注重用电视录像、图片光盘等手段记录和出版采风成果。

要发挥专家优势、专业优势,积极承担民间文化遗产保护和民间文艺著作权立法的调研工作。

三、办好大型活动,发挥民间文艺的综合功能和效应

民间文艺具有最广泛的群众性和深刻的民族性。民间文化艺术不仅是民族文化的宝贵遗产,也是当代人民生活最生动现实的文化内容。组织好广泛多样的民间文艺活动,有益于引导人民文化生活向文明健康的方向发展。丰富多彩的中国各民族民间文艺,与各民族人民的民俗文化和民俗生活紧密相联,息息相关,是今后旅游经济的重要人文景观和开发资源,对促进经济发展具有直接的功效。中国民协要继续办好一节(中国民间艺术节)、一会(国际民间工艺博览会),继续探索和完善比赛、评奖、节庆综合互动的思路,把广场、市场、文化场统一起来,打造出民间文化活动的知名品牌。

四、完善"山花奖"评奖,促进出人才、出作品、出成果

已经颁发过的"山花奖"成就奖、中华舞龙大赛奖、电视音像作品奖、民间广场歌舞奖,均产生了广泛的积极的影响。中国民协要继续做好山花奖成就奖评奖,并逐渐使之成为催生杰出人才特别是中青年杰出人才的权威奖项;山花奖民间表演艺术奖继续增加项目和品种,使之系列化、类型化,形成规模。陆续启动山花奖学术著作奖、民间文学作品奖、民间工艺奖等奖项,全面发挥评奖工作的导向功能、激励功能、繁荣功能。

做好中国民间文艺山花奖的评奖工作,要不断在评奖实践中,完善评奖制度,完善评奖章程和细则,坚持科学、公正、公开的原则,把"山花奖"办成真

正具有权威性、专业性、导向性的大奖。要继续探索把评奖和大型民间文艺活动、民间文艺比赛、民间文艺节庆相结合的路子。

五、拓宽文化交流渠道,让民间文艺大步走向世界

中国现代民间文艺运动,经过近一个世纪的努力,民间文学的搜集、出版、研究,民间文艺学科的理论建设,取得了举世瞩目的成就,在国际上产生了深远的影响。我国民族特色浓郁、文化内涵丰富的民间文艺也受到世界各国人民的广泛青睐和喜爱。中国民协要努力拓宽民间文艺的国际交流渠道,请进来,走出去,与国际民间文学、民间艺术、民间文化学术界进行广范围、深层次的学术对话;与联合国教科文组织等国际民间文化组织和机构进行合作,继续开展民间文艺家命名、民间文化遗产普查和记录等工作;与有关国家的机构或学者合作,进行双边田野作业和比较研究。开拓中国民间艺术的国际市场,努力开展民间工艺、民间文艺的出国展销、展览、展演,探索两个效益双赢的路子。

六、加强服务意识,不断加强民间文艺队伍建设

中国民协要加强机关建设、组织建设、思想建设,加强管理,改进作风,培养一支思想过硬、作风过硬、业务过硬,懂管理、懂专业的干部队伍,更好地为民间文艺家和地方民协工作服务。发挥好协会机关的"联络、协调、服务"的功能,要站在造就大批民间文艺杰出研究人才和传承家的高度,求实务实扎实,爱岗敬业,热心服务。继续开展德艺双馨会员评比表彰工作。要重视新会员的发展工作,及时吸纳优秀的民间文艺工作者、艺术家、学者加入到协会队伍中来。要努力和尽力为优秀会员推广其学术成果和艺术成就。在理论研究方面,有计划地为学术成就突出的老专家举办个人学术成果研讨会,为重大学术新成果举办研讨会;在民间艺术方面,每年举办一次十大民间艺术家精品展,经常性地举办中小规模的民间工艺展览;在民间表演艺术方面,适时推出专场民间文艺晚会。《民间文学》《民间文化》《缤纷》三个刊物要坚持正

确的办刊方向,积极探索社会效益第一,社会效益和经济效益并重的发展道路。

对各省、市、自治区、直辖市民协在繁荣民间文艺事业方面创造出的好经验、好办法,要及时总结、介绍、推广和表彰;凡在地方举办的大型民间文艺活动,要紧密团结和依靠地方民协,帮助地方民协提高影响力和知名度。

要继续做好海峡两岸民间文艺交流和合作,推进祖国和平统一;积极开拓与港澳的民间文艺交流与合作。

同志们,未来的五年是新世纪和新千年的开端。建设社会主义精神文明,发展中国特色社会主义文化,是社会主义现代化建设的重要内容和保证。民间文化和民间文艺是社会主义精神文明建设和中国特色社会主义文化的重要组成部分,我们肩负着历史赋予的责任和使命,一如先哲所言:"士不可以不弘毅。任重道远。"

新的世纪也是一个新的时代。在现代科技和经济全球一体化的浪潮中,世界范围的各种思想文化必将相互激荡和剧烈撞击,也必将在新的广度和深度上再一次印证"越是民族的,越是世界的"这一文化发展和交流的真理。民间文艺在人民生活中千万年来世代相传,代表了中国文艺民族性的重要特征,是人民智慧的结晶。面对民族遗产如此博大精深的文化财富和时代发展如此激动人心的机遇和挑战,中国民协将不辱使命,与各地民协一起,团结全国各民族民间文艺工作者,为繁荣民间文艺事业,怀精卫之志,奋愚公之力,一德一心,填海移山。

中国民间文艺家协会第五届副主席刘魁立(2001年3月21日宣读)

文章来源:《民间文化》2001年第1期

中国民俗学会第四届理事会工作报告

各位代表：

  自1998年12月26日第四届理事会担任学会的理事工作以来，已经过去三年零七个月的时间了。时隔近四年，我们大家再次聚会北京，召开中国民俗学会第五次会员代表大会暨"新时期中国民俗学的发展与民俗学学科建设"学术研讨会，以总结和检阅3年多来我国民俗学事业取得的各项成绩，回顾自1983年5月中国民俗学会成立以来近20年中国民俗学的发展历程，思考和探讨新世纪中国民俗学的学科建设，民俗学学科定位及与多学科关系问题等重大的理论和实践问题，进而展望21世纪我国民俗学进一步健康发展的前景。同时，我们还将按照学会章程和代表大会的议程，审查第四届理事会的工作报告和其他报告，通过民主程序完成改选换届工作。

  2002年1月10日凌晨，我会创始人和领导人尊敬的钟老——钟敬文教授离开了我们。第四届代表大会闭幕以来，我们学会的几位老学长——顾问马学良教授和林耀华教授、著名的神话学家袁珂研究员也相继去世。钟老作为中国现代民俗学的奠基人和开拓者，为创立和建设中国民俗学贡献了他毕生的心血，做出了不可磨灭的光辉业绩。其他老学长也为我国民俗学事业的发展做出了重要贡献。他们的逝世是我们学会无可弥补的损失，也是中国文化界的巨大损失，他们的学术思想和理论建树是我们学会的宝贵财富，他们的伟大人格、严谨学风和献身精神值得我们永远缅怀，是我们永远学习的榜样。我们将沿着钟老和其他老学长所开创的道路继续奋勇前进，为中国民俗学事业的发展繁荣，肩负起我们应当承担的历史责任。

现在,我受中国民俗学会第四届理事会的委托,向出席第五次代表大会的全体代表,报告三年多来第四届理事会及其办事机构——秘书处的工作,提请大会审议。

一

中国民俗学会正式成立于1983年。如果从1982年6月成立中国民俗学会筹备委员会算起,我们学会已经经历了整整20个春秋。当年,参加成立大会的仅为83人,这也是学会第一批会员的全部。20年来,学会会员人数增长了20倍。学会成员的学术品位,也有了很大提高。在学会各位学长和全体同仁的共同努力下,学会迎来了队伍不断壮大,学科建设不断繁荣,社会关注日益增强的、前所未有的局面。

1.我们高兴地看到,随着新世纪的到来,随着我国经济及其他各项事业的发展繁荣,整个社会对传统文化日益关切。一个小的典型事例可以很好地说明社会对民俗学的关注和需求,比如,74卷本第一版《中国大百科全书》中,分散在各卷的民俗学有关条目总共为51条,事隔仅十余年,现在正在进行编纂的30卷本第二版《中国大百科全书》将收入民俗学条目近500条。第二版比较第一版规模有所缩小,而民俗学条目却增加近十倍。近年来,从中央到地方,各类民俗博物馆像雨后春笋似的不断增多,而且还有急速增长的趋势。各种传播媒体对传统民俗的兴趣也十分浓厚。国家立法机关、政府部门、研究机构、学术团体都从各自的角度纷纷提出保护传统文化、保护口头和非物质文化遗产的倡议和举措,所有这些都在一定程度上标志着我们学会各位学长和全体同仁的工作是有成效的,是被社会所接受、所认同、所赞赏的,说明我们在一定程度上尽到了应尽的社会义务。这种形势也向我们所有民俗学工作者提出了更多的和更高的要求。

2.历史现实向民俗学事业所提出的要求,在同样意义上,也是对人才培养提出的要求。我们学会的许多学长和同仁在教育部门工作,他们对这些年来民俗学专业学生数量的增长是有所了解的,关于所有学生对民俗学知识的需求和渴望也是深有体会的。硕士生和博士生的队伍的不断扩大,硕士点的与年俱增,也在一定程度上反映了整个社会对民俗学人才的需求。社会各界向学会同仁寻求智力支持比以往任何时候都更频繁、更迫切。

3.学科体系的建设、基本理论的研究都取得了显而易见的成绩,田野作业得到普遍的提倡,科学程度也越来越高,而且正在形成传统与资料搜集和科学研究形成互相推进和良性发展的势头。地方性的乃至全国民俗志的编撰和出版,无论在数量和规模上都超过了以往任何时期,而且学术质量也有了很大的改进。然而,在学科建设和理论研究、田野调查等方面,我们现有的成就离形势的要求以及理想的境界,还有很大的差距。

4.在民俗学领域,国际的学术交流越来越频繁,我们学会各位学长和同仁的学术建树越来越受到国际友人的重视。但是,我们在国际民俗学坛的声音,总体来说,与我们的大国地位、与我们悠久、丰富的民间文化传统和民俗资源相比,还是很不相称的。

5.在社会生活急遽发展的背景下,民俗传统不仅是广大民众的精神财富,而且往往被当作一种文化资源,被利用来作为繁荣经济、提高自身生活的手段。这种形势给我们民俗学工作者提出了一系列新的问题。

上述几点就是我们所面临的形势,这种形势从总体说来,对我们的学科发展是极为有利的,但是它向我们提出的要求也更高了,要求我们把自己的事情做得更多、更好,用一句大家习惯的话说,这也是对我们的学科建设、对我们的学会工作提出的极大挑战。

民俗学学科发展和民俗学事业的大好局面的出现,是和我会诸位学长及全体同人的努力分不开的。在本届理事会工作的三年半时间当中,概括说来,学会做了推进学术发展、加强组织建设、会内外组织联络等三个方面的工作。

二

首先,在推进学术发展方面,中国民俗学会作为群众性的学术团体,以发展我国的民俗学事业为宗旨,把繁荣民俗事业、加强学术研究、推进精神文明的建设,当作是我们学会一切工作的灵魂。我们清楚地认识到,离开了推进学术发展这条主线,那将是一种自我迷失。三年来,学会工作牢牢把握这一条主线,开展了多种多样的活动,取得了一定的成绩。

第一,三年多来,我国民俗学界的各种专业性学术活动十分频繁,可以说出现了空前活跃的局面。虽然学会经费困难,但我们还是在"不花钱或少花钱,多办事和办实事"的原则下,克服重重困难,采取多种多样和灵活变通的形式,组织和参与组织了多项民俗学专业的学术活动。这期间,由中国民俗学会组织或参与发起,或与有关政府部门或兄弟社团联合发起召开的民俗学专业性学术会议,包括各种形式的学术研讨会,学术座谈会,据不完全统计达15次之多。这些会议为广大会员和民俗学工作者提供了学术交流的重要机会,也为繁荣我国民俗学事业做出了一定贡献。

其中较为重要的学术会议是:

1999年2月5日在北京召开的"《民俗学概论》出版座谈会";

1999年7月21日在昆明召开的"多民族的一国民俗学学术讨论会";

1999年10月在甘肃召开的"西王母神话及民俗文化学术研讨会";

1999年11在江西召开的"中国民俗文化探讨暨民俗文化产业开发研讨会";

1999年11月在南宁召开的"'99'南宁民族民间文化国际学术研讨会";

2001年4月在北京召开的"中日民间叙事文学情节类型专题研讨会";

2001年6月在牡丹江召开的"中国民俗饮食文化研讨会";

2001年8月在温州召开的"民俗学学科建设研讨会";

2001年11月在北京召开的"民俗学学科建设和人才培养学术研讨会";

2001年12月在广州召开的"现代社会与民俗文化传统国际学术研讨会";

2002年3月在北京召开的"当今国际环境中的中国民俗学学术座谈会"等。

其他还有,河北赵县"龙文化研讨会";

钟敬文先生百岁华诞庆贺会以及登妙峰山钟敬文先生百岁追思活动；

"钟敬文先生和我们在一起"百日祭等。

由我会与云南省社科院民族文学研究所、《山茶》杂志社和云南省民间文艺家协会联合举办的"多民族的一国民俗学学术讨论会"，就钟敬文教授提出的"多民族的一国民俗学"命题展开了深入研讨。很多学者认为，这一命题是根据我国的国家结构特点提出的，充分考虑到我国多民族的实际和文化多样性问题，中国民俗学的学科理论建设自然应该对此有所兼顾。也有学者认为，此命题具有方向性的指导意义，是重要的方法论，它为中国民俗学带来了很大的发展空间，同时，也是近几十年来我国民俗学发展的新规范。

1999年11月，我会和中国民间文艺家协会、南宁市人民政府联合发起召开了"'99'南宁民族民间文化国际学术研讨会"。会议围绕"迈向21世纪的民族民间文化"的主题进行了深入的学术探讨，会后还出版了具有较高学术水准的论文集《面向21世纪的民族民间文化》，并产生了广泛的影响。

2001年4月，我会与北京师大民俗典籍文字研究中心、亚洲民间叙事文学学会日本分会联合举办"中日民间叙事文学情节类型专题研讨会"，钟敬文先生亲自主持会议，发表热情洋溢的讲话。会上除了中日主题报告人做了演讲和学术答辩外，与会学者也积极参与，形成很好的学术研讨气氛，在方法论上给大家以一定的启示。

2001年11月，"民俗学学科建设和人才培养研讨会"是根据钟老在医院提出的建议，与北师大民俗典籍文字研究中心联合召开的。来自全国各地的代表集思广益，对未来学科建设提出了若干建议和宏观构想。会议代表还去医院看望了钟老，钟老发表了重要的讲话，给大家很大鼓舞。这次会议对今后的学科发展和人才培养将会起到很好的促进作用。钟老对会议给予了很高评价，他说："这一天，是我到医院一百多天来最高兴的一天，也是我八十多年来最高兴的一天。"

2001年12月，广州"现代社会与民俗传统文化国际研讨会"，包括来自美国、韩国、日本的学者和我国台湾学者在内的会议代表，发表了48篇学术报告。就会议主题进行了深入的研讨,增进了国际的学术交流。

此外,我们学会同仁积极参与工作的民俗学学术会议还有很多。例如:

2001年3月15日,中国社会科学院文学研究所民俗文化研究中心、亚细亚民俗学会等单位联合召开以"民间文学的现状及理论新议"为主题的座谈会,深入探讨了我国民间文学及民俗学研究的现状、问题和出路。这次讨论还分别涉及民间文学和民俗的关系,对民间文学研究之"危机"的理解,参与性研究的建议,有关"民"和"民间"概念及有关研究模式的转换,民间文学研究的生活视角,有关民间文学田野作业,有关民间文学文本作为研究对象的可能性等重要而又新颖的学术话题。

由台湾"中华民俗艺术基金会"操办的"两岸民俗文化学术研讨会",于1999年4月在台北召开。两岸民俗学和民俗文物方面的专家学者分别就"两岸民俗及有关文物的调查、考古与研究之成果""两岸民俗及有关文物的保护与管理制度之研究""两岸文物交流所衍生之问题及因应之道"等主题,深入交换了意见。通过研讨,两岸专家共同认识到,两岸民俗及民俗文物之间存在着密切的亲缘关系,台湾民俗文化的"根",总归是要追溯到大陆的。两岸民俗学家深入探索共同面临和共同感兴趣的民俗文化课题,相互取长补短,谋求共同进步。这样的两岸民俗文化学术研讨会,是具有积极意义的。

此外,我会还在力所能及的范围内,组织我会部分专家参与了一些社会公益性的活动。例如,中央电视台《中国风》《实话实说》节目,河北电视台民俗片的策划录制,向有关传媒提供必要的涉及民俗知识的咨询服务等。通过这些社会性的公益活动的方式,既逐渐扩大了我会的社会影响,同时,也为民俗学能够服务于社会,尝试性地探索了一些思路和积累了一些经验。

第二,三年多来,我国民俗学的各项国际学术交流活动也是空前活跃,大批中国民俗学家积极参与各种国际学术交流活动,对于促进我国民俗学专业学术水平的提高,起到了十分积极的作用。一方面,我国多位知名民俗学家,包括为数众多的中青年民俗学家多人次地出访美国、德国、日本、英国、法国、俄罗斯、芬兰、韩国、荷兰、意大利、蒙古等国以及非洲有关国家,或者出席学术会议,或者做学术报告,或者从事合作研究,或者进行田野调查,或留学,或讲学,他们的国际学术交流活动,极大地推动了我国民俗学事业的开放性发展。

另一方面,三年多来,中国民俗学会和国内高校或科研机构各有关民俗学的单位,也接待了一批又一批来自上述各国的国外民俗学同行。通过各种途径的国际学术交流,我们既能较为及时地学习和借鉴国际民俗学的理论和方法,同时,我国民俗学家的呼声、观点和见解,也能越来越多地为国外同行所了解。

经我会副秘书长巴莫联系,钟敬文先生向美国民俗学会会长发出邀请,2001年12月,美国民俗学会会长佩姬女士趁来京开会之机与我会的同人进行了交流。这是两国学会机构之间的首次接触,为今后进一步的沟通交流打下了良好的基础。2002年1月,日本民俗学界朋友为悼念钟老,不远千里赶来参加先生遗体告别仪式,我会多位领导与他们亲切会面交谈,两国学者均表示钟先生的逝世是中国乃至世界民俗学界的损失,为了属于全人类的事业——民俗学,我们要进一步加强合作交流,把这一事业搞好!日本学者佐野贤治、广田律子还到中央民族大学做了题为“丧葬习俗”的学术报告。2002年7月,俄罗斯科学院通讯院士李福清到北京访问,并发表学术演讲。1999年11月25日,题为“柳田国男与日本民俗学”的小型研讨会在北京外国语大学日本学研究中心召开。中日两国民俗学家分别就柳田倡导的(民俗学之作为)“新国学”的属性、民俗学的比较研究方法、如何超越柳田民俗学等问题,深入交换了意见。

需要在这里特别指出的是,我国民俗学界近年来和东亚各国民俗学界的积极互动,已经提高到一个新的水平。1999年9月,由韩国民俗学会主办的第三届民俗学国际学术会议在韩国济州岛召开,主题为“海洋民俗”。来自韩国、中国和日本东亚三国的民俗学家就东亚地区海洋民俗交换了各自的学术研究成果。会议为“中国海洋民俗研究”设立了专场讨论会,我国民俗学家分别就中国海洋民俗研究的现状与问题、山东传统的海洋渔业生产习俗及山东沿海渔民的海神信仰和祭祀仪式等主题做了报告。我国民俗学家积极参与活动的国际亚细亚民俗学会,先后于1999年11月和2001年11月分别在韩国和日本举办了第三届和第四届学术研讨会。前者的主题为"亚洲国家的动物民俗和背架民俗研究",后者的主题为"21世纪:民俗学如何面对'开发''自然'和'环境问题'"。在2000年10月于韩国汉城(首尔)召开的亚洲民间叙事文学学会第六次学术研讨会上,来自中、日、韩三国的专家就一个具体的故事类型及相关的学理问题,展开了集中深入的讨论。我会理事长刘魁立教授当选为该学会新一届会长。

可以说,空前活跃和卓有成效地国际学术交流,构成了这几年我国民俗学事业继续成长和进步的又一重要侧面。

第三,近年来,我国民俗学界总体上对于田野调查的认识,继续不断提高,很多会员都能深入基层,从事认真的田野调查工作,并取得了一定的成绩。除一些学术会议曾或多或少地注意到把田野考察也纳入日程的情形之外,由学会参与组织的田野考察工作,集中表现为继续展开对河北省赵县二月二"龙牌会"的考察活动。1999年至2002年,学会又连续组织了4次龙牌会考察活动。截至2002年3月,中国民俗学会联合河北省民俗学会,先后共组织了8次龙牌会的田野考察,形成了一定的声势和影响。通过组织类似的田野考察活动,一方面逐步形成和巩固了学会的田野考察基地;另一方面也积累了一批重要的第一手有关龙牌会的调查资料。据不完全统计,以北京地区为主,先后有来自全国各地的民俗学研究者、高校教师和研究生,包括英、日、韩、美等国外学者和学生在内,近300人次参加了龙牌会考察活动。其中,参加2001年2月第七次龙牌会考察活动的学者,不少还出席了有关"龙文化"的专题讨论会。高丙中教授把湖北农村一个县作为调研对象,在那里挂职深入,一年中有半年之多的时间在农村,把调研做得十分深入细致,获得学界好评。由于田野考察使学会与不少地方建立了良好的关系,有的成为学会的调研基地,有的要求成为学会的调研基地。

第四,我国民俗学家出版的学术著作和发表的具有专业水平的学术论文,近年来呈现出数量逐年增多,水平也逐年提高的趋势。三年多来,部分民俗学著作在理论性和学术性方面也都有新的突破。

钟敬文教授《建设中国民俗学派》一书(黑龙江教育出版社,1999年),集中反映了作者长期以来对中国民俗学学科建设问题的思考,作为具有指导性的学科建设的思路,作者尤其强调了中国特色和中国学派民俗学的意义、可能性以及我们应该努力的方向。我国民俗学在学科理论方面的成就,还可以举出乌丙安教授新著《民俗学原理》一书(辽宁教育出版社,2000年),作者以民俗主体论、民俗控制论、民俗符号论和民俗传承论等论题为骨干,展开了具有独特个性的民俗学理论分析,不少论述具有值得重视的原创性。

近年来,由我会专家参与的国家社科重点项目也不断涌现出重要和具有高水平的学术成果。其中,具有代表性的如祁连休、程蔷主编的《中华民间文学史》(河北教育出版社,1999年),这是我国第一部涵盖各民族之民间文学发展史的重要著作。

具有相当分量、较高学术水平,且富于理论性思考的民俗学或相关著述,较为重要的还有陈泳超著《尧舜传说研究》(南京师范大学出版社,2000年),陈连山著《结构神话学——列维-斯特劳斯与神话学问题》(北京外文出版社,1999年),苑利著《韩民族文化源流》(学苑出版社,2000年),朝戈金著《口传史诗诗学:冉皮勒〈江格尔〉程式句法研究》(广西人民出版社,2000年),顾希佳著《祭坛古歌与中国文化》(人民出版社,2000年),汪玢玲著《汪玢玲民俗文化论集》(吉林人民出版社,2000年),徐杰舜、周耀明著《汉族风俗文化史纲》(广西人民出版社,2001年),宋兆麟《巫术——人与鬼神之间》(学苑出版社,2001年)、《最后的捕猎者》(山东画报出版社,2001年),吕微《神话何为——神圣叙事的传承与阐释》(社科文献出版社,2001年),万建中《禁忌与中国文化》(人民出版社,2001年),等等。这些著作的作者中有不少是我国民俗学界的后起之秀,他们的学术成果具有宽阔的国际学术背景,也具有较为扎实的田野或材料基础,其对特定民俗事象的科学认识也富于创新性。

此外,包括民俗学在内的国外社会人文学科学术著作的陆续翻译出版,也为进一步扩展我国民俗学的学术视野发挥了积极的作用。近年来,较为重要的民俗学类翻译著作,较具代表性的有艾伯华著《中国民间故事类型》(王燕生、周祖生译,商务印书馆,1999年),约翰·迈尔斯·弗里著《口头诗学:帕里-洛德理论》(朝戈金译,中国社会文献出版社,2000年)等。

我国民俗学学术事业的繁荣,还突出体现在近年来一大批相关学术丛书的陆续出版。北京师范大学出版社于1999年9月推出了《中国民间文化探索丛书》,该丛书依托我国民俗学研究的重镇北京师范大学中国民间文化研究所,其成果引起了学术界的关注。

较为深入的专题性民俗学研究,乃是近年来我国民俗学研究的新动向,这反映在一些专题研究性的民俗学丛书出现了良好的发展趋势。由我会理事余悦研究员主编的《中华茶文化丛书》一套10种,于1999年8月由光明日报出版社出版。同时出版的还有由江西民俗文化研究中心参与编纂的《中国茶文化经典》。以专题性研究为特点的丛书,还有周星教授主编,由中央民族大学出版社出版的《中华民俗丛书》,现已出版《闹洞房》(尚会鹏著),《抢婚》(叶涛、吴存浩著),《谐音民俗》(张廷兴著),《姓名》(纳日碧力戈著),《游戏》(陈连山著)。

此外,较为重要的专题性丛书还有叶舒宪主编、社会科学文献出版社出版的《文学人类学论丛》5种,由社会科学文献出版社出版、苑利主编的《二十世纪中国民俗经典》共8卷(2002年),曲彦斌主编、辽宁人民出版社出版(2000年3月)的《“花喜鹊”民俗文库》,刘铁梁教授主编、齐鲁书社2000年11月出版的《中国民俗文化面面观》丛书,苑利主编、北京出版社出版的《中国少数民族文化探索丛书》5种,刘锡诚研究员主编、学苑出版社出版的《三足乌丛书》,高占祥主编、山东教育出版社于1999年出版的《中国俗文化丛书》28种等。与专题研究性丛书相对应,地域记叙性的民俗类丛书则以何积全主编、贵州人民出版社出版的《贵州本土文化》(2001年,已出版9种),吕德功主编、山西古籍出版社的《晋北民俗文化丛书》(已出10种)。这两套丛书均较为详尽地描述了本地民俗文化的各个主要方面,可以说是我国地域民俗研究的代表。

我国民俗学近年来还逐渐出现了重视物质文化研究的学术动态。两岸民俗文化学术讨论会曾以民俗文物为讨论重点,我会民俗博物馆专业委员会编纂了《中国民族民俗文物大词典》(即将出版),是较为重要和具有代表性的著述,由我会常务理事张建新主编的《民间百业图说》一书,于1999年6月由山西经济出版社出版。此外,《民俗研究》杂志上陆续发表的金煦先生有关江南水乡农具的研究等,也都值得引起学术界的关注。宋兆麟教授新近出版的《民族文物通论》,作为一部以民族民俗文物为主题的概论性著作,将对我国民俗学有关民俗文物的研究增加新的推动力。

构成民俗学研究之基础的民俗志,近年来也不断有新作问世。各地的方志中均有涉及民俗的专志,在各级地方民俗志的编撰中,我会同人发挥了重要的作用,出版了为数可观的佳作。村级的民俗志也有出版,《红山峪村民俗志》是其中的代表之一,它的出版引起了民俗学界的注意。

尽管这里列举了不少著作,但恐怕还是有不少优秀成果被遗漏而没有提到。这里仅仅是举例而已,说明在这三年里,我会学长和各位同人是如何勤奋工作、在各自研究领域做出何等优秀的成绩。

三

第四届理事会任职期间,除组织学术活动外,还处理了大量繁细的会务工作。由于学会各种条件的限制,我们既无常设的办公地点,又无专职的办事机构和办事人员,与外地的常务理事仅能用通信等方式进行联系,许多会务要事只好采取变通的办法,由理事长召集在京常务理事开会讨论议决。在任期的三年内,在京常务理事共召开8次会议,就一系列会务重要问题进行商议,并做出相应决议。这8次会议,每次均有纪要发表,并且在会刊内刊出。

会员队伍:经在京常务理事会授权,重申了会员的权利和义务,并通过发放"会刊"对会员队伍进行了两轮初步的梳理整顿。截至1998年12月,我会会员列入名册的为1531人,现在经多种方式已取得联系的会员为800余人。伴随着学会新章程的实施,同时,为适应国家社团管理工作的一系列正规化要求,我会将继续按国家有关规定和我会章程开展会员清理工作。一个时期以来,为加强学会组织建设和提高新会员的学术水平,我们曾一度暂缓发展新会员的工作。随后,在进一步明确新会员条件的前提下,又重新恢复了发展新会员的工作。三年来,有不少从事民俗学工作的人员和有志从事这项工作的人,申请加入中国民俗学会。经理事会和在京常务理事会通过,先后三批共110人成为我会新会员。这批新会员总体说来,专业素质较高,在工作中积累了相当的经验,是我会的新鲜血液和新生力量。台湾地区的民俗学、民间文学研究者中也有人加入中国民俗学会,他们是台湾地区的首批会员,这也为两岸之间的进一步交流打下好的基础。

组织建设:我会下属的民俗博物馆专业委员会,三年多来以山西河边民俗博物馆为基地,继续积极地开展各项学术活动,也取得了一定的成绩。他们创办的报纸及时发布信息,为其他馆提供了很好的经验。随着我国现代化进程的加速发展和地方经济实力的进一步增强,我国民俗学博物馆事业正在步入一个如雨后春笋般方兴未艾的新时代,可以预料,今后我会的民俗博物馆专业委员会还将进一步大有可为。此外,新近组成的燕京民俗研究与开发专业委员会也积极开展了一些学术活动。由我会副理事长陈勤建主持负责的"城镇民俗保护研究专业委员会"在上海成立,我会的"农耕习俗研究专业委员会"获得了农业部的支持,在北京成立。专业性较鲜明的各专业委员会的成立,标志着学术研究的细化和深入。

学会登记:历经第三届和第四届理事会共三任秘书长任期,我会经过长期不懈的努力,终于完成了国家规定所要求的有关社团重新合法登记的全部程序,包括填报各种材料、换证、备案登记、学会改革、理事长和法人代表的交替、前任理事长的离任审计和财务交接等。中国民俗学会的重新登记申请获得教育部同意后,于2001年3月6日将有关材料上报民政部,顺利通过了国家严格和为期很久的社会团体清理整顿工作,实现了重新登记,现已再次被国家正式确认为完全合法的全国性一级学术社团。

2001年底,我会参加民政部与主管部门教育部举办的各学会负责人学习班,于规定时间内上报完各种材料,胜利完成学会工作的复查登记工作。

人事变动:和学会重新登记工作相关联,我会主要负责人和法人代表顺利地实现了交替。1999年5月30日,由钟敬文教授召集和主持的中国民俗学会在京常务理事会在北京师范大学中文系会议室召开。经钟敬文教授提名,全体与会的常务理事通过民主协商的程序,一致同意推举常务副理事长刘魁立教授,接任钟敬文教授担当中国民俗学会理事长的职务。根据国家有关规定,刘魁立教授还接替钟敬文教授为中国民俗学会的法定代表人。1999年6月2日,我会就更换学会法定代表人事宜向业务主管单位提交了请示报告,经教厅综(1999)26号文件批复,同意了我会的申请。

第四届代表大会以来,1998年12月至2000年3月由周星担任秘书长,后由于周星出国,2000年3月19日在京常务理事会决定由贺学君代理秘书长工作,10月周星提出辞呈,10月9日在京常务理事会决定由贺学君正式担任秘书长。

应该指出的是,此项人事变动是为了使中国民俗学会完全符合教育部和民政部在社团清理整顿工作中对国家一级学会的要求,包括对学会领导人年龄的严格要求,以便顺利完成学会重新登记及换证工作。此项人事调整是在特殊情况下做出的,它并不意味着学会的换届改选。经第四次代表大会于1998年12月民主选举产生的本届理事会,实际也一直是继续在钟敬文教授和刘魁立教授的领导下工作的。

《章程》的修订:按照业务主管单位(教育部)和社会团体登记管理机关(民政部)的具体要求,经在京常务理事会授权和认可,重新审查和修订了《中国民俗学会章程》,于2000年12月上报学会主管部门教育部后,于2001年2月14日获得教育部批准。《中国民俗学会章程》的此次变动,基本上是参照民政部提供的示范文本,同时,结合我会第四次代表大会通过的章程而做出的。此次提交大会审议的学会章程文本,又进一步根据我会各种实际情形,先后经1999年5月30日和2000年12月1日在京常务理事会反复深入讨论之后才形成的。

组织联络:

会刊:秘书处先后编辑和发送了《中国民俗学会会刊》第9—13期,共5

期,计约30万字。前后4次总共邮寄会刊到各地会员手中约3300余份。通过这些会刊,我们及时向广大会员通报了学会工作的各种信息,包括在京常务理事会纪要,秘书处工作小结,相关学术活动的情况和有关民俗学出版物的信息等。通过多种联系的渠道,我们努力对各地从事民俗学活动的会员同志们提供了尽可能的支持。

年刊:1998年,上海文艺出版社表示愿意无偿地承担年刊的出版工作,而且商定,将长期、定期出下去。同时,社里的领导和编辑人员还担任了年刊编委会的相应职务。随后,即出版了1999年号中国民俗学会年刊,这是对学会工作的关心和支持。2000年号和2001年号先后编辑完了,也经钟老最后审定,但由于出版社方面表示不能按原定的办法出版,所以,不得不把两辑稿件撤回北京,另寻他路。最后,钟老在住院期间授意将两辑刊物合为一辑,编为2000年和2001年双年号,改由学苑出版社出版。从我会年刊所收论文看,论题在民俗学领域多具有前沿性和较高的学术质量,大体上可以反映我会近年来在学术方面所取得的部分成绩。

网站:初步实现了"会员上网工程",扩大宣传了我会的影响,提高了我国民俗学家的知名度。在这里应特别感谢主持"中国民俗网站"的陶立璠教授和陈佩斯先生,在"中国民俗网站"(网址为http://www.chinesefolklore.com)的帮助下,中国民俗学会的中、英文简介(包括我会历届会员代表大会情况、主要学术活动及出版物等),中国民俗学会章程,中国民俗学会组织机构名单(理事和荣誉理事以上),以及先后两批共43位中国民俗学家的个人学术资料,现已通过国际互联网,实现了网上交流。通过国际互联网及时和全面地向海内外介绍中国民俗学会的基本信息,扩大了学会的影响,促进了学会的对外学术交流工作,同时,也为学会发展创造了新的机遇。

联系会员:三年多来,理事会通过办事机构——秘书处,采取各种方式,加强了和全国各地广大会员及理事们之间的联系。努力做到对广大会员和理事们的联系,每信必回,每电必复,对在各地基层工作的会员同志们的合理要求尽量和尽快地给予办理,一些因条件限制无法做到的,也都给予了认真诚恳的解释。三年多来,由秘书处给各地理事或会员们发出的贺信贺电(例如,"乌丙安教授从事学术活动45周年研讨会",陕西省民间工艺美术博物馆开馆典礼,辽宁省社会科学院成立民俗研究所、中山大学成立民俗研究中心、山西民俗协会成立、萨满学术研讨会、叶大兵新书出版等),事务性电话和函件、唁电(例如,向林耀华先生、程思炎先生、袁珂先生的家属发出唁电)等,至少不下650多人次。秘书处的工作得到了广大会员和理事同志们的鼓励与肯定。秘书处的工作人员都是义工,他们为做好学会工作牺牲了很多时间和精力。本届秘书处继承了我会历届秘书处已经形成的优良传统,任劳任怨,不计报酬,配合默契,厉行节约。理事会对秘书处的工作表示满意。

钟老的病逝是我会的巨大损失,是我会历史上的一个重大事件。本届理事会和秘书处在钟老住院和治丧期间,精诚合作,尽最大努力做好庆贺钟老百年寿诞和为钟老最后送行的各项工作:如,配合参与2001年9月28日北大、2001年12月中山大学、2002年1月3日北师大中文系所举行的钟老百岁华诞庆贺会和2001年11月的见面会;2001年1月10日后,配合师大治丧委员会做好先生遗体告别事宜。

总之,本届理事会及秘书处在过去的三年多时间里,恪尽职守,基本上较好地完成了前次会员代表大会规定的职责和任务。三年多来,学会工作保持了团结、稳定和发展的基本格局,对全国的民俗学事业也发挥了一定的推动和影响的作用。当然,原先预定的个别工作项目因故未能兑现。例如,未能实现拟议中协办的第二届民间文化(民俗学)高级研讨班;我会设计的"民俗学市民讲座"经一再联系也因故未能举办;秘书处多位同志先后多人次出国访学或从事学术交流,也对工作产生了一些不利影响。对于本届理事会和秘书处工作的不足之处和所存在的各种问题,欢迎各位代表批评指正。

四

对下届理事会工作的几点希望。

(一)希望下届理事会能够紧紧把握中国民俗学会的发展学术的宗旨,继续积极开展学会的学术活动。希望学会各位学长和全体同人,在理事会的组织协调下,大力开展深入的研究工作和田野工作,在学科建设上有更深入的开掘,在学科体系建设上、在基本理论的研究上争取有长足的发展。在我们的研究中,要树立民俗学的主体意识,同时,也要防止抱残守缺,故步自封,根据学术发展的需要,迈出跨学科的研究步伐,建立与有关学科联姻合作的同盟军。

(二)我国经济和文化等各条战线一日千里的发展形势,要求民俗学家努力提高科研能力和学术水平,为我国的文化建设提供强有力的智力支持和积极参与。社会发展的需要,现实生活的需要,是我们从事民俗学事业的根本出发点。如何运用我们的理论研究成果为社会发展服务,如何发挥我们民俗学家的优势,为保护传统文化遗产做出应有贡献,如何满足精神文明建设的需要,是摆在我们民俗学工作者面前的现实任务。这是一个责无旁贷的课题,我们有责任把这篇大文章做好。

(三)在会员队伍建设方面,近年来,各高校有大批毕业和在读民俗学专业的硕士生、博士生,高等院校的民俗学教学和科研呈现出前所未有的繁荣景象。为使学会后继有人,增加新鲜血液和新生力量,应该发展现在在读的硕士研究生和博士研究生以及新近参加与民俗学事业相关工作的年轻工作人员入会,他们在不久的将来将成为我们这条战线的骨干力量。发展他们入会,将会使学会更具活力。

(四)建议下一届理事会加强专业委员会的建立和建设工作。在本届理事会工作期间,为活跃各基层组织的活动,曾经设想召开一次与部分省区兄弟民俗学会和我会专业委员会领导人经验交流座谈会。学会就此也曾征询过一些同志的意见,并且进行过联系,但由于时间仓促未能实施,希望下届理事会能加强与省市兄弟民俗学会的密切联系,大力开展协作,同时,积极、慎重地建立专业委员会。专业委员会活跃了,学会也就活跃了。

(五)建议新一届的理事会在制订工作计划当中,对学会的主要领导人员和工作人员,包括理事长、副理事长、秘书处采用任期内的目标责任制,有职有责,具体制定三年任期内的工作计划和责任目标。理事长和副理事长要有明确的责任和明确的分工,这样既便于完成计划,也便于检查工作,也便于学会同人积极参与学会活动和监督理事会的工作。

(六)继续办好《中国民俗学会年刊(民俗学苑)》《中国民俗学会会刊》。年刊是代表学会形象的学术刊物,要不断提升它的学术品位和在学界的影响。会刊是学会沟通信息、协调会员工作的重要手段,是会员之家。希望下一届理事会充分发挥全体会员的积极性,办好我会的两个刊物。

(七)希望新一届理事会在解决我会活动经费问题上开展有成效的工作,集思广益,开源节流,想方设法为学会的各项学术活动提供相应的经济保证。本次大会是进入21世纪以来中国民俗学会第一次规模宏大的盛会。希望通过各位代表畅所欲言的学术讨论,对中国民俗学的许多学术理论和实践问题有一个较以前更为深入的思考。

希望通过这次代表大会,我们的学会能够进一步更新观念,与时俱进,提高素质,焕发精神,改进会风,改善服务,坚持学会宗旨,明确学会近期及长远的奋斗目标,在新一届理事会的组织和带领下,为中国民俗学的繁荣发展做出新的贡献。

中国民俗学会理事长刘魁立

文章来源:中国民俗学网

在第十五届民间文化青年论坛上
的主旨发言

按:第十五届民间文化青年论坛于2018年7月13日—15日在中国艺术研究院召开,会议由中国艺术人类学会会长方李莉教授致辞,刘魁立研究员就大会主旨发言,来自全国30多家高校和科研机构的40位研究生和青年学者提交论文并参会讨论。会后辑录了第十三届和第十五届的部分获奖论文和参会的研讨论文,贴合"技术与民俗"的主题,结集而成《民俗传承与技术发展》,由国家社科基金项目资助,将于近期上市。刘魁立先生此番发言为论文集序言,2018年9月29日会议录音经作者审定。

各位尊敬的年轻朋友,你们好! 我年纪大了,在很多方面不如你们。我觉得,要我说点儿什么对大家有所启示的东西,我说不出来。今天早上坐车来这里参加会议的时候,我问宋颖博士,希望她给我一些启示。她说,您有一次在谈话中对我讲过技术和民俗区别的话题。这也是今天会议的主题。说完,她从手机上找到了当时的记录。既然她给我了这样的提示,我好像就有话说了。

今天和大家相见,我觉得很高兴,因为我也是从这样的年岁走过来的。在这样的会上,就不免会有"并非伤感的而是快乐的"回忆。

我有这样几个想法和大家交流。第一,说说传承和传播;第二,说说我所理解的研究;第三,讲一个关于研究方法的故事;第四,说说今天会议的主题。我怕自己说乱了,归纳了这几个要点。

一、说说传承和传播

前两天,在中国传媒大学参加以传播为议题的研讨会,《人民日报》《光明日报》等媒体的嘉宾和文化部非遗司的官员们让我来讲传播,实在有些为难。我就在大家面前讲了一个故事。我说,以前有一个人向另一个人请教,什么是诗歌,什么是散文,被问的人说,你自己是这方面的专家,你应该知道。问的人说,我怎么是专家?我不知道才问你。被问的人回答说,你唱歌吗?唱歌。你说话吗?说话。你说的话就是散文,你唱的歌就是诗歌。你说了一辈子的散文,唱了一辈子诗歌,散文和诗歌你都做到家了,还来问我。在讨论传播的会上,面对诸位传播大家,来讲传播问题,实在很为难。

我对传播有那么一点想法。我认为传播是个了不起的事情。文明的推广、文化的赓续,靠传承,但是也靠传播。一种文化事象的传承,更多是传承人群的事,而有了传播,才会使它变成整个社会的事情。推进文化向前发展,是要靠整个社会群体的巨大力量。而号召、呼唤和动员这种社会力量的,是传播。从某种意义上说,讲话是传播,发表文章是传播,连走路都会有传播的意义。为什么?我早上去买菜,这个时段大家都急着上班,车很多,行人也多。我的住处附近,是一个交通枢纽。十字路口旁边有几个协管告诉人们,大家要爱惜生命,红灯不能走。传播是信息的交流,信息的扩散,他把这个信息告诉大家。在机动车道变灯让一侧汽车直行或左转的时候,这段时间另一半路没有过路的汽车,路是空闲的。这时,有的人就以身试法,走过去了。走过去的人用自己的行为传播了另一个信息:虽然是红灯,但是可以走。很多人就跟着走了。有的人没动,是听了协管传达的信息,守规矩。假如大家都这样走过去,就会建立起一种破坏"红灯停,绿灯行"的坏习惯。就是说,一看没车就走过去,万一出事怎么办。可见,传播不是一个人的事儿,是我们大家的事儿。总而言之,传播应该而且能够发挥巨大的功能和作用:传播可以推进文化发展,使之发挥更大作用;传播会丰富广大人群的文化知识,从而提升热爱文化的深厚情感;传播促进文化交流、借鉴,从而推动其发展和推广,把一部分人的智慧、技能和活动推广到整体社会,为大家所共享、共爱,使某个地域或民族的文化具有全人类意义,受到整个人类社会的关注、共享和保护。

二、说说我所理解的研究

刚才所说的这些话,和研究有什么关系吗? 有关系。传播在某种意义上也是我们研究者的一项任务。整个社会全都在以这样那样的方式做着传播。我们身处社会之中,彼此之间关联着,也都参与着传播。写文章和讲话都是在传播大量的信息。如果分析一下,有些信息是以前就有的,是人家已经传达过的老信息、旧信息。要传播这种信息,扩大其影响,动员更多的人参与实践,媒体可以这样做。而我们作为研究者,就应该在原有的信息基础上创造新的信息,这样才叫研究。即使再小的新信息的创造,也算是发明和发现。这样才能对社会有所贡献。既然是研究者,就不应该满足于总是承担传递旧信息的搬运工,就不应该是旧信息的搬运工,而应该成为新信息的创造者,这是我们做研究的人的使命和应该追求和目标。也许一时达不到,但是要朝这个方向去努力。这样做我们才不枉做一个研究者,才能对学术,说大一点儿,对民族、对人类做出些许贡献。

中国社会科学院有位研究自然辩证法的老学者,也是老领导,于光远。他80多岁时参加了民俗学会的一个会,家人开车送他来参加会议。大家都很惊讶,这位老先生怎么坐着轮椅就来了,我们没有发邀请啊? 这件事离现在应该有二三十年了,我记不太清具体时间了。他在会上开口就说,今天我非常高兴,我没有接到邀请,但是我觉得你们做的事很重要,于是,看到你们发出的会议信息就赶来了。我想讲一下自己的思考。他说,作为一个领导者,不可能把他统辖领域的学问都掌握,即使他想努力这样做也做不到,有些细节或许对他也并不那么重要,但有一个问题是他必须努力去钻研的,我给它起了一个名字,叫"重要性学"。一位领导者管理的工作对象有许多细节他可以不知道,但是在他管理的领域里,他应该知道哪个重要,哪个不重要。

我想,我们作为研究的人,在面临很多课题时,也要有这样一个本质上的、基础性的知识和技能,也就是这个叫"重要性学"的本领。通常在选择研究课题时,就要有这样的思考。选择课题往往有两个方面的考虑,一个是时尚,是热门,这样说太俗气了,大概就是社会需求吧。因为这个时候,这个题目,大家都在讨论,我们也去讨论。这是选题的出发点之一。还有一个是我好奇,我有这方面的求知欲,个人情感在起作用。需求和爱好,这些都会左右我们的选题方向,歧路彷徨,不知道往哪儿走。但是,在这个时候,"重要性学"应该要成为思考问题的主心骨。我这一生追求什么,要在哪个方面提供新的信息,有创造,有发明发现,这就是我所想说的传播问题和研究问题。

三、关于研究的方法

大概在和大家同样年纪的时候,我不知道什么叫"分析",什么叫"研究"。也像比各位还年轻的学生那样,不知道做研究应该往哪里走。这个时候,我就去请教我的老师,问他如何做研究。他说,你以为我知道,其实我也不知道。你去读书,读了一本就知道第二本要读什么。读到第五本书的时候你就大体知道这个领域的一般情况了,这就是我首先要告诉你的方法。实际上,他是告诉我,要自己去探求,去摸索,所谓"师傅领进门,修行在个人",自己体会是很重要的。于是,我就开始读书。

我读到一本关于研究莎士比亚的著作。这位研究莎士比亚的学者说,莎士比亚其人目前说不清楚,有多种揣测。暂且把作者是谁的问题放在一边,我们也可以来分析他名下的许多作品:哪些是出于一人之手,哪些又不是;出自一人之手的,哪个在先,哪个在后。他说,大家都知道莎士比亚的代表作品《罗密欧与朱丽叶》。这位研究者认为这是早期作品。根据是什么呢?他说,例如,《李尔王》,悲剧的因素早就埋在那里了,但是《罗密欧与朱丽叶》不是这样。蒙太古和凯普莱特两家是世仇。蒙太古有个儿子,罗密欧;凯普莱特有个女儿,朱丽叶。罗密欧去参加一次舞会,这个年轻的小伙子戴着面具,偏偏爱上了朱丽叶,彼此并没认出来。世仇两家的子女是无法结合的。朱丽叶请神父帮忙,帮着他们两个举行婚礼。这期间,朱丽叶的堂兄知道了这件事,去找罗密欧决斗。罗密欧觉得不能这样做,就拒绝了。罗密欧的朋友说,这是关系到荣誉的大事,于是代他去应战,结果被刺死了。罗密欧为给朋友报仇,把朱丽叶的堂兄也刺死了。这样一来,两家的仇怨更深了。经法官判决,罗密欧被放逐。朱丽叶的父亲要将朱丽叶嫁给其他贵族。她不同意,就去找神父求助。神父给了她一种药,让她在几天内昏迷不醒,像是死了一样,过了这段时间还会苏醒过来。她服了这个药,大家都以为她死了。神父找了仆人去告知罗密欧实情。可是这个人在路上被灾情耽误了,这个信息没有传给罗密欧。罗密欧并不知道其中的隐情,只听说朱丽叶死去的消息。他赶回来看到爱人已经死了,就服下毒药,真的死去了。朱丽叶醒来之后,看到罗密欧为自己殉情,就拿罗密欧的佩剑自杀了。结果,两家的世仇就此得以消解。剧情的发展看起来非常自然,可是这位研究者却在其中找出问题。

我们的古人说,"读书须得间",要找到缝隙。读书如此,做研究也是如此,要找到缝隙。这位作者说,如果两家的世仇想真正得到解决的话,何必要把自己的孩子拿出来做牺牲。他举了几个细节:如果朱丽叶早些醒转过来,药性解除了,悲剧没了,世仇就不可能消解。如果仆人及时赶到,告诉罗密欧真相,悲剧也不存在。如果罗密欧返回时神父在场,他会说明原委,两个相爱的青年完成婚礼,远走他乡,这出戏就会成为喜剧。如果罗密欧自杀后神父没有因为害怕而逃走,朱丽叶也不会拔出佩剑自刎,剧情发展的结果也会不一样。于是这位研究者得出结论说,写出《李尔王》那样早就种下悲剧种子的故事的人怎么可能写出这种幼稚的东西。在剧中我们看起来很自然的事件发展,一切都是建立在偶然性上的。所以,他说《罗密欧与朱丽叶》肯定是莎士比亚的早期作品,早于《李尔王》等其他悲剧。也许他揣测的不对,但是他告诉了我们什么是研究,什么是研究的方法。研究,要翻过来调过去地看,不断地寻求那里的问题,有些具体方法会使我们长时间受用,能够帮助我们在迷茫中寻求一条解决问题的道路。

四、关于"技术与民俗"

最后,回到今天研讨的主题:技术与民俗。因为没有研究,只能简单说几句。

我们大家现在都是在一定程度的富足和便捷中生活,我们也追求生活的富足和便捷。想想看,过去物资匮乏,现在比过去富足多了;过去我们烧火,是蹲在灶前,往里添柴,现在我们可以用电,用煤气和天然气,便捷多了。在提到"技术"的时候,无论是工业技术、农业技术,还是其他一切现代技术,我们关注最多的是它们能提供多少产品和多少便利。技术不大会包含我们"民俗"能够提供的情感。严格地说,民俗的一个核心要素是情感。节日是情感的表达,民间歌舞是情感的表达,甚至连制作和使用工艺品也包含着浓重的情感因素。满足情感需求对我们的生活非常重要。"富足和便捷"固然成为我们追求的目标,但是,生活在"快乐"中,那才是真正的美好生活。当然,富足和便捷也会提供快乐,但是富足和便捷不都是快乐的,快乐才是我们整个人生真正有幸福感的要素。而这种快乐,在很大程度上是在人和人之间的交往当中存在的。

很多年以前,我曾经坐火车去莫斯科,这五六个昼夜,周围都是生人,基本不会搭讪说话的。坐在我对面的是一个边防军官。路过贝加尔湖边的一个小站,站台上有很多俄罗斯老年妇女会拿出一种特殊的熏鱼来卖。这个熏鱼的做法是把一种别处没有只在贝加尔湖生长的鱼先腌了、煮了,再烤,所以吃的时候,整个刺拔出来,连外面的鱼皮鱼鳞和里面的肉一起吃,非常香。我买了几条,我就和这个军官分享。鱼并不重要,那只是个媒介。我们两个人完全不认识,但是有了情感交流,一路上大家才那么快乐。

所以,我就想,无论到什么时候,人总要和自然打交道,和社会打交道。和人打交道,还要和自己的内心世界打交道,也就是说,人总是在民俗当中生活的。民俗是我们的生活方式,民俗可以提升我们生活的幸福感。

从这个意义上说,各位所从事的民俗研究事业,是能够为人们带来快乐、带来幸福感的。各位是传递这类信息的人,是来创造这些新信息的志愿者,是在人生路上不断进取、力求发现的一批民俗研究者,我非常羡慕和敬佩各位。谢谢大家。

文章来源:中国民俗学网

非物质文化遗产的时代命运

"非遗"在短短数年时间里,在我国各地、各民族、各领域中,成为最热门的词汇之一。大家越来越清楚地认识到,非遗是与广大民众生活密切相关、具有重大意义的宝贵财富,是民族智慧的结晶,是民族文化的根脉,是民族精神的象征。尤其是近年来,我国的非遗保护工作不仅日益深入人心,还使各族人民进一步提高了认识,自觉地、热心地投身于非遗的保护和传承工作。这是时代的赐予,也是非遗的幸运。

今天,我们的非遗保护与传承不是悬在空中的虚无缥缈的概念,也不是写在纸上的文字,或者在会议当中的号召和宣示,更不是仅仅体现为"传承人活动"的个体行为,而是落在实地、充满生机,活在广大民众和整个社会群体心中,历久而弥新、通过无数鲜明多彩的活动体现出来的波澜壮阔的社会实践。

下面,我想和大家共同讨论三个问题,就这三个问题向各位请益。严格地说,这些都不是什么新问题,而是我们当中许多人都亲自经历过、实践过,或者是筹划过、领导过、指挥过的实际活动。

第一个问题想说文化的流动性和整体性;第二个问题想说文化遗产的保护从"物"到"非物",文化遗产保护主体是人;第三个问题是谈非遗的当代性。

文化的流动性和整体性

这是我们大家十分明白的两个概念,我们大家也常常这样宣讲,但是一涉及具体问题,又常常被我们忽略。文化不是凝固的,它的进程像一条河,是流动的,或者说,是演进的。这种流动,既是时间向度的流动,也是空间向度的流动。非物质文化遗产,作为文化范畴中间的一个门类,更是流动的。从时间的角度看,我举一个假想的例子:如果我今天拖着一条长长的几乎到腰的辫子,穿上长袍马褂,走到街上,理智一点的人会说,这个演员没卸妆就从舞台跑到街上来了,另外一些人就会远远地躲开我,说我是精神病患者,还有一些人会荒诞地开玩笑说,是百十多年前的一口棺材,盖子没关严,一具死尸活蹦乱跳地从棺材里钻出来。服饰习惯是我们生活方式的一种表现,是会随着时代的发展而不断演进的。其他的习惯也差不多是如此。

有人认为保护非物质文化遗产只能是保持原汁原味,只能是呈现原生态,否则就算不上是真正意义的保护。所谓原生态,我想大约有以下三种情况:一种是发生时的状态;第二种是我们现在可以回忆和建构的某一个时段的状态;第三种就是今天在现实生活中所呈现的状态。当谈论保护的时候,我们既不可以也不可能把它限制在这三种情况的任何一种情况,而不准许它随着时代的发展而有所演进,正像我们国家以及国际组织的官方文件所表述的,非物质文化遗产是在我们与自然和社会互动过程中,不断创造和再创造的文化——通过这种不断创造和再创造,才呈现出非物质文化遗产的生命力。把非物质文化遗产看成是凝固的、不变的、只保护其存在于某一时段的样态的想法和做法,是违背它自身的本质和规律的。

同样的,非遗在空间上也是流动的。这种在不同群体、不同地域、不同民族之间的相互的交流、影响和借鉴,是人类文化不断丰富、不断发展演进的重要促进因素之一。如果不是这样,大运河的开凿和它对民族文化的贡献,丝绸之路以及三宝太监七下西洋对世界文化的历史性贡献,都变得没有意义了。

非物质文化遗产尽管在保护的过程中,为了便于工作,我们采用的方法是以项目为抓手,但应该看到它绝不是解构性的对象。它在广大民众的生活当中,是以整体的状态存在着的,相互之间是有机的关联着的。孤立的、割裂的认识非物质文化遗产和对待非物质文化遗产,那种保护和传承也是难以奏效的。一旦被割裂,非物质文化遗产的对象就会人为地改变了它的性质内涵和社会功能。一种仪式，如果抛开它的人群的观念和时代的背景，它就仅仅剩下了空洞的烦琐的形式，那种保护既没有意义，也不能长久。整体思维是中国哲学的重要特点之一，应该很好地创造性地继承这种思维方法。

文化遗产的保护从物到非物，非物质文化遗产的主体是人

国际层面的文化遗产保护在总体上经历了一个由关注"物"到"非物"的过程。1972年，联合国教科文组织通过《保护世界文化和自然遗产公约》，可以说，保护的都是有形的物质文化遗产。经过20年，1992年，联合国教科文组织推出世界记忆遗产，又称世界记忆工程或世界档案遗产，虽然这个名录已经接近非物质文化遗产，但仍然是"物"的影像、物的记录，物的描写，仍然不是"非物"的本身，如"样式雷"建筑图档。直到2003年通过《保护非物质文化遗产公约》，才通过我们的非物质文化遗产名录，体现了真正意义的非遗保护。刚才所说的"样式雷"建筑图档，才有了工匠智慧和技能的实际体现，这才是应该保护的人的实际活动。

进入21世纪，随着非遗保护和传承问题的提出，从"物"到"非物"的文化遗产观念变迁，以及我们对非遗基本特性和保护方略认知的不断深化，可以说是在某种程度上实现了质的飞跃。当然，在非遗保护实践中也不能完全忽视"物"对于"非物"传承和发展的重要意义。在某种意义上，是整个社会共同推动了传承人群体的手艺的传承和保护，如果大家都不关心"物"，非遗传承人的实践活动就变得没有意义；因为没有市场，这些非遗项目也就没意义了，也就不能持久存在了。

这里我想强调的是，在继承优秀传统文化过程中，"非物质文化遗产"概念的"发现"和非遗传承人的"发现"是具有重要意义的文化贡献。

民众是文化的创造者、享有者，也是最直接的保护者、传承者。不过，在非遗与传承主体的关系的论述中，我们可以约略的大致分作两类传承人：有些门类的非遗表现形式，比如，传统习俗、节庆活动等，是全民参与、全民传承的，是大家共同的生活方式，人人都是传承人。但是有些门类的非遗项目，其传承主体并非社会全体成员，比如，传统手工艺的技能是掌握在一部分有专

业知识和技能的传承人手里的,全社会所有成员通过这些工匠的非遗活动的"物化"的成品,来欣赏和分享这份文化遗产。所以,全部的社会成员,我们每一个人,都在这个保护和传承大军当中发挥着这样那样的作用,扮演着这样那样的角色。

近20年,特别指出,作为传承主体的传承人问题是非遗保护与传承的核心问题。过去历朝历代,对民间的手艺人不曾有过特别的尊重,讲故事的人、演唱史诗的人大都没有留下名字,他们不被历史所关注。我们称赞那些手艺人,称赞那些非遗传承者的智慧和技艺,只是赞叹其成果的美妙绝伦,但不知他们究竟是谁。过去通常珍惜的是物,并不特别关注传承者和他们的智慧和手艺。所以,今天"传承人"概念的提出和实际尊崇,是找到了非遗保护传承的根。在这一保护过程中,传承人有了荣誉感和自豪感,建立起了文化自信,甚至有了责任担当。作为传承主体,他们的观念和情感也发生了非常大的变化,这些变化让他们的技艺和智慧重新焕发出旺盛的生命力和创造力。

在这之前,我们多次提到过,"公产意识"和"契约精神"。非物质文化遗产与个人的发明发现不同,它是历史无数代智慧和技能的总汇。工匠们把它看成是集体的财富,历史的财富,这种公产意识使他们认为这是一代一代的老祖宗留给我们这一代人的遗产,不是私产,所以,加深了珍惜热爱的情感和保护的责任。他们申请成为代表性传承人,实际上是向历史和整个社会立下誓言,签下契约,遵守自己的诺言,严格执行契约,是自己不可推卸的历史责任。

非物质文化遗产的当代性

说到这个题目,有时会觉得,把遗产和当代这两个概念放在一起,好像很矛盾,谈起来也许会让人感到尴尬。

非物质文化遗产是历史的传承,是从昨天发展而来的,饱含着以往时代历史的因素,这一点是我们大家都承认而且毫不含糊断定的事实。然而,有的时候,我们对它的当代性认识不足。应该说,它不仅仅是昨天的历史现象,它更是我们当代生活的有机组成部分。当代性是使非物质文化遗产能够活跃于当下的重要内涵因素。正月里拜年、正月十五闹元宵是自古就有的传统，当然也是我们今天的生活现实，而这种生活现实当然会受到今天的社会历史环境和各种条件的影响。今天，由于人口流动的规模远远大于以往，迁徙的距离也远远超出以往，有的儿女甚至远在异国他乡，同时，信息交流的手段也与过去的历史时代截然不同，在许多因素的影响下，微信拜年就成为现在相当重要的拜年方式。这就是原有习俗的当代表现，你不能说这不是拜年，其他非遗事象也有类似情况。

以我个人的理解，所谓非物质文化遗产的当代性，是指它在现实生活当中仍然是积极的存在，展现着自己一定的生命力，是今天的广大民众生产生活方式的现实呈现。这种积淀着历史内涵的创造，在今天的现实生活中进行着不断地再创造，进行着另样的、既不失其历史性本质内涵又呈现出多姿多彩样态的演绎。这种再创造的过程呈现出的丰富的多样性，反映着当下地域的和民族的、群体的和个性的、历史性和时代性的不同特点，同时，它也会为未来的演进，提供坚实有力的基础。

关注非物质文化遗产的当代性，使非物质文化遗产的保护在合乎规律、不受到人为恣意破坏的情况下正常演进发展，是关乎非遗保护和传承的重要课题。

从前"自在"发展着的非遗，现在被"自为"地加以保护和传承，这是我们这个时代一个特别重要的变化，它正在开创着一个全新的非遗保护传承的局面。我们记录非遗、传承非遗和传播非遗的手段都出现了与过去大不相同的变化。

数字化技术，尤其是录音、录像正在使非遗的记录变得更加真实和完整。在过去的大部分时间内，我们的非遗都是"自生自灭"，通过口耳相传等多种方式在民间"自在"延续和流传，而少有人关注和记录这些来自民众的草根文化和生活方式。20世纪下半叶末，我们主要是靠语言和文字来解说作为过程性文化的非遗。现在，影音记录手段日益群众化和普及，一些以往难以客观描绘和忠实记录的"事象"可以得到更好的呈现。

在非遗的传承方面，我们传统的师带徒制度还在延续。与此同时，一些新兴的传承手段和方式也在涌现,比如说,非遗进课堂,非遗进校园等,学校通过开展相关的非遗教育课程,将这些民众知识纳入正规教育体系,这样的话,一些出类拔萃的学生就可能发展成为我们下一代杰出的非遗传承人。从娃娃抓起的非遗教育正在拓宽着非遗传承的路径,与过去相比,我们当前的非遗传承是在"两条腿"走路:传统的师徒制和正规学校教育并行不悖,这样的传承路径也使非遗的多样性和创造性在年轻的一代新人身上得以更好地发挥。

非遗的传播很重要,对非遗传承发挥着巨大作用。在这方面,我们取得了许多比较重要的突破。非遗的宣传展示活动,对推动非遗发展,助力乡村振兴,能够发挥,而且已经发挥了特别巨大的作用。非遗的传承与传播,是非遗保护和发展的两个翅膀,没有有力的传播,就不可能有持久的传承。现在的非遗公开课、非遗旅游、非遗电商购物节、非遗扶贫,以及非遗扶贫活动优秀单位和优秀个人的评选,所有这些活动都极大地拓宽了非遗的传播方式和渠道,提升了整个社会对非遗保护的关注、热爱和积极参与,提高了非遗传承人的自信心、自豪感和创造力,同时,非遗传播也为扩大传承人队伍,提供了有利的条件。

近年来,我们的非遗保护工作又有了一个新的进展——"非遗+扶贫"。通过非遗扶贫,不仅使非遗的传承活动和传承群体日益扩大,还极大地拓展了非遗的社会功能。

当我们在充分估价非遗在当代社会生活中的意义的时候,同样,要恰当地恰如其分地摆正它的地位和分量。不然,过分的逞一时之能,也会把好事办得不那么好,甚至办坏,既不利于我们当代生活的发展,也不利于非物质文化遗产的保护和传承。

非遗的生命力和创造力,在当代社会生活中受到关注、得到彰显和赓续,这是时代赐给我们的机遇。我们会十分珍视这一时代机遇,好好地尊重和保护这份宝贵的非物质文化遗产,感恩它给我们今天的生活带来的宝贵滋养。

(本文根据"大匠至心"非遗传承发展杭州沙龙发言整理。)

文章来源:浙江非遗微信公众号,2020年9月28日

周老周巍峙的立德、立功、立言

20世纪80年代初,在那个百废待兴的年代,我国文化领域的知识界和理论界意气风发,有不少创造性的建树。其中,最具有代表性和重大意义的是《中国大百科全书》的编辑出版和十部《中国民族民间文艺集成志书》的搜集编撰工程。这两项工程的设计者和组织者是姜椿芳同志和我们敬爱的周巍峙同志。他们为我们的中国文化发展史写下了不可磨灭的篇章,他们是创造这段文化历史的领头人。

说这两项工程意义重大,是因为这是开风气之先的、创造性的工作。《中国大百科全书》把从事理论研究和学术实践的绝大多数工作人员都动员起来,参与这项工程。《中国大百科全书》总结了我国人文科学、自然科学各个门类的发展历史进程,纲要性地描绘出当代科学成就的面貌,是各科知识的总汇。十部文艺集成在一个社会发展急剧变化的历史转折时期,把尚存于广大民众现实生活当中的以及尚存于他们鲜活记忆当中的那些宝贵传统民间文艺创造全部搜集起来。许多濒临消亡的传统作品,得以立此存照;那些活生生的民间文艺形式及其作品,得以继续流传,并获得新的弘扬。这项工程如同一个大熔炉,一个大学校,不但发扬了民间创造的生命力,同时,还动员了数十万人参与工作,让大家在工作过程中获得了新的认识,产生了深厚的感情,很多初次接触的新手从此走上了保护民间传统文化的专业道路,很多人成了现今活跃在这个领域里的专家和生力军。十部文艺集成在十余年过程中,陆续完成了三百余卷民间文艺十个门类的集成志书。工作的进程俨然是一曲继承传统、进行文化建设的大合唱,这个大合唱的指挥就是我们今天为他纪念百年诞辰的周巍峙同志。很多人把这项工作比喻成文化的万里长城，建设这座文化长城的总工就是周巍峙同志。

我和周老接触并不多，但是在这很少的接触过程中，给我印象极为深刻。1957年，我作为一个晚辈第一次认识周老，当时我20岁刚出头，在苏联留学。这一年，世界青年联欢节在莫斯科举办，我被指派照顾受苏联政府特邀担任裁判的中国贵宾胡果刚、程砚秋、戴爱莲、喻宜萱、杨荫浏等艺术大师，同时，担任翻译。有一天，临时调我去为一位领导同志做一次会议翻译，这位领导就是周巍峙同志。他当时担任中国青年代表团的副团长，团长是胡耀邦。在翻译过程中，因为紧张，我把瑞典翻译成了瑞士，会后察觉了，第二天我向周老做检讨。周老对我说，这件事如果发生在正式场合，就是一个政治性的错误，你年轻，以后注意就是了。当时，我又惭愧，又感激。多少年，我一直不忘他的谆谆教诲。30年过后，在20世纪80年代，我向周部长说起这件事，他说他不记得了，但是这件小事在我的生活中被不断地放大，给我的教育是深刻的。

在编辑十部文艺集成的过程中，我参与《中国民间故事集成》的编审工作。20世纪80年代中期，当故事、歌谣和谚语三套民间文学集成的编辑工作遇到困难的时候，周老毅然决定将三套集成纳入原来已经开始工作的音乐、舞蹈等七套集成的统一框架内。这样做，不知会遇到多少困难，这需要有极大的胸怀和魄力。我清楚地记得，周老亲自到中国民研会坐落在太仆寺街的临时办公地点，在二楼的简陋会议室里，和钟敬文、贾芝、马学良三位主编促膝谈心，共商大事，他们的笑容至今仍浮现在我的眼前。周老工作繁忙、头绪万千，但是，在我们召开审稿会的时候，他不止一次地过来看望我们并指导工作。他和故事、歌谣和谚语三套民间文艺集成的三位主编，钟老、贾老、马老建立了极好的同志关系。周老尊重他们，有事同他们商量，有问题向他们请教，有了不同意见也耐心地切磋、说服，大家合作得非常愉快。现今，这几位老人都离开了我们，但周老和这三位专家的友谊及合作始终感动着我们。

《左传》中讲道，为人应该立德、立功、立言。

周老18岁就参加革命，在民族危亡的关键时刻和在祖国建设的过程中始终心怀人民,心怀党的事业,光明磊落,一心为公。他虚怀若谷,和蔼可亲,他说自己是"奔忙六十载,一个打杂工"。无论在职还是离休之后,他都不辞辛劳,心系人民。我记得,三套民间文艺集成的出版原来没有纳入国家财政预算,出版遇到困难。每出一本书都是周老到各处去"化缘",筹措经费。今天回想,如果不是周老,这三套集成的命运是很难预料的。十部集成完成之后,周老又毫不停歇,立即安排十部文艺集成的数据库建设,接着又筹划和设计编纂民俗志和民俗影像志的工作。这种一往无前努力使民众的文化创造能够万古流芳的宏愿,正是周老立德的体现。

周老的事业建树是多方面的,功绩是巨大的。在我所见的范围内,这厚厚的三百余卷志书,本本都浸透着周老不懈的精神,都浇灌着周老的心血。这些宝贵的历史文献,正是周老立功的佐证。

新中国成立初期,在年轻的共和国面临最严峻考验的历史时刻,周老创作的那首"雄赳赳、气昂昂,跨过鸭绿江"的战歌,振奋了所有国人的心,这是那个时代的最强音,也是我们回忆起那个时代的一个最好、最形象的象征符号。还有周老组织创作的大型音乐舞蹈史诗《东方红》,以文艺的形式反映了革命的历史进程,那种宏阔和深邃都使它成为不朽的创作。这两个事例,像黄钟大吕震撼着我们的心弦,警醒着、激励着我们后人。这是周老立言的象征。

周老忠于党和人民的事业奋斗不懈的一生、周老立德立功立言的一生,是我们要永远学习的光辉榜样。

文章来源:《中国艺术报》2016年7月20日,第6-7版

继往开来——全国少数民族文学史学术会上的发言片段

对于学术研究进行规划,是一件很"危险"的事。做得不好,就会影响学术研究,而要做得好,又绝非容易。科学是对于未知世界的征服。研究工作是对未知领域的探索。对于不知道的事情,要正确规划它的发展方向,这似乎是很矛盾的。然而,实际上,我们看到,现代科学研究离开规划,不只是工作规划,而且还有学术方面的要求,几乎是寸步难行的。

编写文学史,应该说包括两方面的工作:一是总结前人在这个领域所取得的一切成果,二是踏进前人未曾涉足的领域。对于我们来说,这个未知的领域既有材料的发现,也有对于这些新材料以及原有材料的思维加工。文学史是文艺学领域中的一个特殊门类,也是史学领域中的一个特殊门类。史学不能脱离开史料学,但又不能简单归结为史料学。历史应该是关于事物发展过程的一种真理性的认识。我们编写文学史,就是要全面地、大量地掌握文学史料,用马克思主义的立场、观点和方法,去认识和分析这些史料,总结出文学运动发展的特点和规律性的东西。自1958年提出编写文学史的任务以来,许多老同志,以及现在仍从事这项工作的中年同志,在这方面都做了大量的工作。今后,就是要在现有的基础上更上一层楼,在总结已知和探索未知两个方面做出新的努力。

基于以上的认识,关于当前编写少数民族文学史的学术要求,也想谈几点个人的粗浅意见,供大家参考。

第一点,史料要准确、全面、丰富。

对于我国大多数少数民族来说,过去没有就本民族的文学及其发展的历史进行过系统的总结,我们现在所做的工作是开天辟地头一回,所以,具有开拓性的意义。整个学术界和整个人民,对这个领域所知不多,因此,我们所做的工作,还带有一定的启蒙的意义:一是过去没有做过;二是要广泛宣传。这两个方面就给我们提出一个要求,那就是材料必须是准确的、全面的、丰富的。

关于全面和准确,同志们谈了很多,比如说,对一些材料不能只看到一个方面而忽视另外一个方面,有些材料经过了加工,或是伪造的,必须进行深入细致的科学鉴别。有关这方面的问题,不多说了。下面主要谈材料丰富的问题。

我们要尽量地使我们的文学史成为这一领域的百科全书,凡是在这个领域里碰到的重要问题,在我们的书里都应该找到线索,都可以按图索骥,从而进行深入研究。我们编的是文学史而不是文学论纲,假如没有翔实的材料怎么可以呢? 我们编的是历史著作而不是普通读物,假如没有详细的引证和注解怎么行呢? 过去我们编的文学史有一些就有这样的不足,材料不多,史料不丰富,信息量不大,很干瘪,很贫乏。有些作品、有些作家没有得到很好的挖掘,或者只挖掘这一侧面而没有挖掘另外一些侧面。假如我们掌握的史料不全,那么,我们就只能在这几个作家、作品上翻跟斗。还有一些史料是孤立地摆在那里,没有辅助的说明材料和背景材料,使人感到非常瘦弱。我们阅读一些有分量的短小文章,有的只有几千字,而它的注释却有几十条上百条。这样的东西如果有发明发现,那就是实实在在的发明发现,因为他已经把前人所做的工作全部做了总结。有些论述为什么比较平淡? 就是因为没有把所有的材料都看过,都消化,有时,引用别人的观点材料,连出处都不加,这种状况应当加以改变。

材料的丰富性不光指作家或作品本身,还有其他方面的辅导材料,如社会历史、民俗、宗教等方面的材料。作品本身,也有多方面的辅助材料,比如,有的一部作品有几十种异文,假如我们只介绍其中的一种,就不能把这部作品的全部生命展现出来,也不能反映出它各个方面的特色,那自然就会显得干瘪。有些作品,有很多艺术家演唱它,而且又各有特色,假如在我们的书中只介绍一个或连一个也不介绍,那自然就忽略了它特有的价值。我们看前人编的许多文学史,史料都非常丰富。凡是好的文学史,无不是史料丰富、翔实,这一点应该特别引起我们的重视。这里需要特别强调一下,当然,不是对所有的材料都要一律详列,平分秋色,要有主有次,有的可以一笔带过,有的甚至只需放上一个注释就够了。

对文学史料,有的早就有人在研究了,在我们的书里,将有很多结论是重复别人的。我们应该不掠人之美,应该指明,谁曾经得出过什么结论,这是一种为文的道德。有的问题有五种或十种意见,这五种或十种意见也应该在我们的书中有一定的反映。当然,这种反映不是洋洋洒洒,把细枝末节全写上去,而是要通过归纳或用注释加以说明,分清主次,分类排比。吸收合理的有益的部分,对于错误的、反动的观点要进行必要的分析和批判。我们自己或择善而从,或另辟蹊径,或述而不作,或在旧有结论的基础上更有新见,都是可以的,但不能自我作古,认为什么话都是我第一个说的,前无古人,后无来者,仿佛书里的一切结论都是我们自己的创见,不能把不是创见说成是创见。所以,我们要把国内外的有关材料搜集齐全。比如,关于哈萨克族文学,我们关起门来说话行吗?我看不行。苏联已出过许多种哈萨克文学史。关于维吾尔族、蒙古族、藏族等民族在国外也有很多文学史著作,而且有他们自己的结论。东北、西北、南方一些民族的文学,国外也有人研究。我们应该把世界各国的情况、研究的成果紧紧掌握在自己的手里,运用马克思主义的观点重新审查和分析,只有这样,才能做出我们自己的发明发现来。这个清理工作一定要做。我们讲要经过一段时间的努力双脚踏上第一台阶,这就是要把底清理出来。是不是所有的民族都已经把这个底清理出来了呢?要努力争取。有句俗语叫"竭泽而渔",我们就是要捞干了看,这当然很吃力,但为了今后的发展只能做好这一步工作。只有通过这种办法,我们才能更快地前进。什么叫灵感?我认为灵感就是在广泛阅读、广泛掌握材料、进行深刻观察分析的基础上的一种联想,通过这种联想就能产生一种飞跃,一种飞升。只有全面掌握材料,才能探索未知的领域。发明、发现也是这样,它绝非是异想天开、灵机一动的产物。在前人的终点上向前跨进一步,这就叫作发明、发现。假如连前人的终点在哪里我们都不知道,那怎么能发明、发现呢? 如果我们在史料的丰富性上不能超过国内或国外的有关著作,人家知道的我们不知道,人家看到的我们没看到,人家掌握的我们没掌握,那自然就会贻笑大方。材料要全面、准确、丰富,这是我们这套丛书的历史地位所决定的。假如做得好,那就可以说我们做出了一定的贡献,如果对于这丰富全面准确的材料进行了符合客观实际的马列主义的分析和研究,那就是双脚已经登上了第一台阶,为了今后的发展已经站稳了脚跟。这就是我们在这五年中要努力做到的。

第二点,从实际出发。

弗兰西斯·培根曾经在他的《新工具》里说过:"人类的理解力根据他的本性来说,容易倾向于把世界的秩序性和规则性设想的比看到的要多一些。"用通俗的话来讲,就是容易有成见,容易用自己的概念、框框去套现实,像套圈那样;套得住,就算是我的;套不住,再去套更容易套的。把世界看得非常简单,好像一切都应按我的设想而存在。培根在另外一个地方又指出:"我们必须把人们引导到特殊的东西本身,而人们必须强制自己把一些概念暂时撇在一边,开始使自己同事实熟悉起来。"马克思主义的经典作家曾经教导说,具体问题具体分析是马克思主义的活的灵魂,这是很重要的。从实际出发这一点,一定要在我们的写作过程中努力贯彻。

从实际出发,首先就要搜集资料。在这一点上,比编写《汉文学史》和《外国文学史》要困难得多,因为我们是在开辟一个新的领域。搜集工作,调查工作,一定要有计划地进行,防止那种熊瞎子掰苞米,随手用随手扔的现象。以前在人员上有一走一过的现象,在资料的搜集上也有一走一过的现象。不系统,也没有长远打算。今天要用,今天顺手搜集起来,明天任务完成了,这些材料也跟着不见了,这是应当努力克服的。我们必须建立一些档案,必须让这些材料成为一种永久性的社会性的财富。比如,对一些作家、作品以及民间艺术家,都要在可能的条件下建立专门的档案,要有翔实的记载。我们要立志成为这方面的专家,就要有长远的打算。民间文学作品,浩如烟海,异文也特别多,要进行搜集,逐步积累;国内外的有关论著、有关机构、有关专家,也都要有所记录;友邻民族的有关文学情况,也要搜集和掌握。你研究维吾尔族文学而不了解哈萨克、乌兹别克、柯尔克孜等民族的有关情况,那怎么行呢?还有搜集各民族的文化背景材料,也要做长远安排,这方面的工作量也很大。总之,从实际出发,首先就要做这方面的工作。"实事求是",得先有"事",若没有"事",哪来的"是"可求? 又到哪里去求"是"呢? 要用事实说话,多叙述史实,少在空泛的形容词上兜圈子。我们是科学工作者,就要有这样一个做科学工作的尊严,把确确实实存在的客观实际描绘下来,不用想象来代替科学,也不用感情来代替科学,不因为我喜欢就把它写得好得不得了,也不因为我对它在某方面有反感,就采取不切合实际的态度,这都是不科学的,也是不能长久的。还是要从实际出发,还历史以本来面貌。用感情代替科学,不能长久。王平凡同志在发言中说道,布鲁诺被宗教法庭处死,但他坚持真理,宁死不屈。你处死我,地球也还是照样在围着太阳转。这就是一种科学态度。从实际出发,体现在一切方面,如曹雪芹、纳兰性德、老舍、李准等人的作品,有些外国人认为他们的作品没有少数民族的气质,仅仅是汉族的,我感到值得商榷,我说:那只是你的一种理解。但假定我们只是将这些作品从汉族文学史中照搬到我们的文学史中来,那也确实意义不大。假如我们能从另外一个角度,一个新的角度、民族的角度来认识这些作家、作品,那么,我们对这些作家不是有了新的发掘,新的认识吗? 对玛拉沁夫、乌热尔图的作品也是如此。他们用汉语进行创作,这是一种很复杂的现象,这种现象不是越来越少,而可能是越来越多,我们用旧的观念去认识它是不行的,一定要从实际出发,要在客观实际中认识它所固有的那些性质。

第三点,希望在一些环节上阐明文学与政治、历史、文化背景以及整个环境的本质联系,或者说,希望能够在编写文学史的过程中从马克思主义的系统性原则出发来观照和把握文学现象和文学过程。我们在这方面要做出一定的尝试。

少数民族文学有许多自己的特点,而且各个民族的文学也都有自己的特点。比较共同的是民间文学特别发达,民间文学与作家文学的关系特别密切。同志们提出这样一个思想,即要使文学成为我们论述的主线,或叫论述的中心线。这点完全正确。我想把这个题目再伸延一下。什么是文学？文学就仅仅是我们看的书本吗？文学的创作过程算不算文学？算不算文学过程中的一个组成部分？作家认识世界，并通过他的头脑创造出"第二自然"，前面这个过程算不算文学过程当中的一个部分？有了本文，即有了"第二世界"，这"第二世界"又被读者接受、欣赏，并发生社会效益，这个过程算不算文学？我们所分析研究的作品，它实际上是把两个过程具形化了、定型化了，或者凝固化了。通过它把前后两个过程连接起来，但也通过它把前后两个过程割裂开来，这是一种什么现象？现在在文学领域中有了一些新的开拓，比如像接受美学。对于民间文学，可能更为复杂一些。如果没有这些过程，也就没有民间文学自身了。文本是整个文学生命活动的瞬间静态化，在我们研究文本的过程中，通常是把生命发展演进的过程"黑箱化"了，或者说是把它当成"黑箱"来处理了。这一点在我们的研究过程中，在编写文学史的过程中，在适当情况下要有所揭示，有所描述。另外，传统和创新、变与不变也有许多矛盾的关系，所以，我们对各种异文的研究就显得特别有意义，而且特别容易出成果。这样的分析研究可能成为我们对文学史的一种贡献。在我们这个领域里，生活、艺术和文学常融为一体，这和作家文学的情况不尽相同，如果没有具体环境，也就没有了民间文学，所以，我们在写文学史的时候要有对于文学环境的研究和交代。假定我们把一部分与人民保持最密切联系的少数民族作家和民间演唱家做个比较，就会发现他们之间并没有什么不可逾越的鸿沟。在这里，我们会得出我们自己的见解来。

以往，我们通常把民间文学当成文学的史前史来认识，实际上并不是这样，民间文学有一个与作家文学长期并存发展的过程，这个过程所产生的特点，也应进入我们的研究视野。在这些环节(不是一切环节)，我们可以阐明文学与文化、历史背景的本质联系，要能够从马克思主义的系统原则出发去观照文学现象和文学过程。我们应当做这样的尝试。

第四点，希望在各民族之间的双边或多边文学交往方面做出一些探索。也就是说，通过我们的写作、研究，能够阐明不同民族的文化交往、文化影响的实际过程。

问题不在于一般肯定具有普遍意义的交流和影响,问题在于要具体阐述它们互相交流和影响的具体过程及其性质和意义,这是比较难的。要达到这个目的,大家要多方面寻求途径。我们各民族的文学史,从长远来看,应当成为多民族文学史的基础部分,所以,我们在这方面的任何发现发明,都会有长远的历史价值,由此,就进入比较研究的领域了。

以上四点,前面两点应该成为我们对自己的要求,后面两点则是希望。贝尔纳在《科学的社会功能》一书里曾经提到科学发展的凸出地带。刚才的后两点希望或许就是我们这个学科的凸出地带。在规划课题的时候,应当从实际出发来寻找我们学科的生长点。

总之,我们应当努力学习,大量地积累资料,力求创新。假如我们的每一本文学史有三点或五点新的研究成果,有比较深入的规律性的发现,那五十几本书集中起来就是几百条,当我们迈向第二台阶、第三台阶或更宏伟目标时,就有更多的依据和比较成功的经验了。

畅想一下,什么是第二台阶?我以为就是进一步完善和补充我们现在的工作,使各民族文学史更具有理论研究的性质,更全面深刻地反映各民族文学发展的实际状况。在这个基础上,我们再对各个民族的文学的双向或多向的交流和影响的关系进行研究,写出比较文学史或文学关系史,最后,再产生多民族文学史这样一个比较理想的成果。到那时,我们对中华民族的文学及其发展演进过程的认识就比较全面了。那时,中国文学史的面貌在一些重要的发展关节上就可能发生某些新的改变。这大概不是一代人的工作,但是我们这一代人应当为此而努力。

我们正在从事一项具有历史意义的工作。这是一项重大系统工程的基础部分。历史在注视着我们的工作,各族人民在注视着我们的工作,国内、国际学术界也在注视着我们的这项工作。所以,我们要扎扎实实地工作,尽可能好地完成国家的"七五"规划,完成这样一项重点工程。

文章来源:《民族文学研究》1987年第2期

第三届非物质文化遗产国际论坛
（中国成都）发言摘要

　　(2011年)5月29日至6月1日,由文化部、四川省人民政府、联合国教科文组织主办,成都市人民政府、四川省文化厅、中国非物质文化遗产保护中心承办,成都市文化局协办的第三届中国成都国际非物质文化遗产节·非物质文化遗产国际论坛在成都举办。四川省副省长黄彦蓉、成都市市长葛红林、文化部外联局局长董俊新、联合国教科文组织非遗处处长塞西尔·杜维勒分别在论坛开幕式上致辞。四川省文化厅厅长郑晓幸主持了论坛开幕式。

　　来自世界各地的政府官员、非物质文化遗产领域的专家、学者和中国相关非物质文化遗产项目代表性传承人等共计69人参加了论坛。与会代表在联合国教科文组织《保护非物质文化遗产公约》(以下简称《公约》)框架下,分享了实践《公约》的经验,各抒己见,探讨了非物质文化遗产保护的方略,并达成广泛共识。继2007年和2009年举办的前两届国际论坛形成并发表《成都宣言》《成都共识》之后,本届论坛又发表了《成都倡议》。

　　中国社会科学院荣誉学部委员、国家非物质文化遗产保护工作专家委员会副主任委员刘魁立以俄罗斯塞梅斯基人文化空间的保护与传承为案例,从三个方面论述了非遗保护应遵循的理念和需要思考的问题。

刘魁立:当俄罗斯塞梅斯基人走向世界时

　　塞梅斯基人是俄罗斯联邦一个古老的、由宗教信仰结合起来的信众群体,居住在与世隔绝的后贝加尔地区,有着自己特有的文化要素和群体意识。

在人迹罕至的地方,他们依然保存着本源地域的文化和旧俄罗斯的生活方式,许多传统的家庭节日和民间节日也延续至今。但由于经济和社会的原因以及时代的冲击,该文化中的许多元素面临消亡的危机。掌握技艺、通晓传统习俗的老人不断去世。为此,当地政府在"塔尔巴嘎台区"建立了塞梅斯基文化中心。

俄罗斯塞梅斯基人的文化空间和口头文化在2001年被联合国教科文组织宣布为人类口头和非物质文化遗产代表作,属于文化空间的类别。我在塞梅斯基人那里做了一段时间的调查,在初步考察的基础上讨论三个问题:一是外部的条件和内部的驱动力和传统文化的发展究竟有怎样的关系;二是地方文化的世界化会使地方文化发生什么样的变异;三是在市场经济条件下传统文化会如何发展,会产生什么样的影响。

一个文化传统的延续当然需要有相应的外部条件,富裕的生活和宽松的文化环境倒不一定导致文化的健康发展,有时可能会加速它的变异,并不优越的、甚至非常严酷的外部条件也不一定就必然阻碍或者是彻底扼杀某种传统生活方式。塞梅斯基人在内心里依然保持着民族自豪感和优越感,尽管这种优越感是内隐的,不外现的,但他们顽强地守持着自己淡薄的、非常高尚的生活方式。

对于文化传统的延续来说,内在的驱动力是最根本的,是左右发展趋势的关键性因素,因此,我想特别强调,外部条件和内部条件的相互作用,互相激荡所形成的某种张力,对于一种文化,尤其是对于一种生活传统的延续和演化起着非常重要的作用,而这当中,对塞梅斯基人来说最重要的是信仰和价值观。

当我们认识到这一点时,就对信仰和价值观应该有充分的尊重。观念和行为坚持不懈的协调统一是完成一项事业的基础,有对旧礼仪派教义虔诚的信仰,还要有相应的仪式和制度作为保障,这样才能使信仰贯彻始终;有对自身文化传统的尊重和自豪感以及守持传统文化的意愿还不够,还要在相应的日常生活方式中加以体现,不断地实践,这样才能使传统文化得以延续。这当中还有一个关键,就是群体作用。传统文化的延续和健康发展必然有社会群体的有力支撑,核心动力在于广大社群的文化自觉和文化实践。

　　地方文化的世界化。塞梅斯基人曾经在一个被人遗忘的角落里生活着。在成为人类非物质文化遗产项目后,过去不被人知的一群人的生活一下子成了全世界关注的对象,这对他们的生活产生了什么样的影响?我对塞梅斯基人进行采访,问他们怎么看待塞梅斯基人的生活和文化空间被批准为人类非物质文化遗产的项目这件事。很多人都回答,我们该怎么生活还怎么生活。这样的回答和这种态度对于非物质文化遗产的保护来说是不利的吗?地方文化的世界化为文化的多样性发展增添活力,但是世界化又会对他们的文化存续、保护和发展产生什么影响呢?尤为重要的是在这个过程中,人们应该如何应对这种世界化?应该采取什么样的方针和行动才算正确呢?这个问题不仅是思辨性的问题,还要在生活实践中去寻求答案。

　　市场经济在世界的每一个角落里都产生着重大影响,传统文化的一部分在过去不曾进入过市场,也仅仅是公益性的活动,是社区民众的习俗和仪式或者是自娱自乐,如今被一些人纳入经济活动领域,这时,它们的功能和性质就发生了变化,这时,服务对象的意愿和需求以及市场规律就会悄然发挥作用,这是一只无形的手。

文章来源:《中国文化报》2011年6月10日,第6版

尊重传承人的权利和遗产的特性

提起非物质文化遗产保护,有的时候我们会很笼统地说保护就是保护嘛,别让它走样,我们能传下来就叫保护了,但实际上在《保护非物质文化遗产公约》中非常明确地指出了什么叫保护:"保护是指确保非物质文化遗产生命力的各项措施,包括这种遗产各个方面的确认、立档、研究、保存、保护、宣传、弘扬、传承、振兴。"我觉得在这9个步骤中,任何一个环节都有特别丰富的内容,都有大量的工作需要我们细致认真地去做。"抢救性记录"既是立档、保存,也为研究和宣传积累资料打下基础,更进一步将会为弘扬和振兴提供助力。所以,抢救性记录工程这项工作是一件必须做好的事情。我建议大家在我们的工作过程中不断地思考这9点。

2015年12月,联合国教科文组织保护非物质文化遗产政府间委员会第十届常委会审议并通过了《保护非物质文化遗产伦理原则》。这个文件非常重要。现在,在整个国际社会特别是在保护文化遗产、政府间合作的时候,特别强调要保护非物质文化遗产的伦理原则,就是说我们应该从伦理的视角来看待所有的工作应该采取一个什么方式。这个文件重申了"社区、群体和个人继续其各种实践、观念表述、表现形式、知识和技能以确保非物质文化遗产存续力之权利应得到承认和尊重。"也就是说,我们在做抢救性记录的过程中,必须让项目所在地的社区、群体和个人知情,而且必须让他们同意。另外,应该尊重他们对持有的非物质文化遗产价值的判定,而不应该用我们的价值判断来衡量他们。

另外,非物质文化遗产的动态性应该始终得到尊重。非物质文化遗产是一个生命体,它是在不断地发展着、演变着,其生命活力就在这个演进过程中。每一次呈现都是发展链条中的一个环节而已,所以,在做抢救性记录的过程中一定要记录它的活态性和动态性。

此外,在记录民间文学类代表性传承人有关信息的时候,我觉得应该特别强调民间文学是以语言作为主要表现手段的意识形态,所以,在忠实记录作品的时候对传承人所使用的民族语言和方言要特别细心记录,应该请熟悉这方面语言的人来做录音、录像和访谈等。

文章来源:《中国文化报》2016年9月9日,第8版

中国非物质文化遗产保护出版
成果展专家观感

编者按:"中国非物质文化遗产保护出版成果展"是我国首次对全国范围内非遗保护工作出版成果的集中展示,自开展以来,不仅吸引了众多公众前往参观,非遗保护领域的专家学者也对此次展览十分关注,现将几位专家的观感摘录如下,以飨读者。

非遗保护呼唤数字化援手

参观"中国非物质文化遗产保护成果展",我的感受可以用"震撼"两个字来形容。在十年多一点的时间里,我国的非遗保护工作取得这么大的成绩,实在超乎我的想象。这项工作对中华民族文化史发展进程可能产生的巨大影响,或许是今天的我们还难以准确估量的。

据国家图书馆的管理人员介绍,展览除选用馆藏的出版物之外,各地文化主管部门和非遗保护中心还在很短的时间里送来5000余件展品。这些图书和音像制品,既承载了保护实践的某一具体环节和内容,同时也为宣传和弘扬非遗提供了有效的手段。音像展示区展出的全国各地与非遗保护有关的音像出版物,给我的印象特别深刻。其中,《山东省非物质文化遗产音像集》包括了上百张光盘,全面记录了山东省首批非遗名录项目,而这些展品仅是十余年来大量音像出版物当中很少的一部分。全国图书馆联合编目中心著录在册的各地正式出版的音像制品有近600种,其中录像制品占2/3以上。至于为保存、保护、研究、宣传非遗而制作的非正式出版的音像制品,更是不计其数。

运用数字化手段,能够多角度、直观生动和比较全面地记录、保存和传播非遗的真实信息。今天,数字化手段在人类生活的各个领域,以迅雷不及掩耳之势,展现出它无限的威力。数字化手段的推广俨然可以与文字的发明和应用相媲美,是一次具有划时代意义的巨大变革。具体地说,也为贯彻非遗保护的整体性、真实性和传承性原则,开辟了广阔的前景。非遗保护的各个环节不仅呼唤数字化手段的支持和广泛应用,而且数字化手段还可以为非遗真实有效的传承提供有利条件。今天,在多数情况下,我们还习惯性地把录音、录像简单化地视为和使用纸笔一样的记录手段。我想这是不够的。我们还没有把数字化手段在非遗保护方面的巨大效能充分发掘出来。如何更好地、更深层地运用数字化手段传承和弘扬传统文化,这也是摆在非遗保护工作者面前需要研究和探索的课题。

文章来源:《中国文化报》2014年7月11日,第8版

文化部贯彻实施《中华人民共和国非物质文化遗产法》专家座谈会发言

2011年2月25日,十一届全国人大常委会第十九次会议审议通过了《中华人民共和国非物质文化遗产法》。该法以155票赞成、2票反对获高票通过,并将于2011年6月1日起正式实施。3月1日,文化部在北京举行贯彻实施《非物质文化遗产法》专家座谈会,资华筠、刘魁立、乌丙安、周小璞、田青、刘锡诚、王安葵、常祥霖、傅起凤、吕品田、祁庆富、朝戈金、郝苏民、李新风、刘托等非物质文化遗产保护专家学者、非物质文化保护部际联席会议成员及有关部委代表数十人出席了此次座谈会。文化部部长蔡武在会上就动员全社会深刻认识《非物质文化遗产法》出台的重大意义、进一步学习领会《非物质文化遗产法》的主要精神、深入贯彻实施《非物质文化遗产法》、全面推进我国非物质文化遗产保护工作进入新的历史发展阶段做了讲话。文化部副部长、中国非物质文化遗产保护中心主任王文章主持了此次座谈会。

非遗法的出台掀开了历史的新篇章,这是一次在文化领域里的拨乱反正,是社会文化协调发展过程中的一个产物。

《非物质文化遗产法》通过公布的时候,大家都很激动,长期以来大家付出了非常多的心血,同时也体现出中国这片土地上人们的激情,以及对于立法的一种呼唤。非遗法的出台掀开了历史的新篇章。我认为这是一次在文化领域里的拨乱反正,这是科学发展观或者说是社会平衡协调发展的过程中的一个产物。

非遗法虽然是一部行政法,但它的影响巨大,就是确定了非物质文化遗产在人民生活中的价值和地位。我觉得,非遗法出台后如果说非物质文化遗产过去仅仅是我们生活当中的一种集体无意识的活动的话，现在大家就充分地认识到了它的意义和价值，这对于我们提升文化自觉，自觉地去继承优秀的中华民族的文化传统，发扬这个传统，非常有意义。

我们对于这个法的理解还要进一步深入，今后的任务里面有一个要特别做的，就是要好好学习这个法，努力地宣传这个法。比如说，在非物质文化遗产内容里面的六条和联合国教科文组织非物质文化遗产保护公约里面不完全一样，其中，关于宇宙的知识和实践，我们这里没有。我们列了一条其他非物质文化遗产，这究竟意味着什么？我觉得要进一步学习和研究。

另外，我在工作中有一个体会，有的时候由于工作的激情，我们常常给非物质文化遗产过多的负荷，觉得所有的都应该围着它来做，是中心的中心，有这样一种激情、这样一种责任感，完全对。可是如果我们仔细研究了这个法之后，我觉得，我们可能就要认识到，它是在我们整个社会建设，包括政治、经济、社会、文化，这个总体当中的一个部分，而这样一个系统性的、总体性的看法贯穿在这个法里，我觉得要是把非物质文化遗产的保护和我们整个社会运行的总体的机制结合起来看它的重要性，也许我们就能够正确地估价它的地位了。

我觉得这就是我们需要思考的许多问题，在这些总的问题底下有一个问题，就是如何建设有中国特色的文化这样一个大问题。我觉得这个法的出台和我们今后所有的工作，会对中国的文化——具有中国特色的、健康的、和谐的、可持续发展的文化有一些帮助。

（本版专家发言文字由本报记者谌强整理）

文章来源：《光明日报》2011年3月14日，第14版

八年铸一剑，群贤话春秋

编者按:钟敬文主编六卷本《中国民俗史》在2006年由全国哲学社会科学规划办公室确定为哲学社会科学标志性成果,纳入国家社科基金成果文库,2008年4月由人民出版社出版。2008年6月14日,北京师范大学、人民出版社在北京师范大学第三会议室联合主办了六卷本《中国民俗史》首发式暨钟敬文历史民俗学思想研讨会,众多学者就《中国民俗史》与历史民俗学诸问题进行了研讨。限于篇幅,我们选摘了部分发言,并对发言内容略做删节、编辑,以飨读者。因未经发言者审阅,如有不当之处,责任在编者。

重建民族传统,恢复文化记忆

这部大书的出版,在学术界、在民俗学研究领域里是件大事。

在谈论这部书的时候,首先让人想到的是钟老。刚才王宁教授说了一句,我觉得是可以代表所有人心声的话,"从这本书,我们可以读出钟老的伟大人格魅力",我觉得这句话也代表了我对钟老的感念,从一定的意义上说,这套书是钟老人格的一个非常好的体现。

另外,也应该向所有的作者表示祝贺!几易寒暑,大家孜孜以求,把这部书做到这个样子,真的让所有的人看了之后都喜出望外。在座的各位先生都知道集体项目之难做,很多人都避之唯恐不及,在这样的情况下,这部书是一个集体创作的成功的范例。

首先，我觉得它是民俗学领域具有时代标志的一部著作，它既是过去在这一方面研究的一个总结，也是一个强有力的呼唤。我们知道胡适的《白话文学史》，曾经引起所有人的关注，实际上是带动了整整一个时代。同样的，在这个领域里还有郑振铎先生的《中国俗文学史》，实际上把整个一个学科、一个领域都带动起来了。应该说现在我们手上拿到的这部书，既是写历史，也意味着一个新的历史的开启。它是开一代风气之先的一部了不起的著作，在将来的历史进程中会陆续证明它的价值。

其次，它是一部非常合乎时宜的书。经过一百多年的断代之后，大家对于传统都感到有些陌生了。比如说，新一代人好像不知道怎么过节，不断地有人说能不能把过节的程式列出个单子来，这多少有点莫名其妙。现在呼唤着要求恢复文化记忆，要求重建一种民族精神。这部书在这样一个特殊的时刻出版，实在是一件非常重要的事情！我们通常说要努力建构核心价值观体系，其中，这是一项不可缺少的因素，实在是合乎时宜。

我们的民族文明延续不断，不断的到底是什么？我觉得不断的就是我们广大民众大多数人的生活方式和它的价值观体系。现在这部书实际上是把长时间延续的生活方式和价值观体系勾勒出来，这是一件非常重要的事情。在这样一个背景下，再来看这本书，它确实具有划时代的意义。

最后，对这部书，我觉得应该看到它将来的影响。先前有一个网友说："中国的知识分子好像都是被政治化了的，好像都是依附在一个意识形态下面。"我感觉到这是一种误解，实际上可以用这部书做一个回答。钟老非常喜欢的一句话叫作"为人类做工作"，我觉得这句话其实也把我们整个学界工作的宗旨和本意表达了出来，这部书就是对钟老这句话的一个演绎。

本文仅选取了刘魁立先生的发言部分
文章来源:《民俗研究》2009年第1期

民俗学的一座丰碑

　　《钟敬文全集》的出版,是中国文化界、学术界和出版界的大事。也可以说,是中国民间文化研究领域一个世纪总括式的重要巡礼。今天的中国已进入世界环境中的民族复兴和文化崛起的时代,各国各民族多元文化都在繁荣发展。但是,没有哪一个时代,也没有哪一个民族,能像今天的中国所做的这样,特别关注并积极致力于中华民族的伟大复兴;没有哪一个时代,也没有哪一个民族,能像今天的中国所做的这样,特别关注并积极致力于优秀传统文化在我们当代生活中的复兴与传承。在《钟敬文全集》中有这样一个思想:一个民族的存在和发展,靠的是它的命根子,这命根子存在于每个人的心里,这就是每个民族的优秀文化传统,其中,基础最为深厚、传承最为广泛的是民间文化。每个中国人都需要为本民族的优秀传统文化的传承而不懈奋斗。

　　马克思在回答女儿的提问时说,自己最喜爱的箴言是:"目标始终如一。"钟先生生前就多次说过,他最钦佩马克思的高贵品格——为人类而工作。他愿意把马克思的话当作座右铭,以体现自己的人生价值。作为一个中国知识分子,我以为,这就是善,这就是大善。钟先生一生治学,无论是在顺境中,还是不怎么顺利的环境里,都义无反顾,想尽一切办法,奔向自己崇高的目标。我以为,这就是智,这就是大智。一位宋代名人曾经说过,然则不吝其力之所及,德施于人而身忘其忧,足以称善人矣夫。钟先生为了完成自己的心愿,为了完成自己所愿意承担的中国优秀文化传承的历史使命,矢志不渝,百折不回,钟先生立德、立言、立公的一生,为后世树立了光辉的榜样,影响、感召、激励着我们许许多多的人。让我们共同来回顾和滋养我们民族的文化之根和文化之魂,我想,首先应该从这个角度,充分评价《钟敬文全集》的出版价值。

这部宝贵的《钟敬文全集》是一座丰碑,它典型而集中地反映了20世纪中国民俗学、民间文艺学的中国学派的面貌和成就,也反映了它所涉及的传统国学、文艺学、社会学、语言学、历史学、民族学、人类学、教育学和比较文学与世界文学等多方面重要著作的精彩篇章。这是钟先生积淀百年人生形成的重大学术成果,对整个人文社会科学的基础研究和现代发展都有启迪,它激励着后人进一步开展严肃的工作和伟大的开拓。

《钟敬文全集》也是中国传统优秀文化教育学的鸿篇巨制。钟先生等前辈学术大师都对中国高等教育事业的现代建设和未来发展有崇高的历史担当,有强烈的社会责任感,有无怨无悔的奉献精神。在《钟敬文全集》中,收录了钟先生晚年写的一篇文章,里面这样写道:"近来有些同志见我年事已高,又碌碌不肯自休,南征北战,有的劝我尽量辞去那些职务,静下来整理整理过去的各种文档,包括论文、散文及诗歌等;有的劝我专心写作那些准备已久而终未着笔的科学著作,这里指的是《女娲考》,从这个神话考察我国原始社会史,或者写回忆录之类。我由衷地感谢他们的好意,但是我不能这样做。整理过去的文稿,不管怎么说,总是一件回顾的工作。眼前正充满亟待动手的工作,我不能放开它,去回顾过去。放弃今天,就将失去明天,那将是多大的损失啊。而且,自己过去的东西如果真的有点用处,那将有后来的人或同时代的年轻人去整理、评定,不需要自己积极于此。至于写作那准备了多年的专著,是我所关心的。但是,我眼前的任务,是为了使更多的人能够写出有价值的专著,自己的东西是否写成,并不是很重要。记得鲁迅在《未有天才之前》的讲话里希望大家去做培花的泥土,这样才可以使地上出现好花。这是伟大的想法。去年我在一篇序言的末尾说了下面一些话:我们在学术上希望看到的是春色满园,而不是一枝出墙的红杏。这段话,在今天来说,对后世历史来说,仍然价值重大,意义深远。弘扬中国优秀传统文化的教育理念,同样是文化自觉和文化自信的一部分,需要传承下去。

文章来源:《光明日报》2019年3月16日,第9版

报　道

让民间艺术永盛不朽之花

  刘魁立,1934年9月生,曾任中国社会科学院民族文学研究所所长、中国民间文艺家协会副主席等职,现任中国民俗学会会长、中国非物质文化遗产保护专家委员会副主任、中国社会科学院荣誉学部委员、亚洲民间叙事文学学会会长。担任艺术科学国家重点项目《中国民间故事集成》副主编。以下是他的自述:

  1979年8月,民间文艺研究会和国家民委、文化部联合召开了"全国民间诗人、歌手座谈会",为曾受迫害的民间艺人、歌手和民间文艺工作者平反。这一年,我协助贾芝先生(我国著名民间文艺学家、中国民间文学工作领导者和组织者之一)等前辈,参与了恢复中国民间文艺研究会的工作及筹备全国文代会的工作。12月,全国文学艺术工作者第四次代表大会召开,文化事业的发展迎来了属于自己的春天。

  1984年,在周扬同志(时任中国文联主席和中国民间文艺研究会主席)的关心下,我们从事民间文学艺术工作的同志酝酿已久的《中国民间故事集成》《中国歌谣集成》《中国谚语集成》出版了。这之前,我们发动了全国几十万人进行大规模的民间文学普查工作,搜集资料逾40亿字。

  为了这些大量烦琐而又充满意义的收集工作,1983年我在西藏还开设了一周的培训班,主要面向当地各级文化馆(站)的工作人员,对如何收集、记录、鉴别、整理民间故事、歌谣、谚语进行培训。记得到达第一天的晚上,我就因高原反应身体不适,第二天一早在医院吸了两个小时的氧,接着就开始工作了。那个时候觉得时间非常宝贵,一点儿都不想因为个人原因耽误。在西藏期间,我也得到了关于藏族文化传统的许多宝贵信息,这对后来的工作有很大的帮助。

搜集、整理和编辑、出版《中国民间文艺集成志书》(共十套)工作动员的人力之多,成效之大,都是空前的,大约今后也很难再有这样的历史机遇。直到去年这个浩大的工程才算是真正完成,持续了将近30年的时间,但是我们始终都没有觉得累,反倒觉得心情愉悦,因为长期在民间文学文艺这个领域,已经和它产生了深厚的感情。在编纂这套书的30年间,也培养出一大批从事民间文学工作的优秀同志,这也算是一个意外的大收获,因为继承和延续传统必须要有人来工作。

今天,中国作为有悠久历史传统的文明古国,在优秀文化传统的保护和延续方面正在开展大量的工作,无论是通过立法来保护文化遗产,还是通过国家政策支持发展文化事业;无论是对非物质文化遗产保护的加强,还是对传统节日的尊重和复归,都真正达到了"上合党意,下顺民心"的效果。因为,传统文化是民族文化的根,是民族文化发展的基础,是民族的魂,有助于提升民族自豪感,也是我们对人类文化做出的贡献。

我感觉这30年来,国家越来越重视文化的传承和发展,像奥运会期间各个"祥云小屋"里对中国传统文化的展示就是很好的佐证。还有最重要的一点就是文化遗产保护正逐步成为全民都在关注的主题、全民都在参与的事业。

原题为:"让民间艺术永盛不朽之花:中国民俗学会会长刘魁立的讲述"
文章来源:搜狐新闻《法制日报》,2008年10月7日

刘魁立：行走田野　问俗追风

　　银发飘飘，满面慈祥，如风的身影，依然行走田野。他以不老的童心，守护着民间文化与非物质文化遗产。

　　刘魁立先生，一位20世纪50年代留学苏联，受到良好学术训练，修得一身民间文学、民俗学调查研究本领的严谨学者，在民俗学理论、民族文学研究、神话史诗研究、故事研究等方面卓有建树。他是中国社会科学院荣誉学部委员，当今中国民俗学、民间文艺学的顶级学者，是世界知名的民俗学家。

　　他曾经长期担任中国社会科学院民族文学研究所所长、《民族文学研究》主编、中国民俗学会会长、国家非物质文化遗产保护专家委员会副主任。他长期身任学术行政要职,却十分谦逊低调。他与年轻人交朋友,他向普通村民请教。民俗调查与非物质文化遗产学问的研讨,成为他唯一的爱好。

风俗是人民的生活状貌与生活传统,要理解人民的生活,阐发它生成演化的规律,就必须接近依靠它生活的人民,民俗学、民间文艺学就是一门探讨人民文化的田野之学,对这门学问的掌握,不仅在于学者的理论修养,更在于学者是否能扎根民间,亲近百姓,体察民情。心中有情,眼里才有人民文化的博大与尊严。刘魁立就是这样一位充满情感的学者,他常说自己是泪腺发达的人。我多次见过他在调研中因特殊的人和事而哽咽流泪。

最近的一次是今年初的三九寒天,北京师范大学百村社会治理调查组,去他追访多年的牡丹江柳树屯村调查。这个曾经名为罗曼诺夫卡的小山村,是俄罗斯移民在中国境内建立的村庄。这群俄罗斯人的信仰属于旧礼仪派,他们为了躲避宗教迫害,辗转来到中国东北,后来在深山建立了这个村庄。刘魁立在阅读文献中偶然发现了东北有这样的移民村落,但不知道村落的具体位置,他多次往返北京牡丹江寻访这一村落,最后在牡丹江当地文史工作者的协助下,找到了文献中的罗曼诺夫卡村庄,也就是今天的柳树屯村。写作这一村庄这一群人的中国故事,成为刘魁立目前最大的心愿。由于这样特殊的情结,刘魁立特别关注这个村庄百姓的生活。

我们在崎岖的山路上颠簸了两小时后,来到村口时,已经傍晚。在零下25摄氏度的寒风中,刘魁立老师带着我们一处处地看俄罗斯人留下的房屋建筑,俄罗斯人墓地遗址,走访当地村民。在严冬的田野,刘魁立似乎是走在春天的大地上,特别精神,为我们讲述一个个村民的故事。在后来的村落调查总结会上,课题组成员牡丹江师院的宋娟教授介绍了一位村民因病致贫的事情。刘魁立闻听,落泪了,并立即向有关部门反映,帮助解决这位村民的低保问题。他时刻记挂着这个曾经有着安宁生活的东北山村,近期还专门撰写文章,发表在北师大民俗学微信公众号上,期待这一具有文化交融特点的传统村落能够在当今文旅融合的乡村振兴中获得发展的机缘。

刘魁立不仅深爱大地,眷念大地上生活的人民,而且对祖国的忠烈先贤有着深厚的感情。作为中国非物质文化遗产保护工作的资深专家,他极力推动地方忠烈先贤信仰进入国家非物质文化遗产名录。他参与各地先贤祭祀活动,为传承历史文化情感,身体力行。年轻学人张勃印象最深的一幕是,当年山西绵山清明节研讨活动中,有一道祭拜忠臣介子推的仪式,刘魁立在祭祀仪式上,面对介子推神像,突然双膝跪地,叩头礼拜。俗话说,男儿膝下有黄金,跪下去不容易,对于一位八旬老人,跪下去更不容易,他完全可以如他人一样鞠躬致敬,但他觉得那样不能表达自己对介子推为国尽忠的崇敬之情。这一拜,我们看到了这位老人比黄金还珍贵的家国情怀。

作为民间文艺学民俗学的前辈学者,刘魁立特别注意影响提携年轻学人。他每次出门进行田野考察,都带上年轻人,这绝非为了照顾自己,而是为了培养更多的德才兼备的年轻人。旅途中,他总是自己提行李,不让年轻人帮忙。在高铁上、候机厅里、中巴车上,他会跟年轻人不停地交谈,话题中心自然是民俗学民间文学理论与实践。他在学术研讨前,会反复与年轻人交流,看你是否明白他的表达,让年轻学者提意见。20年前,他在北师大任客座教授时给我们上课就是如此。最近,我与他一道去浙江诸暨参加南孟祭礼,他一路上与我聊的是大年与春节的话题,他主张将"大年"的名称还给人民。他近年来在反复讲这一话题,虽然我不是太同意他要改变将大年称为春节的提法,但很理解他从民间文化传承角度思考的合理性。

为了普及民俗文化与非物质文化遗产知识,培育儿童对祖国历史文化的热爱,他近年来花费巨大心力,组织全国专家学者编写了多套面向小读者的民俗小丛书,这些书籍得到广大读者的欢迎。

年逾八旬的刘魁立,常年奔走于各地非物质文化遗产论坛与民俗田野。他几十年如一日的标配是白衬衫、黑西服,他衣着简朴,但优雅得体,而且他在会议上永远站着发言,总是激情洋溢。伴随着刘魁立先生激情发言的是他飘动的长发,白色的长发像一朵雪白的莲花,洁净而美丽。

文章来源:《光明日报》2019年5月12日,第12版,作者:萧 放

刘魁立:民俗学伴我行

刘魁立近影

　　我如约来到北京师范大学,等了一会儿,就见一位腰杆笔直,穿着黑色西装,打着条纹领带,戴着金边眼镜的人走过来,气质儒雅。走近了,我认出他就是著名民俗学家刘魁立,急忙迎上前去。"哦,你好你好!快请进吧。"刘教授说话中气十足。要不是那一头的白发,我决不会相信他已经七十有二了。

半路出家:迷恋民间文学

　　但凡接触过民俗学的人,对刘魁立这个名字就不会陌生。他的长文《谈民间文学搜集工作》曾引发一场关于民间文学搜集整理的大讨论;他策划主编的《原始文化名著译丛》填补了国内没有欧洲民间文化基本理论著作的空白;他组织策划的《中国民间文化丛书》一版、再版,广受业内外好评。学生眼中的刘魁立,是一个极好的老师,谦虚和善,讲起课来古今中外,融会贯通,生动幽默。但谁能想到,今天这个学术造诣如此深的人,却是半路出家。

"我在国内读的是外语,毕业留校后是外语语法教员。学校派我去苏联学习时,本来也是让我读语言教学法的,衣服都按硕士生的标准发下来了。可是我考虑到自己的程度,最后还是主动要求转为本科生。我还清楚地记得,因为这样一来,留学时间就变长了,衣服不够穿,只好自己又去买了一身。"谈起那段五十多年前的往事,刘魁立兴致盎然。

刚进莫斯科大学,刘魁立就深深爱上两门课,一门是古希腊罗马文学,另一门就是俄罗斯民间文学,并且出于对民间文学的迷恋,他二年级时的学年论文写的就是有关民间故事的。"我还是俄罗斯最著名的故事家安娜·尼古拉耶夫娜·科洛里科娃的中国儿子呢!"刘魁立显得很骄傲。于是,顺理成章,"读研究生时,我就选择了民俗学作为我的主攻方向。"

深入田间:寻访民俗文化

"在苏联读书的时候,我就利用假期参加民俗考察团,先前没有留学生参加过考察团,因此,在出差办手续的时候还添了不少麻烦。"刘魁立笑着说。从沃罗涅日州安那区的老托以达村到临近芬兰边境的卡累利亚地区,这个勤奋的中国学生一直不畏艰辛地追寻着最原生态的民俗文化。

"有一次,我们下乡搞调查,一路上都下着大雪。车子没走几步就在一个小坡上熄火了。我们几个男生下来推车,好不容易让车子重新发动了,可谁知它竟突然向后倒起来,我被撞倒在地。所幸我的身体是在两个车轱辘之间,并没有被车轱辘压着。车子还是不停地后退,我就紧紧地贴在轮子上,跟着它走,这才算捡回了一条命。"刘魁立边说还边用手比画着讲述那段惊险的经历。

留学归国后的刘魁立,寻访民间文化的脚步更是不曾停息。他多次到黑龙江各地对满族、朝鲜族、回族、赫哲族进行民间文学的调查和搜集工作。他还深入观察和了解生活在新疆、云南、贵州、四川、湖南等省区的许许多多民族以及他们的文化历史。

"当时的条件很艰苦,能用的只有笔和纸。一次,我们借到一台美国二三十年代制造的录音机,机器有几十斤重。扛到乡下,电压又不稳,录音机走走停停,几乎无法工作。于是我们又专门借了一个稳压器,这个铁疙瘩比录音机还重。我和一位年岁比我大的先生用一根长木杆抬着这两个宝贝,身上还背着行李,就这样一村一村的采访、调查。"

一次次历经艰辛,刘魁立说,是对民俗学的热爱和作为一名民俗学家的责任感一直支撑着他。

退而不休:为国家多做实事

"每当看到各个民族丰富的传统文化时,我都异常兴奋,好像又在我面前打开了一座收藏着无数奇珍异宝的宝库! 他们是我的同胞,我是他们中的一员,把世世代代流传的文化遗产搜集起来加以整理、研究,使其优秀的传统得以继承和发扬,是我们共同的历史责任。"

中国民俗学会理事长、北京师范大学文学院客座教授、中国民间文化遗产抢救工程专家委员会副主任等一系列的头衔,注定刘魁立是个格外忙碌的人。

"非物质文化遗产的保护还是我最重要的工作,故事研究我还在继续做;有时也去中国艺术研究院讲几堂课;因为是文化部专家委员会的成员,他们有事也会找我。"

"没有退休的打算吗?"我问。

"其实十几年前我就退休了。只是一直闲不下来,这样也挺好的,能为国家多做些事,我很高兴。"

【刘魁立小传】

刘魁立,1934年出生,1953年毕业于哈尔滨外国语学院。1961年获苏联莫斯科大学语言文学副博士学位。历任黑龙江大学中文系副教授,中国社会科学院文学研究所研究室主任、副研究员,中国社科院少数民族文学研究所所长、研究员,《民族文学研究》主编。

文章来源:《人民日报海外版》2006年12月18日,第2版,陈曦采访报道

民俗大家刘魁立：听风采风追风

刘魁立，中国社会科学院荣誉学部委员、中国民俗学会荣誉会长、国家非物质文化遗产保护专家委员会副主任。他最早将欧洲民间文学理论引入中国，并创造性地提出了自己的故事学理论，在其大力倡导下，中国民俗研究开启了共时研究的学术新景象。他提出的共享性原则及整体性保护原则，已成为非遗保护的基本原则。在他担任中国民俗学会会长期间，他带领民俗学者推动了传统节日与法定假日的融合。

时光倒回一个甲子，莫斯科郊外的村庄迎来一支民间文学考察队。巨大的风磨下，荧荧如豆的灯光里，人们围坐在民俗歌手旁，听他们用歌声诉说生活。队里的一名中国留学生在日记里写道：我们就像那风磨，收集着风，让它发挥功效。

那一晚，刘魁立和民间文化一生结缘。

追随风的脚步，聆听风的语言，传递风的力量，六十年来，他从未停歇。

"老百姓的习俗和文化就像风，来无影去无踪，但人人都可以感受风的喜悦。"老人拢一拢松软飘逸的白发，抿嘴一笑，"于我而言，对民间文化的关注和吸纳是一种幸运，这是历史对我的眷爱。"

民俗，描述浓浓的乡愁

"当你进入民间文化这一领域后，就像有一根绳牵着你不由自主地往前走，让你有一大堆的问题想一探究竟。"

在俄罗斯选择研究生专业时，其他中国留学生往往选择研究普希金、高尔基、果戈理,刘魁立说了句"他们研究精英,我研究世俗",毅然选择了民间文学。

1961年,学成归来在黑龙江大学任教的刘魁立,为考察全省范围内民间文学的蕴藏和流传情况,组织了多次采风。

宁古塔的朝鲜族老奶奶说,有一个勤劳朴实的人,做善事后仙人赠给他一件神奇的衣服,穿上它可以隐身,可以飞翔。地主老财知道以后,把衣服强抢了过去,要了起飞的口令,但在离地的那一刻,地主忘了问降落的口令,从此,贪婪的地主变成了一只乌鸦。

"多有意思!"扛着两个铁疙瘩的刘魁立听呆了。那是一台十几公斤重、有30年工龄的钢丝录音机和一个更沉的稳压器。他用长木杆抬着两个"宝贝",一村一村地走访记录。回到祖国的他,可以用惊异和兴奋形容他当时的感受。

"远离祖国的人,他对祖国的观念,除了包含父母、人民、土地、教育之外,还包括对风俗习惯、吉庆活动、故事、儿歌等的眷恋。这一切融汇在一起,才构成一种乡恋的深厚情感。作为认识人类社会的一门很重要的学科,民俗学包含着民族的自我意识和民族情感,也是爱国主义思想的实际内容。"刘魁立豁然开朗:民俗,原来是一种乡愁。

他深知,只有更深切地理解这种乡愁,才能探寻它能为人们的心灵带来什么。选择了体验式调查的刘魁立,几十年如一日地下乡调研考察。

他去福建看醉龙。壮小伙子们扛着木龙舞蹈,有人负责在人们舞蹈的过程中,拿坛子往每个人的嘴里倒酒。龙舞不歇,舞者纷纷仰头喝酒,酒水哗哗淌了满嘴满脸。

刘魁立问一个汗流浃背的舞者:"你累不累?"对方回答:"一点儿不累。"

"那一刻,他和他所在的群体、环境以及他心目中的世界,美好而又和谐。"刘魁立说,自己能体会这样的美好,每一次美好的感受都使他终生难忘。

他去象山参加开渔前的祭船头仪式。香案上摆满鱼、肉、水果,唱戏之前先拜妈祖。已不出海的老把式先拜,再是出海的青壮年拜,最后轮到家属拜。轮到家属的时候,所有守候在旁的妇女争先恐后涌上前去,呼啦一片跪下,祈祷丈夫与儿子平安归来。那一瞬,刘魁立的眼泪湿透手绢。

追风路上,把美好的感受和美丽的乡愁转化为动能,民间文化就能成为人们前进的动力。《刘魁立民俗学论集》《民间叙事的生命树》《中国民俗文化丛书》在他的努力下相继问世。

"成名于翻译引进理论,擅长故事学,率先在国内使用共时研究法,引领风气之先的刘魁立是中国民俗学界当之无愧的学术领袖。"中国社科院文学研究所研究员、中国民俗学会副会长施爱东这样评价他。

国家非物质文化遗产传承人、南通蓝印花布博物馆馆长吴元新心疼刘魁立,"那么大年纪,还不遗余力地奔波各地做调研。"他说,自己曾问过刘魁立:"累吗?""一点儿都不累。"刘魁立给出了和舞者一样的答案。

非遗,朝着心灵的走向

"非遗就像我们小时候喝的母乳,不管后来怎么成长,都依赖于这个底子。"

十年前,吴元新在一次工艺展上初识刘魁立。当时,包括他在内的不少传承人都在思考要不要改行。

展会上,一位长者来到展位,逐一和每个人交流。

"他希望我们坚持下去,他让我相信,国家对民间的非物质文化遗产会越来越重视。"吴元新说。临走时老人建议,在传承的同时也要开发更符合市场需求的品类。

这位老人就是刘魁立。

"很多踟蹰前行的传承人从他的鞭策和鼓励中获得了温暖和勇气,这是我们继续走下去的巨大动力。"吴元新说。

刘魁立却说,不计其数的传承人,也是他的力量之源。

湘西凤凰,做纸糊狮头和龙头的聂胡子已经好几年招不到徒弟了,他自己上山选竹子,在家剖成竹篾;自己上山采草,削皮做成纸捻。"总不能在我的手上把湘西的纸活做坏了。"聂胡子告诉刘魁立。

"他们每一个人都有着纯洁而善良的心灵,了解他们的情趣和志向会特别受到熏陶。你会见贤思齐,希望自己也拥有同样美好的心灵,这便是一种民族精神。"刘魁立说,这些传承人的名字烙印在传统之中,他们信奉的精神将带给人支持和激励的力量,他也因此找到了非物质文化遗产的定义。

非遗是什么?

"非遗保护,是一种文化自觉。"刘魁立顿了顿,又笑着补充一句,"用描述性的语言来说,非遗就像我们小时候喝的母乳,不管后来怎么成长,都依赖于这个底子。"

口头传承、各种表演、各式工艺、人们关于自然与宇宙的实践……弥漫的、共享的非物质文化,存在于人的头脑中、记忆里、情感上,它关乎我们心灵的走向,推进着人类文明的进程。正是广大民众参与创造并在生活中不断演绎的非物质文化,让人们增进历史感,激发创造力。

刘魁立找到吴元新,邀请他及其女儿在自己主编的《中国民俗文化丛书》中编写《蓝印花布》这一卷。

"手工艺人极少研究理论,刘老师希望我们通过资料的整理、理论的提升,实现更好的传承。他也知道,年轻人通过研究才能喜欢,只有喜欢才能传承,这是为年轻一代铺路啊。"吴元新说。

在刘魁立的影响下,吴元新开始了立体式传承保护的进程:开设家族式染坊,开办蓝印花布博物馆,收集整理实物遗存,在高校开设课程。

"我成为国家级非物质文化遗产传承人,女儿毕业回到南通老家成了我的接班人。"吴元新说,刘魁立对非遗的理念和观念已在交流中平等、平静地传递给两代人。

"刘老师首提非物质文化遗产的共享性原则与整体性保护原则,为非遗的继承和保护提供了杰出的理论支持。"施爱东说。

4个月前,刘魁立80岁生日那天,收到一封来自俄罗斯科学院高尔基世界文学研究所的贺信。信上说:我们为您及您在民俗学和中华民族传统文化领域的研究、在组织贵国的民俗学运动和非物质文化遗产保护委员会工作的成就感到骄傲。

节庆,那密叶中的疏花

"如果生活是一棵常青树,那么,淡雅而辛劳的平日就是繁密的树叶,逢年过节便是树上美丽的花。"

"元旦是不是新年?"刘魁立露出了孩子般狡黠的笑容,"100多年前我们就管1月1日叫元旦,但你看,那天商人照样出摊卖货,他们没把元旦当回事,可是,大年初一你再出门看看,大家都收摊回家了。"

他记得幼年时,农历七月七,庭院中放碗水,水面上放根针,女孩子会对着水面祈祷找个好丈夫。他最爱中秋节,农历八月十五,皎洁的月光下,他也许会喝上一杯桂花酒。

一生从事民间文化研究的刘魁立,一直在寻找继承和弘扬中国传统文化的突破口。他给出的答案是:传统节日。

大雁南飞、燕子归来、布谷鸟叫、杨柳发芽、桃李开花,我们祖先对时间制度的总结诞生了二十四节气。春节、清明、端午、中秋,人们借由节日展示自己的服饰、美食、工艺、才艺和情感,民间的生活形态都在传统节日里体现。

"传统节日集中体现了中国人的时间系统和文化观念,它是文化认同、民族认同、国家认同的重要标志。"刘魁立说,所有的民族传统节日都是以协调人和自然的关系为核心而建立的,假如既有传统、又有深厚文化积淀的传统节日没有在法定假日体系中得以体现,是个巨大的缺憾。

"推动民族传统节日和国家法定假日的融合,有助于恢复民族文化的传统,提高民族自信心,激发民间创造力。"他说。

从2005年开始,他担任会长的中国民俗学会,连续三年以"传统节日与法定假日"为议题召开国际学术研讨会,邀请多国民俗学家讨论各国传统节日与现代国家公共假日的关系,用意明确:推动传统节日和法定假日的融合,将民族传统节日纳入法定假日体系。

在确定国家时间制度的时候,假如没有把我们的民族传统节日纳入其中会怎样?

刘魁立分析说,一方面,民众历史传统的文化情怀得不到正常的充分的抒发;另一方面,可以在多方面发挥重大社会效益和文化效益的资源被白白地浪费了,甚至在一定程度上影响到文化传承、情感认同、民族认同。

2006年12月至2007年2月,受国家发展改革委及文化部委托,刘魁立率领中国民俗学会完成了"民族传统节日与国家法定假日"课题,他亲自执笔主体论证报告,对我国传统节日的起源、流变和文化内涵进行阐解,对节假日体系改革问题提出建议。

努力有了结果。2007年12月7日,《国务院关于修改〈全国年节及纪念日放假办法〉的决定》公布:除春节长假之外,清明、端午、中秋增设为国家法定假日,各放假一天。

"这是群体的力量与历史的必然,我们只是在必然中起了偶然的作用。"刘魁立平静地说,又添上一句,"消息传来时,内心感受真是分外强烈。"

下一步,老骥伏枥的他还想呼吁把长假放在传统节日里,让假日的平常变成节日的不平常。"如果生活是一棵常青树,那么,淡雅而辛劳的平日就是繁密的树叶,逢年过节便是树上美丽的花。"在《密叶疏花说春节》里,刘魁立这样写。文章的开头引用了一首北京民谣:新年来到,糖瓜祭灶;姑娘要花,小子要炮;老头子要戴新呢帽,老婆子要吃大花糕。

开心诵读的他,仿佛又回到童年。

·延伸阅读·

笑响"四方风"

元旦前两天,收到刘魁立老师发来的一封邮件:欣逢元旦,魁立诚邀诸位好友拨冗小聚,赏画品茶,共沐春风。敬请大驾光临。魁立鞠躬。

魁立老师是个有情趣的人。

他有时会去报国寺市场搜寻老旧瓷片。这些年代与产地不一的瓷片是他了解文化与工艺的窗口,他常挑选出几片来当作杯托,放上小茶盅,连茶叶都沾染了几分古韵。

说一口地道的俄语,爱收藏俄罗斯油画,也喜欢去峨眉酒家吃一顿六块九的早餐;会唱古琴曲,也擅长做红菜汤——作为著名的民俗学家,他的生活有声有色,雅俗共赏,他研究的本就是老百姓的学问。

魁立老师是个有情怀的人。

他常常遗憾,没能帮助湘西的蓝印花布传承人刘大炮解决房子的问题。后者为了扩大染坊面积,不得不出售自己的心爱之物:年轻时与黄永玉合作的一件蓝印花布。这件事情每每提起,他都痛心不已。

做了一辈子的田野调查和民间文化研究,魁立老师退休后仍不遗余力地宣传传统文化。民国白话诗人柔石的一首《秋风从西方来了》给了他灵感,琴、茶、花、香四道"养心雅集"火热出炉:春风从东方来了,请品一杯清茗;夏风从南方来了,请赏一束玉英;秋风从西方来了,请聆一缕芳馨;冬风从北方来了,请悟一瓣琴心。

邀请朋友感受茶、花、琴、香"四道"的魅力,他的情趣与情怀,和他眷爱的民间文化一起,传递着中华文化的正能量。

春节前,中国社科出版社约他编一本文集,他打算起名《四方风》。名字的由来是一片甲骨文。不同于绝大多数用作占卜的甲骨文,这块叫作四方风的骨片像首叙事诗,诉说着关于风神和四季、天象的神话。

倾其一生,刘老师都在追风、听风、把握风的方向、把风的力量传递给更多的人。热情如他,开朗如他,温暖如他,用自己的笑声和爽朗点亮了属于自己的"四方风"。

采访结束时,他哼唱起一首古琴曲,"明月出天山,苍茫云海间",他皱眉微笑,边唱边站起身来,"长风几万里,吹度玉门关",李白的《关山月》,尽显他的风骨。

文章来源:《经济日报》2015年2月1日,第8版,陈莹莹采访报道

活鱼须在水中看：谈中国传统村落保护

　　2016年5月27日，当银发飘飘、82岁的刘魁立先生健步行走在江西省玉山漏底古村的时候，这位民俗学界著名的"银发老人"眼底尽湿。

　　面对漏底村庄世外桃源般的自然风光，面对漏底村中不时看到的破落的仍存江南特色农村风貌的房屋，面对村里为数不多的生活水平显然落后的村民，这位多年以来不停在非物质文化遗产保护中竭心尽力奔走的、虽饱经岁月风霜依然谦和乐观的老人，时不时会不由地扼腕叹息，心思起伏。

　　传统村落如何保护？农村民俗文化何去何从？

　　魁立老师为在场的政府官员、专家学者提出三点充满深情的、宝贵的关于当今古村保护和修建的理念、原则和建议。

一、中国的农村应该姓"中"

　　现在的中国农村建设，千村一面的现象比比皆是。处处是彩色钢板、山寨洋楼，甚至在许多旧有建筑风格仍然保持得还算完好的古村落中，突兀地出现几栋完全不搭调的洋风格建筑，与整体风貌格格不入，破坏了村落的整体建筑格局。每至此时,我们不禁要问:中国的农村,它到底应该姓什么?

当一个传统的古村落(比如漏底村)还保有历史的风貌、还没有根本"改姓"、还没有"被别人收留"、没有被其他味道改变之时,在对它进行重建或是复兴的过程中,我们首先要考虑的便是:让它姓什么? 保持姓什么? 这是一个相当重要的前提和理念。如果不进行一些相关的思考,不把姓"中"这个理念贯彻好,就难以说是重建或者复兴。

这里要提到一个"再创造"的概念。目前,最为提倡的创新或是振兴,如何在遗产保护中贯彻实施,是个很重要的大问题。当说"创新"的时候,涉及继承传统的核心议题,实际上介于可管与可不管之间,词义本身并没有限定。但是,"再创造"一词则不然,一定是在原来的、传统的基础上延续,更新和不断发展前进的,它与历史紧紧关联。中国的农村在建设的过程中,如果能特别关注到这个前提,我个人以为,这样的农村才有前途,才能向我们的国人、向我  们的后代、向外国人骄傲地说:这是属于我们自己的中国农村,这是属于我们的优秀传统。这一点是我们在传统村落保护和重建中,必须思考和把握的一个关键原则。

二、中国的农村应该是中国农民的农村

现在,一些地方的农村,几乎已经不大再是中国农民的农村了,而是城市来的旅游者的农村,是外国游客的农村,是企业家开发商的农村……唯独不再是农民的农村。

究其原因,农村在进入现代社会以后,出现了许多问题,比如,随着土地规模越来越小、经营方式集约化等,出现了大量的劳动力富余现象。在这种情况下,农民兄弟从心理需求到主观行为,发生了很大的变化。相当一部分

人从田野劳动中解放出来了,或者说被解放出来了,但是要去干什么,却没人指导或告诉他们,所以他们只好去城市打工,干点粗劳力杂活,由于缺乏相应的技术,甚至连蓝领都谈不上。在这个意义上说,实际上并没有很好地设计好农民的出路。通常说,"安居乐业",然而,只有"乐业"才能"安居",如果农村能够容得下农民,能够为农民提供"就业""乐业"的机会,他们何苦要背井离乡去寻找生活的出路呢?

所以说,农村的建设,说一千道一万,漂亮话是没用的。因为农民不适宜在这儿生活下去了,没办法生活下去的时候,他们必然进行另外一种选择。也即俗语所谓的"此处不留爷,自有留爷处"。辩证地讲,若想让农民留在农村,便要为他们设计出更好的适合他们自己的谋生方式,而若想让农村成为真正的农村,那它一定是、也应该是能够留得住农民的农村。

当然,进入新世纪的农民,不会再是扛着锄头下地,回来喂猪养鸡,"二十亩地一头牛、老婆孩子热炕头"的农民了,而是21世纪的新型农民。

三、中国的农村可以是现代化的、幸福的、和谐的、可人的、令所有人羡慕的

毋庸置疑,中国的农村可以是现代化的、幸福的、和谐的、可人的、令所有人羡慕的地方。农民不仅在新的条件下乐业安居,而且能够和城市居民一样,尽享新时代提供的一切现代生活的便利条件。如果本着这样的标准来进行建设,农村才会真正地发展,才会真正地回归,才能保住我们脚下这片非常宝贵的净土。与此同时,传统文化就真的有了良好的传承基地,传统文化就得以彻底回归了,农村也就真正是农民兄弟的"欢乐之乡""幸福之乡",也是我们心中的美丽田园了。

说话容易,讲理念也相对容易,但是实践起来,就很困难。理念也可以是集思广益,不只是一个模式,建设的途径也应该是多种多样的,不应定于一尊。我不过是发表了个人意见,不对的,请大家批评纠正。

我觉得,如果农村都城镇化了,文化的多样性不就完全消失了吗?连传承的基地都没有了的时候,那传统的保护还将如何进行呢?

什么是城市文化？什么是城市传统？什么是城市风格？我们大家都知道，都记得。过去有所谓"北京胡同的生活方式"，有上海石库门的生活方式，也有乡村的生活方式，我们都能回忆得起来，都能描绘得出。然而今天，让我们心痛的是，乡村文化已经无法描述出来。那种"斜光照墟落，穷巷牛羊归""田夫荷锄至，相见语依依"的景象已经很难看到。难道说我们看到的八十岁的老太太，她孤独无奈地坐在破败的房子前，就是现今的乡村文化吗？我们在城市之中，人们彼此也是不大相干的。我们每天行走在现代化的宽敞的大马路上，车水马龙，人流密集，摩肩接踵，然而，我们却相互冷漠，将彼此关在心门之外。身处在这样的环境中，人与人之间的关系真的和谐吗？没有交往，哪来的和谐？

　　因此说，农村建设的方向，它应该是幸福的、现代化的、和谐的、彼此亲密的，也只有在这样一个环境中才能说：中国的农村，它姓"中"；中国的农村，它是中国农民的农村。

　　正如魁立老师的一句被弟子们奉为名言的口头禅：活鱼须在水中看。中国的农村，是姓"中"的农村，是中国农民的农村，也一定是现代化的、幸福的、和谐的、令所有人羡慕的农村！

文章来源：民俗中华微信公众号，2016年6月6日

传统节日的南北方差异由历史原因造成

　　"我们在南方看到非常非常多的祠堂,对于家族的传统特别的关注。北方在这方面可能是由于各种历史原因,各种迁徙的过程,也许这方面的关注不是特别够,所以,大家更加关注清明,以及我们和家庭的关系,和祭祖的关系。"著名民俗专家、中国社科院荣誉学部委员、中国民俗学会理事长刘魁立在谈南方地区更看重清明节,北方地区更看重腊八节时如是说。

　　刘魁立表示,"当然北方也有开始进行续家谱等等活动,但是这还不是他们要按时举行一些祭祀性的活动,这和南方很不一样。南方的祠堂,大概每个村庄里都有,到今天为止,许多百姓还仍然有很好的祠堂,也有相应的一些活动。我想,这是南方更加看重清明节的一个原因。"

　　刘魁立还分析到,"看重清明有两个方面:一个是在行动上的表现,再有一个是心理上的。如果要说在心理上的,也许他们的差异不像在行动上表现得那么明显,因为在北方也同样很关注如何把传承的链条接续起来。比如说,在北京这样完全的新兴大城市,一到清明的时候,居然有几条路根本走不动,这个也说明一些问题。我想,在现在这样一个非常安定的社会环境里面,大家对于传统会越来越关注,正像关注孩子的教育一样,我们同时也关注我们的前辈。"

　　刘魁立认为,"至于腊八,由于现在我们有非常多的方便,在节日的准备方面已经不需要有那么多的活动要做了,有那么多的事情要做了,所以,我想可能由于这样一个原因,腊八节实际上逐渐会丧失了它节日的味道。"

　　原题为:《刘魁立谈传统节日的南北方差异:由历史原因造成》

　　文章来源:人民网·文化频道,2013年4月2日

"释"新时代慈孝：不限家庭和形式

"'慈'不一定局限在四世同堂的大家庭,另外一种环境里仍然有长者对晚辈的关爱。现在,常常把回家过年作为'孝'的体现,实际上,这是一种具象的体现方式,'孝'远远要大于回家过年。"中国社会科学院荣誉学部委员刘魁立在15日浙江东阳举行的"2016中华慈孝文化节"上接受中新网记者专访时表示,新时代的"慈孝"不局限于家庭,也不局限于表达的形式。

"2016中华慈孝文化节"由中国新闻社、浙江省民族宗教事务委员会、浙江省老龄工作委员会办公室、浙江省青年联合会为指导单位,杭州灵隐寺、中国新闻社浙江分社、台湾佛光山、台湾旺旺中时媒体集团等共同主办,是2015浙江孝亲沙龙的升级版。

自古以来,"孝"文化深深扎根于中华传统文化中,难以分割。早在春秋时期,《诗经》就有了"哀哀父母,生我劬劳""哀哀父母,生我劳瘁"的描写。从汉文帝的为母侍疾尝药,到北宋黄庭坚为母洗涤溺器,再到元代郭居敬收集编撰而成《二十四孝》读物……"孝"文化的传承,中华民族从未间断过。

在刘魁立看来,中国的慈孝与家庭关系紧密,其中,中国的节日体系与国外的节日体系最大的不同点就是,中国的节日大多包含着孝的内涵,有一个非常重要的核心,那就是"家",而这个"家",就是以父母和儿女之间的关系作为主旨的。

与以前古人所说的"二十四孝"相比,刘魁立认为,慈孝在新时代下既有继承,也产生了新的内涵。

"家庭本身的结构就有所变化。"刘魁立说,以前是四世同堂,现在则倾向于构建自己的小家庭,在小家庭里,处理上下代的关系就有了新的背景。

不仅如此,随着城市化、市场化进程的加快,都市上班族的生活节奏也越来越快,许多人背井离乡在大城市工作,不少人因客观原因平日里难以回家,过年回家就成了"表孝于行"的方式。

刘魁立坦言,"回家过年"实际上只是一种具象的表现孝道的方式,而真正的孝道远远要大于回家过年。

新时代下如何更好地诠释慈孝?

刘魁立举例称,现在很多人认为慈就是爱,因此,产生了很多的"小皇帝""小公主",这样的溺爱反而害了孩子,产生不好的效果。

"一个长辈和一个孩子谈话,这当中本身就既包含长辈对孩子的关爱,也有孩子对长辈的尊敬。这就是慈孝的一种基本体现。"刘魁立说,"慈孝"不能仅仅局限在一个小的家庭空间,而是要拓展到更大的社会领域,即所谓"老吾老,以及人之老;幼吾幼,以及人之幼"。

为弘扬"慈孝文化",中国新闻社、浙江省民族宗教事务委员会、浙江省老龄工作委员会办公室、浙江省青年联合会为指导单位,杭州灵隐寺、中国新闻社浙江分社、台湾佛光山、台湾旺旺中时媒体集团等共同主办了"2016浙台孝亲"人物评选活动。本次活动是浙江和台湾首次"牵手"寻找孝子贤孙,为两岸民众树立榜样,最终评选出最具典型的十位"2016浙台孝亲"人物。"这是好事。"刘魁立说,榜样的力量是强大的,这些孝亲人物的行为应该作为一种社会提倡的方向来加以表彰,见贤思齐。

原题为:"民俗大家刘魁立"释"新时代慈孝:不限家庭和形式"
文章来源:中国新闻网,2016年8月15日,记者:施佳秀,实习生:牛妍

非遗保护要遵循契约精神
强化公产意识

　　"非物质文化遗产项目的申报是申报人与履行文化保护职责的行政部门签订的一个保护与传承的契约,而被列入名录的非遗技艺也不再是完全的个人私产,而是国家与民族历史文化传承的共同记忆。"中国社会科学院荣誉学部委员、国家非遗专家委员会副主任委员刘魁立17日在参加第三届中国非物质文化遗产保护舟山论坛时表示,面对我国目前在非遗保护领域出现的"重申报,轻保护"现象,遵循非遗保护的契约精神,强化非遗技艺的公产意识,十分必要。

　　"非物质文化遗产是我们传统文化中的典型、范例,保护非遗对于我们振兴传统优秀文化、提高民族文化自觉有着重要意义。"刘魁立表示,现在我国的非遗保护实行的是名录制度,符合相关条件的非遗项目都可以进行申报。一旦进入非遗保护名录,那就意味着申报人与履行文化保护职责的行政部门达成了该非遗项目的保护与传承的契约,双方都有遵循相应许诺的义务,虽然这是一种自愿承诺,但也是一张"军令状"。

　　"在非遗保护的实践中,很多申报人信守了诺言,但也存在着'背信弃义'的现象。"刘魁立指出,目前,我国非遗申报中存在着"狗熊掰玉米"现象,申报者过分看重项目名录的级别,在不遗余力不断"升级"的同时,保护与传承工作却打了折扣。"这很大程度上是因为其契约意识的淡薄,存在着对'虚荣'及其可能带来的经济利益的过分追求。"

　　刘魁立表示,非遗保护中契约精神的遵循,不仅包括项目申报单位、组织及个人,同时也涉及文化保护的行政执行部门,因为该契约的执行情况需要有关部门定期地进行检查。我们需要通过上下合力、共建互动的方式,使我们的非遗保护落到实处。"在谈及非遗传承人所掌握的知识与技艺时,刘魁立表示,被列入保护名录的非遗技艺已不再是完全的个人私产,而是一个国家和民族历史文化传承的共同记忆,这就要求被列入传承人名录的非遗继承者们要有"私产"变"公产"的文化自觉。"虽然非遗传承人拥有相关知识与技艺的获利权利,但也必须履行传承义务,按照相应法规进行利用、处置。"

"保护非遗不是上级对下级的行政命令,更不是追名逐利的工具,而是我们发自内心地对于传统优秀文化的认同与钦佩。"刘魁立表示,虽然经过多年努力,我国的非遗保护工作已取得丰硕成果,但还需进一步强化契约精神和公产意识,让保护非遗成为提高民族文化自觉、弘扬传统优秀文化的有力抓手。

文章来源:新华网·浙江频道,2014年9月18日,记者:刘明洋、冯源

民俗专家再提除夕应放假

"除夕也该放假,使之与民间从年底到年初的习俗大体一致。"在昨日(23日)开幕的由中国民俗学会、中山大学等共同主办的"春节:地方性与民族文化认同"学术讨论会上,多位民俗专家认为,目前法定春节假日的安排不够合理。

会上,来自全国各地及日本等国的三十多位专家学者就春节等传统节日文化的重新彰显进行讨论,专家们认为,清明、端午、中秋、重阳等重大的传统节日也该放假。

家庭越来越小型化　传统节日渐受冷落

"年味淡了……人们甚至不懂该如何过年了!"中国民俗学会理事长刘魁立坦言,以春节为核心的传统节日文化已经成为民俗专家的一个心病。对于时下年轻人重视"洋节"多于传统节日的情况,他认为,"洋节"对传统节日的冲击无疑是巨大的,商家为追求经济利益所起的推波助澜作用只是一个外因,最主要的内因则与传统的家庭基础和家庭观念息息相关。因为很多传统节日是围绕家庭来过的,相比过去,现在的家庭越来越小型化,而每个家庭成员与外界的关系也更为复杂,所以,很多时候,家庭成员更注重跟外界的交流,而对于围绕家庭来过的传统节日反而受到了冷落,因此,是否过节、如何过节都会随之受到影响。

中国民俗学会副理事长陈勤建则认为传统节日文化没有传承是其中很重要的一个原因。随着时代变化,一些人将传统节日的祭祖等信仰习俗当作封建迷信来批判,传统民俗在延续中受到阻碍。

传统节日没成假日大众情感受到压抑

"很多重大的传统节日没有成为国家的法定假日,这是一个很大的遗憾。"刘魁立强调,传统节日是民族情感的载体,并非个人的,而是整个民族的情感。如果这种民族情感得以彰显,对构建和谐社会,促进民族认同、国家认同都有很重要的作用。"过传统节日"作为人们情感抒发的一种手段,让人们和民族历史对话,和优秀传统文化对话,可以陶冶人们的情操,也可以调和社会人际关系。

"有历史传统、文化内涵的节日没时间过,实际上是压抑了一种情感。"刘魁立提到,看待节日应该有两个视角:一个是国家视角,即国家行政上的一种安排,是一种国家时间制度;另一方面则是从人们的生活方式出发考虑,是需要顾及大众情感需要和感受的。他希望,国家在安排法定假日的时候,同时能够迎合民众的心理需要,给予一种满足。"所以除夕应该放假,让人们有一种到节日的过渡。"从初一到初七放假,只适应了年初的民俗活动,而忽视了年底隆重的纪念和准备活动,显然与年的过渡仪式不相吻合,也不便于人们有充足的时间和精力投入到过年的物质消费和文化再生产之中。

清明、端午、中秋、重阳传统节日都应放假

今年6月,国务院公布了第一批国家级非物质文化遗产名录,"春节"榜上有名,这标志着我国已正式开始对春节实施保护。在会上,有专家提出建议,清明、端午、中秋、重阳等重大的传统节日也该放假,或者是给予时间上的调剂,让人们有时间继承和发扬传统文化。

文章来源:《广州日报》2006年12月24日,黄蓉芳、高晓远采写

怎样留下我们的年味儿?

放鞭炮、贴春联、挂灯笼、办年货、祭灶王、拜祖先、吃团圆饭、守岁、逛庙会、舞龙舞狮、玩社火、看社戏、穿红戴绿、发压岁钱……

从遥远的农耕时代走来,一直到今天的商业文明,春节都是中国人最隆重的节日。每到此时,汹涌的回乡大潮,琳琅的商品货物,宾朋满座,觥筹交错,屋里的欢声笑语,屋外的鞭炮声起伏……组成了这一片大地上独有的风景,绵延千年。

然而,不知何时,越来越多的人开始觉得"年味儿"淡了,不论年轻年老,不论是男是女,似乎都觉得过年不再那么让人兴奋和激动了。

"年味儿"究竟是什么? 究竟是"年味儿"淡了,还是人们的感觉变了? 又如何让"年味儿"重回人间,重回到中国人的心里?

你怀念儿时过年吗

感叹年味儿越来越淡的年轻人,开始在网上晒"小时候的年",诸如"如今的你还记得儿时怎么过年的吗?"之类的问题,总是能引起许多共鸣。

有网友写道:"小时候过年,最喜欢的就是放鞭炮,一大串一下子放完了,还觉得不过瘾,偷偷把没放的鞭炮拆成一个一个的,装一口袋,点根香,能放到半夜。"在物资相对匮乏的年代,压岁钱是最让孩子们兴奋的,一位网友表示:"那时候压岁钱很少,两三块钱就让我们很高兴了,不知道该买什么,也舍不得买,最后,往往把攥皱的钱小心翼翼地放在保密处。"当然,值得回忆的还有年夜饭。"全家人一起包饺子,我就在旁边捣乱。现在,年夜饭大家很少在家吃了,都提前在饭店、酒店订年夜饭,虽然在外面吃年夜饭省去了做饭洗碗的麻烦,但感觉没有小时候全家人挤在家里,一边看央视春晚一边包饺子热闹了!"一位70后网友感叹道。

年轻人在怀念,年老的也在怀念。一位年近古稀的老人发帖说:"我们那个时代困难,一年到头,连白面都吃不上几回,更不用说吃肉了。新衣服也只能过年穿,家里孩子多的,也就老大做一件,换下来给老二,然后以此类推。即便这样,当时的小孩们也很高兴。现在,人们天天能吃到鸡鸭鱼肉等各种好东西,随时可以买新衣服,哪里还有过去过年的兴奋劲儿呢?"

年味儿的时间哲学

"年味儿"变淡了,然而究竟什么是"年味儿",又为什么让人如此怀念,如此难以忘记?

著名民俗学家、中国民俗学会荣誉会长刘魁立说:"说到'年味儿',首先,要说到一个关于时间的问题。时间本来是物质存在的形式,没有物质存在,也就无所谓时间。但是对人来说,有着特殊的意义。人生百年,说长不短,说短不长,在这么一段生命中,在物质的发展中,总得有一个参照物,以便于我们计算时间的变化。其实,人类有一个共同的参照物——太阳。太阳周而复始,有它自己的周期,这个周期是圆形的,或者螺旋形的,那么,这个圆形从哪里开始呢?在时间发展的长链里,在哪里找一个头儿呢? 所以,人们把子夜12点,规定为一天的开始,春节的这一天,规定为一年的开始,正是一元复始,万象更新。在这个开始的时候,人们怀着对未来的期望,积蓄力量,在新的时间段里推进自己的人生和事业。所以,它非常重要,正是这种重要,让人们感到庄严、郑重,也就有特别的情绪和记忆。这就是'年味儿'。当然,还有其他诸如信仰、情感之类的内容让它更加充实,更加被人重视,加深它的'年味儿'。"

年味儿的仪式哲学

连接着两岁的交替,关系着过去的总结和未来的筹划,因此,也就有了许多特殊的仪式,来让年变得更加庄重和神圣,这些仪式就叫作风俗习惯。

刘魁立说:"比如家庭,家庭是中国传统社会中最重要的一环,因此,总结和调整家庭关系,让家庭在未来更趋和谐,是过年最重要的内容之一。比如,怀念祖先,把他们的贡献用特殊的意识重现,以此继承他们的精神,激励现在的人们要更热爱家庭。再比如,向老人行礼,既是一种感恩,也是对他们奉献的一种继承。而给孩子压岁钱,有鼓舞年轻人、给予某种寄托的意味。所有这一切,使得家庭能够在这个时候做一个过渡性的调整,并且处在一个特殊的氛围之中,身在其中的人感到与平常完全不同的感受,这也就是'年味儿'了。"

非独家庭关系,生活的各个方面都是如此。刘魁立说:"过去有一整套完备的体系,从腊月开始筹备,扫房子、剃头、洗澡、穿新衣服、迎神等,一直到年后,所有这些让人从内到外,身心举止,都深切地感受到,新年开始了,这样'年味儿'自然浓了。"

年味儿其实是感觉

所以,"年味儿"的本质,其实是一种感觉。所有外在的仪式、风俗、习惯等,都只是让这种感觉更加明显,更加深刻。

刘魁立说:"人们说过年缺'年味儿',首先要问自己,感觉变了没,有没有把它当作一个特殊的时刻,有没有给自己的过去做一个总结,给未来做诸多筹划,有没有辞旧迎新的心态?"

当然,外在的影响,也确实存在。刘魁立说:"社会环境、时代的变化,很多原本可以加强感觉的东西没有了。比如,迎神、祭祖,现代人特别是城市人已经很少进行了。再如,漫长的休闲,农业时代是没有周末的,也就是在冬闲的时候有这么一段休息的时间,如今许多条件改变了,特别是大年夜,人们对着电视机里的画面以及无法交流的演员,看别人表达情感,自然'年味儿'就淡了。"

海外华人传统年味儿浓

许多人认为传统年节的风俗习惯,往往在海外的华人中会更多地保留下来,似乎在他们那里也更能感受到过年的气氛。

他们为何能保留更多的中国传统文化?

刘魁立说，一种文化处在被强势的异文化包围或者和异文化并存的环境中，文化间的界限会变得异常清晰，人们保护自身文化的意识会变得更强烈。不同的文化之间有交流也有碰撞，这种环境中特别需要把自己的文化身份强调出来。特别是海外华人，他们可能在国籍上已经变了，但是在血统上、文化上，依旧沿袭着旧的传统，以此来表现出他们自身固有的、和异文化不同的内涵。我想，正是这样一个原因，使他们反而能保留更多的传统风俗。而在内地，这种文化共存的现象相对要弱，有些传统随着时间的变迁而发生改变。

让"年味儿"回归

即便是抱怨"年味儿"淡了，但无数的中国人依旧踏上回乡之旅，依旧将春节视为最重要的节日。所以，现在的问题是，怎样才能让"年味儿"回来，回到人们的心中。

刘魁立说："首先要在内心里调整自己，意识到这不仅仅是个假期，而是辞旧迎新的一个节点，要对自己的过去加以总结，对未来妥善规划，这样才会有过年的感觉。"

当然，外在的环境也同样需要。刘魁立说："传统节日在今天，应当有一些恰当的、和现代生活息息相关的形式，让人确实感到时间周期的转换，新旧的交替。"

然而，这并不容易，刘魁立表示："这不是一日之功。百年以来，自我们的夏历被取消之后，也就意味着我们原来的元旦没有了，不叫'年'了。过年似乎变得名不正言不顺。西历新年的'元旦'更像一种社会政治性的节日，和我们的历史传统没有什么关系。但在另一方面，百年以来，传统的年在中国人的心中并没有被抹去，人们仍旧以夏历年为'年'，仍旧是情感所系。就我个人的感觉，这两年来，我国法定节假日改革之后，'年'的气氛其实在逐渐浓厚，当然，相对于几十年前，乃至百年前的那种'年味儿'，依旧还淡，但总算是在变好，是一条上行的曲线。所以，我觉得现在可以算是一个过渡阶段。在未来，过年会越来越有内容，也会越来越有'年味儿'。"

文章来源：中国民俗学网.《北京晨报》2012年1月26日，A13版，周怀宗采写

非遗申报是立"军令状"，
不是做商业广告

中国作为文明古国具有悠久的历史文化传统，有极为丰富的非物质文化遗产。在中国特色社会主义建设的宏伟蓝图中，在政治、经济、社会、文化四位一体的战略布局中，自今年6月1日起正式实施的非物质文化遗产法具有重要意义，是文化建设历程中的一个新的里程碑。

将我国非遗保护提升为法律制度层面的要求，为延续民族之根提供制度保障

人类既是物质文化的创造者，也是非物质文化的创造者。物质文化提供了人类生存的必备条件，但是非物质文化的创造才是使人类区别于其他动物的最根本的标志。长期以来，广大民众所创造的和生活于其中的非物质文化不能登大雅之堂，受到贬斥，加之外来文化越来越受到过分推崇，使得我们的民族之魂、民族之根逐渐被淡忘。这部法律的实施，对于改变这种状况将会产生非常积极的影响。

非物质文化遗产法从性质上说虽然是一部行政法，但它涉及全国各族同胞，关乎当今又面向未来，既有益于我国广大民众的福祉，也影响到人类文化的多样性发展。这部法律将我国的非物质文化遗产保护工作提升为法律制度层面的要求，提升为一种国家意志，将人们的意愿确认为国家部门的行政责任，这将使非物质文化遗产的存续和弘扬得到更好的保障，对提高全民的文化自觉也将发挥更好的作用。

传承人并不是一个单独的存在，保护非遗要靠大众的文化自觉

在多年的非物质文化遗产保护工作中，各级政府部门特别是文化主管部门做了大量的工作，在很短的时间里取得了明显的成绩，广大民众的幸福感和认同感有所增强，文化自觉有所提升，人们看在眼里，喜在心里。现在，这部法律的实施将会使各级文化行政部门更好地推进这项工作：关注整个非物质文化遗产的弘扬，使其在社会主义文化建设中发挥巨大的作用；关注这一遗产的主体如何有序地和有效地将这份遗产传承给下一代；关注这一遗产的生态环境，使它能够在更好的氛围和环境中得以存续。这不仅是这部行政法加之于各级行政部门的职责要求，同时，也是这一代人一项光荣的历史贡献。

非物质文化遗产的传承人是我国各民族的广大民众。从某种意义上说，也包括你和我，包括我们每一个人。我们过年、过节，我们举行各种礼仪，我们唱歌、讲故事，我们丰富的象征体系，我们精湛的手工技艺……在我们中华民族所有的生活方式中，都蕴含着丰富的非物质文化遗产。那些优秀的代表性传承人是我们民族文化的保存者，是光荣的传统文化精英。保护优秀的非物质文化遗产代表性传承人，是保护非物质文化遗产关键性的核心。但同时，应该说，传承人并不是一个单独的存在，他们要有相应的群体来支撑，整个人群、社群、族群才能共同承担起非物质文化遗产的存续和弘扬的重任。因此说，非物质文化遗产保护的要务在于提高广大民众的文化自觉。

申报非遗是立"军令状"，不是上光荣榜，更不是做商业广告

非物质文化遗产保护的目的，正如非物质文化遗产法所规定的那样，在于"继承和弘扬中华民族优秀传统文化，促进社会主义精神文明建设，加强非物质文化遗产保护、保存工作"。以我的理解，这是一项庄严而光荣的、服务于现实与历史的公益性事业。现在，一些地方、机构在一些场合下，利用非物质文化遗产做招牌，追求商业效益，这就违背了非物质文化遗产保护的宗旨，也确实是大家诟病的问题。

我认为，申报列入各级非物质文化遗产代表作名录，是立"军令状"，是庄

严承诺,是向全社会宣示要承担保护该项遗产的历史责任;这不是上光荣榜,更不是做商业广告。如果以保护为手段、以追逐商业利益为目的,就不但违背了非物质文化遗产保护工作的初衷,违背了刚刚实施的非物质文化遗产法,也会使宝贵的非物质文化遗产遭到不应有的毁损,使我们有愧于历史先人和后代子孙。

文章来源:《光明日报》2011年6月9日,第2版,本报记者殷泓、王逸吟采访整理

非遗是可共享的
不保护传统会失掉自己

"我很愿意和大家一起就非物质文化遗产问题进行交流,过去我们没有听说还有非物质文化,可是就在这两三年里,大家对于这样一个词汇已经非常熟悉了。"

"非物质文化是指人类创造的,不以物质载体形式呈现的东西。我们生活在这个世界上,物质仅仅提供给我们一个最基本的生存条件。人之所以称其为人,是因为那些非物质文化在我们身上的体现。"

"非遗"是可以共享的

非物质文化遗产有这样几个内容:口头传承、表演艺术、社会实践,这其中既包括仪式节庆活动,又有有关自然和宇宙知识的实践,最后还有传统的手工艺。

非物质文化遗产的一个重要特点,就是它是可以共享的,而物质文化是不能共享的。当我们说,我们大家共同干一杯,你只是喝你那一口,而你那一口喝完了,我就喝不到了。"我住长江头,君住长江尾,日日思君不见君,共饮长江水",这仅仅是一个比喻,你喝的那口水,我永远喝不到。任何物质都是唯一的,因此,不可以共享。

但是我们可以同唱一首歌,共同接受某一种思想,它是可以共享的,而这种共享又不受时空的限制,上一代人的发明,我们到今天还可以继续把它传承下去。现在,很多人都为遗产打架,是因为它是唯一的,祖上留下来的一个古董,哥哥占有了,弟弟就不能再有。可是祖先留下的一个思想,是哥儿几个都可以领悟的,这种东西是不受时空限制的。法国的一个发明可以在中国传承,中国的一个非物质文化的贡献,一个结晶,同样的在英国、法国、德国都可以传承。

过去很多人都很愤慨,韩国人申报了所谓端午祭,好像是把我们的东西偷过去了,大家都对此口诛笔伐。暂且不说它的端午祭和我们的端午节完全不是一回事,即使是一回事,这种非物质文化的共享性不正彰显了文化本身的力量吗? 不正说明我们中华文化的强大威力吗?

提倡多样性,复兴民族文化

现在,整个世界变成了一个地球村,彼此之间文化的交流变得特别频繁,这个时候强势文化就常常成为标准。在这样的情况下,强势的一些国家可能不断地推行自己的文化,并压制其他民族的文化,各个发展中国家就需要有自己的声音,就需要改变自己在世界格局中相对弱势的文化地位。所以,才提出了非物质文化遗产的保护,才在世界范围里提倡民族文化的复兴,提倡文化的多样性。

去年,中国民俗学会和美国民俗学会之间有许多交往,美国民俗学会的会长来到中国后,我问他,你们美国为什么不参加非物质文化遗产保护公约? 为什么不参加人类文化的多样性发展公约?

他笑了笑说:"我们美国有一个毛病,常常是把我们喜欢的事情说得天花乱坠,把我们不喜欢的事情妖魔化,把它打扮成魔鬼。"他说,也许在这两个条约上,美国人有一种倾向,即不大喜欢人类文化的多样性发展,因为如果这样的话,推行美国的生活方式和思维方式就不那么容易了。

不保护传统会失掉自己

非物质文化遗产不完全是精英文化,而大部分是我们广大民众日常生活须臾不可离开的,是我们普通老百姓的生活方式。但对于这些生活方式,虽然我们天天都在经历,对它们也非常熟悉,大家却往往熟视无睹,没有保护的意识。

例如,一个人成了作家,大家都会说了不起。但是一个人会讲故事,就不会有人说很了不起。所以,今天非物质文化遗产的保护,实际上具有划时代的意义。它不仅能够调节我们的自身生活,让我们有更丰富的生活内容,提升我们生活的幸福感,还对我们民族身份的认同,彼此之间关系的协调,以及与其他民族的文化交流,都具有非常重要的意义。所以,对"非遗"的保护不只是我们自己的事,同时,也是整个人类的事。假定我们今天不再关注自己的传统文化,也许我们真的就会失掉自己。

以节日而论,现在许多年轻人要表达自己的情感,总要找到时间和空间,而我们本国的传统无法提供这个时间和空间的话,他们就会把目光投向国外。于是,情人节、愚人节都跟着进来了,但实际上这些节日对年轻人并没有特殊的意义。

文章来源:中新网.《齐鲁晚报》,2010年8月30日

端午将近　聊聊佳节

　　"我们的生活和其他的国家比较起来,更加有情趣,更加有诗意。哪个国家一年当中过两次年?过阳历,又过阴历?"6日上午,中国社会科学院荣誉学部委员、中国民俗学会理事长刘魁立教授做客市民文化大讲堂,畅谈"当代中国人的时间与节日",在端午节前,就让市民提前感受到了节日的气氛。

　　刘魁立说:"中国人的节日安排得那么错落有致,真的就好似一曲乐章。我们的节日核心是人类和自然的关系。时间制度的计算有几千年的历史,尽管它非常复杂,但是在我们看来特别容易把握,比如说午前、午后、子夜时分,这些我们已经习惯到不必再特别地注意,还有阴历、阳历的计算方法,我们不必那么费心,我们已经得心应手,非常有意思。体现着我们中国人对于人类的一种文化贡献。"

　　关于节日对人类的意味,刘魁立认为无论从身体上还是精神上都非常重要,他举例说,清明是春天的节日,叫作暮春三月,也是阳春三月,就是春天已经发展到一个非常繁盛的时期,在这个时候,庄稼该种的已经种了,正是一切生命最旺盛的时候,人也是如此,人的身体的各方面也发展得最好,人的情绪也最好,慢慢地这个节气成了一个假日。此外,中国还有其他几个节日也都在这个时候,比如,三月三,许多民族那里都还过三月三,这是大家交朋友、谈恋爱、唱歌、游春、郊游最好的时刻。节日的气氛随着今后我们生活的前进会逐渐变化,内涵也会不断丰富起来。人们不断在每个节日中加上新元素,丰富节日,使得我们的节日有了自己的信念、忠孝的含义等。而这些东西对于培育情感、树立道德标准都非常重要。

　　该怎么看中国端午节和外国端午节的关系?刘魁立说:"端午节是我们全民的节日,几千年来,我们端午节的基本性质、形态、观念、价值没有变,基本上和最初的内涵一致。但是在韩国不然,他们的端午节和水没关系,和龙舟赛没关系,和伍子胥、屈原没关系,和自然没关系,他们变成了一个时间演绎、自己的民族节日,实际上,和我们的端午节已经完全不是一回事。但是别的国家也过端午节,我们也不必有太多的想法。当我们把一个民族的节日国际化,变成整个人类的财富的时候,别人愿意来保护它,对于我们中国人,也是一种荣耀,因为我们的文化被别人接受,正像我们许多年轻人也过情人节、圣诞节。我想,这对于推进整个人类文化的发展是一件好事。"

文章来源:中国民俗学网《深圳商报》2010年6月7日,记者:王光明

中华文化恢宏气象

2008年8月8日晚8点,全球瞩目的第29届奥运会在北京国家体育场"鸟巢"拉开帷幕。在这个全球超过40亿观众通过电视观看的盛会开幕式上,一幅令人叹为观止的"画卷",在全世界不同民族和国家的观众注视下,一次次自信从容地徐徐展开——击缶、古琴、造纸、笔砚、书法、印刷、国画、太极、论语……通过精彩绝伦的艺术创造,向全世界生动展现了中华民族的民族精神和文明古国的文化恢宏气象,让观众看到了一个真正的泱泱大国才具有的风范——自信、坚韧、和平、包容、友善与负责……

讴歌现代中国,展示海纳百川胸怀

中国社会科学院荣誉学部委员、中国民俗学会会长刘魁立说:"如果将整个奥运会开幕式作为一个'体系'来看的话,那么,这个'体系'是以中国传统文化为核心的。"给广大观众留下深刻印象的中国传统文化元素,包括了许多口传心授、为广大人民群众喜爱和享用的非物质文化遗产的代表作。

说到"遗产",刘魁立又强调,其实,这些优秀的文化传统是一直活到今天的,是我们中华民族几千年文明智慧的结晶,是我们民族的共同精神体验和价值观,"只能是你有、他有、我有,这些东西才能成为我们民族共有的精神财富。"

刘魁立对这些我们民族优秀传统文化,通过北京奥运会开幕式展现在世界面前时,十分感慨和赞叹。他说:"虽然这些优秀传统文化是中华民族创造的,虽然具有鲜明的民族性,但却是我们对人类文化的重要贡献。我们在与其他民族的交往中,这些中国文化元素充满独特个性,但同时,这些文化创造也在追求人类的共通性。"

"譬如古琴，"刘魁立说，"这个文化传统和表现方式是我们民族的，我们用这个方式来表现我们对生活的感受，将情感通过音乐外化出来，但同时也在追求人类共通的情感，具有人类的共通性。"

刘魁立说，当北京奥运会开幕式将我们民族几千年的文化浓缩，与今天的生活结合起来，并展现在奥运会舞台上时，不仅仅是体现了我们百年梦圆的欢乐情绪，同时，也生动体现了我们的历史、传统和文化积累，具有深刻的内涵，让我们越品越有韵味；将中华民族这些优秀的历史文化展现在舞台上，也体现了中华文化与其他文化共荣共生的海纳百川的胸怀，展现今日中国自信、包容、追求世界和谐与和平发展的豪迈气派。

本文为多人的采访录，仅选取了刘魁立先生的发言部分。
文章来源：光明网–《光明日报》2008 年 8 月 10 日，记者：谌强

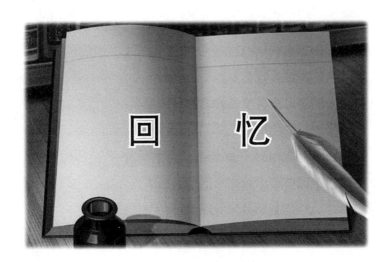
回忆

智者善者钟敬文

任何一项具有历史意义的文化创造，大抵都是群体性的活动，或者以群体活动为依托，在这些活动中，个人的因素虽不能高估，但也不可小觑。钟敬文对于中国现代民俗学的事业说来也是如此。回首几十年的历史，我觉得可以套用一位伟大诗人的诗句：谈起中国当代民俗学就必然要提到钟敬文，说到钟敬文就必然会想起中国现代民俗学，中国现代民俗学和钟敬文是一对孪生兄弟。

1949年新中国成立前夕，他从南方赶来北京参加文代会，会上会下对民间文化的赞美和宣扬，对这项工作的积极宣传，产生了相当的效应，后来也结出了相应的果实。文代会散会之后，每位代表将回到各自的岗位，继续从事各自的工作。当征询钟老关于未来工作的意见时，他表示他有义务将民间文化的事业承担起来，他把这看成是一种历史的使命。后来，即使在他因为从事这项工作而遭到不公正的，有时甚至是极不公正的对待时，他也从未把它看成是一种错误的选择而有丝毫的悔意，觉得那是他心甘情愿的。他自始至终、坚贞不渝地把它看成是一种光荣，是一顶桂冠，哪怕一时因戴它受到刺痛，他也忘却自己，乐此不疲。他把自己的灵魂投入了民间文化事业的躯体，他整个融化在民间文化的事业当中了。

记得1961年夏天，我学成归国，在京等候分配工作，去看望钟先生。那还是他运交华盖、磨难未了的时候，一顶"帽子"仍旧扣在他充满了思想、智慧和崇高志向的脑壳上，使他难得施展。但是他相当的乐观，想的、说的仍然是他须臾离不开也摆脱不掉的民间文化。在遭受磨难的那些年里，他在从事杂务和体力劳动之外的"闲暇"时刻,首先做起的还是民间文化的课题。

学科体系的建立,首先要有一个科学的构架,要明确对象,要提炼自己的基本问题,要逐渐形成和很好地锤炼自己的一套方法,为此,当然要清理自己这门学科发展的历史以及它的史前史。没有这样的考虑,自然也就不可能有事半功倍的课题选择。钟先生在那一段"冷清的"时间里,稍有余暇就跑北京的旧书店,他成了东城西城好几家旧书店的常客,也不时地到图书馆去查阅资料。除了家人之外,他不曾向谁说起他的想法。但是,他目标明确,他在搜集和整理清代学者关于民间文化的论述,清理这一个学科的历史传统。他要把晚清时期民间文艺学的史料,渐渐地搜集起来,理清清代学人的民间文化观。这个计划用他自己的话说,"不敢给人知道"。以"有罪"之身,"妄想"著书立说、发表文章,而且选的是"厚古薄今",或者还可以解释成为"借古讽今"的题目,岂不是会落得一个"罪上加罪"。当然不敢让人知道,但是做仍旧要做,这也是历史的使命。在资料汇集得稍微有些凑手的时候,他便坐下来,"秘密地"写起论文。夜深人静,但在他心里却澎湃着一个波涛滚滚的民间文化的海,那海的汹涌和狂暴激起的是喜悦,升腾在这喜悦的视线中的是海市蜃楼,或许有一天,这虚幻的海市蜃楼会变成人们可以安居其中的、现实的高楼广厦。这使他亢奋,他就一天天带着这样的亢奋和憧憬,静静地坐在木椅上,写啊写……后来他送我的《晚清革命派民间文学观》等文章就是这样"偷偷"写成的。这几篇关于清代学者民间文化观以及晚清时期民间文艺学史的文章,在我手里、在我心里,始终是沉甸甸的。文字之内和文字之外的蕴含,极为丰富。那是珍贵的文字、宏远的构想,更是一颗赤诚火热的心。我曾经有过这样一句话:历史往往不问细节。然而,细节对于当事者的情感却是极为重要、极有影响的。在学科史当中,这几篇文章自然特立不群,会留下深深的痕迹。但对我来说,和这些文章相关联的背景和细节,却是那样地触动心弦,一次再次地让人陷入深思。

二十几年过后,斗转星移,天空一片晴朗,蓝天点缀着繁星,预示着明日的阳光灿烂。钟先生的桃李园里春光烂漫,他也如同自己众多的年韶学子一样,春风得意,才思泉涌。记得有一次,我劝他说,您多年积攒了那么多有关女娲的材料(他曾对我说,有一小箱),何不趁此机会把它整理成一部研究著作,这将给学术界带来很大的裨益。他笑笑对我说了这样的意思:"时间啊,时间不等人,如果我再年轻些,这件事当然可以做,也应该做,可是现在我要分出轻重缓急。我写一本书,即使再好,那也仅只是有关一个课题的一本书,一本个人的书,其实这样的书将来会有人做的,也不见得就一定比我做得差,而我现在所想的却是另外一件事。我带领大家编了一部《民间文学概论》,这部教材尽管有些缺点,却能够培养和造就一代学人。我现在要把心思花在学生身上,花在将要编著的《民俗学概论》上,这些都不是我个人的事,这本书可以规范学科,带起一批人。我们的学生们将会出息成一批很不错的研究者,他们将来写出的,将不是一本,而是几十本、几百本。这笔账算起来,孰轻孰重,我心里是清楚的……"

就此,他还在自己的一篇文章里写道:"近来,有些同志见我年事已高,又碌碌不肯自休,'南征北战',任务满身,有的劝我尽量辞去那些职务,静下来整理整理过去的各种文稿(论文、散文及诗歌等),有的劝我专心写作那准备已久而终未着笔的科学著作(《女娲考:从这个神话考察我国的原始社会史》)或回忆录之类。我由衷地感谢他们的好意,但是,我不能这样做。整理过去的文稿,不管怎么说总是一种回顾的行动。在眼前正充满亟待动手的工作,我不能放开它回顾过去。放弃今天,就将失去明天!那将是多大的损失!而且,自己过去的东西,如果真是有点用处,那将有后来的人(或同时代的年轻人)去整理、评定,不需要自己汲汲于此。至于写作那准备了多年的专著,是我所关心的。但是,我眼前的任务,是为了使更多的人能够写出有价值的专著。自己的东西是否写成,并不是很重要的。记得鲁迅在《未有天才之前》的讲话中,希望大家去做培花的泥土,这样可以使地上出现好花。这是伟大的教导!去年我在一个论文集序文的末尾,说了下面意思的话:我们在学术上希望看到的是'春色满园',而不是一枝出墙的红杏。这和鲁迅先生谆谆教导的精神基本上是一致的。"

听了这一席为了学科发展、不求一花独放,而希冀春色满园的谈话,更加深了我对他的品格的理解和敬佩。这时,在我的心中又浮现出新中国成立前夕的那个为了繁荣民间文化事业而踌躇满志的钟敬文,以及20世纪60年代初期的那个为了民间文化事业而静耐岁寒、励志待发的钟敬文,他们是同一个钟敬文,怀着的是同一颗智者善者的心。

季羡林先生最近在钟先生倡议召开的一次学术会议上说,钟老一生做好事,我虽然对他的专业并非行家,但他提议做的事都是好事,所以,我无条件地、全心全意地支持。

钟老自己多次说过,他最钦佩马克思的高贵品格:为人类而工作。他愿意把马克思的话当作座右铭,以体现自己的人生价值。我以为这就是善,这就是大善。一位宋代名人曾经说过:"不吝其力之所及,德施于人而身忘其忧,足以称善人矣夫。"

钟先生多次说过这样的意思,一个民族的存在和发展,靠的是它的命根子,这命根子往往存在于每个人的心里,这就是这个民族的文化传统,这就是有深厚基础的民间文化。

钟先生为了完成自己心甘情愿承担起的历史使命,矢志不悔,百折不回,"志动不忘仁,智用不忘义""得善而固执之"。正像马克思在回答他女儿的提问时所说的那样,他最喜爱的箴言是:目标始终如一。钟先生无论是在顺利的还是在充满荆棘的环境中,都勇往直前,义无反顾,想尽一切办法奔向自己确定的崇高目标。我以为这就是智,是大智,大智若愚。钟先生的这颗智者善者的心,感召着和影响着许许多多的人,使大家共同来培固我们民族的命根子。

在这篇短文里,我想着重回忆的是一件在许多传记文章中语焉不详或者竟完全没有提到的,在我看来对于民俗学的历史又具有十分重要意义的"小事""善事",那就是关于所谓"七教授倡议书"的一段细节。

大约是1978年初夏,我去看望钟先生,他那时住在北师大职工12楼的宿舍里。这一次,钟先生显得十分兴奋,话没有谈过几句,他便从里屋拿来几张纸,我仿佛记得上面是他手写的楷书,文后见有几位我所仰慕的名人的签字,这是一份给负责哲学社会科学领导工作的同志的建议书。我记得他在建议书里写了民俗学是人文科学的一个重要分支,写了我们国家在这一方面的资料积累,写了民俗在历史过程中的重要意义,以及对于当前社会的巨大现实作用,而且谈到建立研究机构和组织研究人员的问题。这实际上是关于民俗学学科建设的一幅蓝图,我想,为了这件事他一定考虑了许久许久。

他不仅构思和起草了这样一份在历史的关键时刻提出的重要建议,而且还亲自以75岁的高龄,搭乘公共汽车,挨家挨户地去拜访那些学界的老朋友,征求他们的支持,请他们来共同署名。

他首先找到的是杨堃先生,当时,杨堃先生刚从云南调来北京,正在办理调入社科院民族所的手续,他暂住在新街口,离北师大校区坐公共汽车只有三四站路。杨先生比钟老还年长一岁,曾经留学法国,师从法国著名社会学家莫斯,20世纪30年代就曾经写过《灶神考》的著名研究论文。两位老友展望前景,极度地兴奋。杨老自然举双手赞成。

之后,他又去拜访顾颉刚先生,当时,顾先生住在白沙沟,钟先生说那是一间很宽敞的房子,顾老听了钟先生的建议,连声说好,欣然签名。他们曾经在20年代末至30年代初共同从事过民俗学事业,至今都保持着对于这门学科的极大热情。逢此盛世,民俗学有望恢复,两人的夙愿得以实现,这是他们最为高兴的事。

过了两天,钟老又搭公共汽车辗转跑到东城的干面胡同,去拜访曾经在南方合作过的容肇祖先生。容先生如今是中国社会科学院哲学研究所的研究员,住在中国社会科学院的职工宿舍区。有此建议,容先生也欢喜异常。北师大的历史学教授白寿彝先生因住在本校院内,朝夕相见,对于重建民俗学这样的善事,两人自然也是一拍即合。

杨成志先生和钟老更是故交,用一句流行话说,是民俗学战线上的老战友。杨先生作为中央民族学院的教授住在中央民族学院职工宿舍里。罗致平先生是中国社会科学院民族研究所的研究员,也住在中央民族学院院内。钟先生就约了杨、罗二位先生一起畅谈重建学科的事。他们两位当然也是从善如流,愿意共同承担起联署建议的责任,愿意竭诚地为这件善事做力所能及的事。

当我见到钟先生手里拿着的这份文件时,好像他还没有签上自己的名字。最后成文时，他的名字是署在最后的。钟老说，顾颉刚先生学问最好，理所当然应该署在最前面；文件是我起草的，我怎么可以把自己的名字不放在最后呢？

以我的愚钝，当时虽然约略地感到了这份文件的重要，但怎么也没能预见到它对于民俗学发展的历程会产生这样的历史转折的影响。如今想来，我真后悔当时没有多看几眼这一历史文献，同时，我又为自己能成为这样一个历史事件的见证人而庆幸。

后来，由于工作的关系，我还知道了一些关于这一重要文件的细节。这个文件送到中国社会科学院，署名呈交当时担任院长的胡乔木同志。中国社会科学院科研局负责民族学、社会学、历史学等学科组织联系工作的高德同志，接到这一文件后，将办公厅同志做的摘要，呈给了当时住在医院的胡乔木。他看后，认为这是一个重要提议，于是就调去原件认真研究。据说，后来同周扬副院长、于光远副院长、梅益秘书长等有关领导，一起研究过钟老等人的这份建议。

于光远同志前不久在2011年11月22日"中国民俗学学科建设及人才培养"专题研讨会开幕式上还说过，当时，他在院里是负责领导制订科学规划工作的，他说，对于很多人来说，有一门学问应该注意，那就是"重要性学"。对于一些问题你可以不懂，有时既无必要，也无可能，但你总不能对许多问题的重要性不了解。他说，他对于民俗学这一学科又懂又不懂，或许可以说是门外汉，但他知道这门学科的重要性，民俗学不仅是一门重要的学科，而且是一个范围广博的学科，他是完全赞成重建这门学科的。

转年，"文革"以后首次召开文艺界盛会——第四次文代会。会议期间，中国民间文艺研究会召开了第二次代表大会。钟先生为了更广泛地宣传重建民俗学的重要性，为了动员更多的力量参与这项意义重大的工作，遂将由他起草、由七位著名学者共同签署的建议书，略加增益，改名为《建立民俗学及有关机构的倡议书》，提交大会，公布于众。最初，作为内部建议的这份历史文献，现在便以这样的题目流传于世了。"一石激起千层浪"，它在整个社会生活中，引起了巨大的反响。

高德同志在回忆起这个文件的"历程"时对我说,20世纪80年代初期,胡乔木同志和院里其他几位领导同志,除了抓紧建设中国社会科学院以及它所属的各个研究所之外,还特别关注学会的建设,他们认为这是团结全国社会科学工作者,共同建设哲学社会科学各学科的重要的、有效的途径。最先成立的是太平天国研究会,其次是一些较大的学会,如中国史学会、中国哲学学会也都相继恢复和新建。中国民俗学会也是较早成立的若干群众学术团体当中的一个。

钟老等人的建议书说,为了把学科建设的事业做起来,可以在某个研究所里成立研究组,也可成立学会。在当时的情况下,成立学会是一个好的时机,上有领导的支持,下有全国各地有关学人的积极响应,在京的许多老专家也深知建立组织、发展学科的重大意义。据和杨成志先生、杨堃先生有较多交往的王文宝同志回忆,几位老先生和钟老一样,都怀着一种急切的心情,希望学会早日成立。杨成志先生和院秘书长梅益既是同乡又素有过从,便在1982年4月打电话给梅益同志,希望他能给予协助,早日促成此事。梅益同志对此事极为关注。随后,高德同志曾专程去听取过老先生们的意见,并且把杨成志等先生找来的有关20世纪30年代老民俗学会工作情况的一些文献带回院里,交给有关领导同志。杨堃先生也曾到北师大拜访钟老,两人共同商议建立学会的筹备工作。后来,几位老先生又在杨成志的住处(因为好几位发起人都住在杨先生家附近),共同开过筹备会议之前的一次小会。商量此事的老先生有钟敬文、杨堃、杨成志、罗致平等。杨成志先生后来说,那次会开得很有成效,大家都很高兴,散会之后,他还请饭共贺。

在随后同钟先生的联系中,高德同志表示,请钟老和几位老专家积极操办这件事,社科院将全力支持,但由于我们没有这一方面的专业研究人员,所以具体工作还是要请钟老多考虑。钟老回答说,刘魁立就在你们社科院的文学所,他在留学期间专门学过民俗学,请他来帮助做些具体工作,也方便联系。过后不久,就在中国社会科学院民族研究所的会议室,召开了第一次正式的筹备会议。会后,王文宝同志曾经写过一个正式的报道。开会的时间是在1982年6月12日。会议由钟敬文主持,参加会议的人员有白寿彝、杨堃、杨成志、马学良、罗致平、刘魁立、张紫晨、刘淑娟、王汝澜、梁木森、王文宝。中国社会科学院科研局高德同志代表社会科学院参加会议。当时,在北京出差的湘潭大学彭燕郊教授列席了会议。会议研究了学会的有关筹备事宜,推选钟敬文为筹备组主任委员,白寿彝、杨堃、杨成志、马学良、罗致平为副主任委员,刘魁立、王文宝、张紫晨、刘淑娟、王汝澜、梁木森组成筹备组的秘书处。

在这次会议前后,还开展了多项活动,为学会的成立做了广泛的宣传工作、组织工作和具体的筹备工作,协助几个省份筹建和成立了省的民俗学会,等等。那真是一个百废待兴、如火如荼的历史时期啊!

1983年5月中国民俗学会正式宣告成立。就这样,代表了历史的要求、表达了无数人心声的七教授倡议书,最终育化成了一个具有里程碑意义的历史现实。当年钟敬文等七教授倾注心血灌溉的种子,经上上下下的通力合作、精心培育,现今生根发芽长成了树木,结出了果实;一个理念形态的追求,经大家努力奋斗,变成了活生生的现实存在,变成了一个历史的新起点。站在这个历史新起点奠基者行列最前面的,就是如今继续积极地活跃在民俗学学坛上的百岁老人——智者善者钟敬文。

附记:这篇文章写成于2001年末,写作期间曾访问过几位知情的同志,同时,还不止一次地向卧病中的钟老核对过有关史实,文章写成后,曾全文读给钟老,征求意见。今天回忆当时情景,历历在目,恍如昨日,不禁让我凄然神伤。

文章来源:中国民间文艺家协会编:《民间文化的忠诚守望者——钟敬文先生诞辰110周年纪念文集》,中国文史出版社,2013年12月版

难忘的记忆，永恒的动力

人的记忆真的很神奇，有些事情当时并不经意，但时隔多年，经历世事变迁之后，却在脑海里凸显起来，如清晰的画面常常浮现在眼前，勾起情绪的激荡和无限的感慨。

记得那是1958年夏天，在苏联留学期间，我从莫斯科回到北京，来到坐落在王府井大街上的民研会，拜望会里和《民间文学》编辑部的同志们。贾芝同志作为民研会的领导，热情地邀请我参加即将召开的中国民间文学工作者代表大会，我自然兴奋异常。大会期间，分组讨论时，我被分在中央直属机关单位和大专院校组，简称"中直组"。我作为一个刚刚20岁出头的研究生，在会上见到了那么多我所敬仰的文化界的前辈、学者。这当中我看到最为忙碌的是贾芝同志。他身材清瘦，身着白衬衣，下身穿的是黄卡其布的裤子，走路很快。当时，没有人称他为"贾老"，但在我看来，他却是一位前辈、一位有着丰富革命经历、领导着整个民间文学事业的组织者和领路人。

一天下午，有人告诉我说，整日为会务繁忙的贾芝同志要接见我。晚饭后，我早早地就在金鱼胡同和平宾馆一个小会议室里，坐在门旁的椅子上等候着。当时，还有几位长者也坐在那里。贾芝同志和夫人李星华同志进来和大家打招呼，介绍各位在座的人，其中两位我记得是郑易里先生和李家瑞先生。郑易里先生是编辑《英汉大词典》的作者，此前，我手头有他编的书。李家瑞先生是刘半农先生的学生，编著有《北平俗曲略》《北平风俗类征》等。没有想到我竟有幸能够见到这些大学者。他们和贾芝同志谈话良久，我静静地坐在旁边仰慕着，倾听着，在他们陆续走开之后，贾芝同志和星华同志把我叫到桌前，让我说说学习的情况和苏联民间文学领域的工作和研究情况。星华同志还不时地让我喝汽水,说天热多喝些水。她说她有糖尿病,不敢喝甜的。那一次见面和那一次的会议坚定了我从事民间文学事业的决心。那是一种潜移默化的力量。

20世纪70年代初,为了重新翻译、出版《钢铁是怎样炼成的》,我被借调到人民文学出版社外文部,和外文部的老编辑们在一起工作先后有两年之久。人民文学出版社在朝内大街,我就住在社里,离贾老和星华同志的住所演乐胡同很近很近。常常在星期天去看望贾芝同志和视力已经变得很差的星华同志。他们两位当时还没有恢复工作,我给他们讲讲外面的情况。贾芝同志和星华同志始终念念不忘民研会的工作,那是一个永恒的话题。星华同志还特别讲到她去云南进行实地考察,到白族同胞当中搜集故事的一些往事。

1979年2月,贾芝同志亲自写信并请人打电报给我,让我出席中国科学院哲学社会科学学部在云南召开的规划会议。我参加了会议。会后,贾芝同志为了正式调我来北京工作,特地写信给黑龙江省委常委、宣传部部长,那是他在延安的老战友。此前,学部交涉调我来京工作,我所在的单位留住不放。贾芝同志这封信和相关的活动都起了非常重要的作用。贾芝同志找学部秘书长梅益同志批发调令时,梅益同志要求贾芝同志负责解决我的住房问题,贾芝慨然允诺。梅益还不放心,让贾芝在文件上写下:刘魁立的房子由贾芝解决。调令终于发出,成为我人生中的重大转折。1979年5月初,我正式调来北京,办好手续于5月10日晚去看望贾芝同志。那时,文学所的办公地点在建国门外,是原来人民日报社的纸库。贾芝同志就让我临时偕妻子孙美玲住进集体办公兼会议室的里间。小屋只有六七平方米,原来是洗相片用的暗室。除了一个用木板搭的床、洗相片用的大水池,再也没有多少转身的空间了。好在那时所里不坐班,同志们不来时,偌大的办公室就剩下我们读书写作。生活充实而快乐,现在想起来仍然感到幸福和满足。

5月11日,我刚上班就参加了贾芝同志筹划召开的纪念"五四运动60周年"座谈会。他还力排众议请许多老专家出席座谈会,回忆五四歌谣研究活动的历史,倾听他们的意见,在拨乱反正之初,这样做还真需要一些勇气。

我非常感激贾老、平凡同志和毛星同志。没有他们的引领,没有他们的关照,没有他们的教导,就没有我在工作中所取得的这些进步。

调来文学所民间文学研究室工作,最初的印象极其深刻,至今不忘。那是一个如火如荼、百废待兴的历史时刻。贾老、平凡同志和毛星同志,在贾老的住所,在文学所,在借用的临时办公场所,不停地召开会议,筹划恢复民研会工作,恢复《民间文学》刊物,创办民间文艺出版社,编选民间文学丛书,筹建少数民族文学研究所,恢复中国少数民族文学史的编写工作,策划组织各种全国性的会议,为《格萨尔》平反,为"花儿"平反,为民间歌手平反,请《玛纳斯》演唱大师居素普·玛玛依到北京录音记录作品等,我有幸多次参加会议。我看到他们殚精竭虑地为中国的民间文学事业操劳、筹划,这些感受让我受益终身。

1979年夏,贾芝、平凡、毛星等前辈,具体筹备并主持召开了民间歌手座谈会,为在"文化大革命"期间遭受厄运的民间文学事业、为那些被贬斥、被批判、被否定的民间歌手和民间诗人平反、恢复名誉,使民间文化事业获得新生,重新振兴。那次会议真是个文化领域拨乱反正的"大手笔"。

会后,贾老又随即开始筹备民间文学工作者代表大会。贾老指派陶阳、杨亮才、吴超、徐国琼和我起草会议的主旨报告。贾老数次开会授意会议的主题、报告的基本内容和提纲。我们分头起草,再集中讨论,最后贾芝同志统稿。

中国文联第四届代表大会、中国民间文学工作者第三次代表大会相继召开。1979年和1980年之交的这次文艺界的会议,以邓小平的报告"文艺的春天"作为标志,在中国文化发展的历史上具有重要意义。

改革开放伊始,贾老就积极推动和日本学界、芬兰、冰岛、匈牙利、南斯拉夫、美国等国家民间文化界的学术交流。建立了许多有效的联系通道,在学术交流的同时,他与众多国际大家如芬兰的航柯、挪威雷蒙德、俄罗斯李福清、美国丁乃通、日本君岛久子和臼田甚五郎、印度汉都、加拿大何万成和中国台湾金荣华等知名学者,建立起深厚真诚的友谊。在国内,他又将各省的民研会组织恢复建制,连成一片。那种工作的魄力和工作的效率是超乎常人想象的。

贾老生活简朴,在演乐胡同居住期间,天冷的时候,生一个蜂窝煤炉子取暖。贾老在炉盖子上烤一个馒头,放一小碟炒菜,端一碗稀饭,一边吃着,一边谈着工作,这就是一顿饭了。我几次看到这种情况,内心不仅敬佩,还暗暗地祈愿,贾老能注意珍摄以造福学界。

贾老的生平很像这个时代一支宏大的乐曲,这里或许有委婉,有凄怆,但更多的是激昂慷慨,乐观向上。很多同时代人也会在这支乐曲里找到自己在不同时期的音符。贾老的生平更是一部大书,这部书不仅仅记录着他个人的坚韧卓绝、矻矻不懈、目标始终如一的人生步履,更反映着发生在中华大地上一系列民间文学活动的波澜壮阔的历史进程。这部书给人以不尽的启迪和奋发的力量。

附录:贾芝日记摘抄

1979年

5月10日　星期四　晚上,刘魁立来了,他已办好调京手续。

5月11日　星期五　在民族文化宫召开纪念"五四运动六十周年"座谈会,请老专家聚会,回忆五四歌谣研究,征求对工作的意见。常任侠腿跌断,他也扶着拐来了。常惠、顾颉刚、杨成志、于道泉、钟敬文、居素普·玛玛依也来了。还有马学良、毛星、刘魁立和会内一部分同志。

5月15日　星期二　……随即赶到文学所……刘魁立已上班,与祁(连休)、刘谈写(民间文学工作者代表大会)报告问题。

5月18日　星期五　晚上,毛星、刘魁立、祁连休、杨亮才来,陶阳、吴超没通知到。一块研究了报告起草问题,又由杨谈了各省代表问题。

5月25日　星期五　下午亮才来,谈起草报告事。

6月5日　星期二　雨天,八时半到日坛六号,讨论为文代会期间民研会大会写的报告草稿,参加的人有毛星、祁连休、刘魁立、杨亮才、吴超,陶阳因病未到。

6月8日　星期五　到日坛路六号……陶阳、吴超来,又在里屋研究了大会报告问题。报告初稿各部分交给我,又请刘魁立同志先看一遍。

6月20日　星期三　昨天上午和今天上午,找亮才、陶阳、刘魁立、吴超等同志研究写大会报告,吉星昨天也参加了。上星期四、上星期五、上星期六征求意见,我都没去听。昨天汇报了一下,我谈了对报告的内容的想法。昨夜想了一个提纲,今天上午又一块研究了报告的结构。

6月21日　星期四　上午,讨论民间文学报告提纲,参加的人有陶阳、刘魁立、吴超、杨亮才。

文章来源:中国民间文艺家协会编:《真情呼唤共铸辉煌:庆贺贾芝百岁文集》,中国文联出版社,2016年1月版